教师专业自觉

基于关键教育事件的教学研究

陈 红 ◎ 主编

华东师范大学出版社

目录

前言 / 001

教学篇

第一章 课堂实践 / 002

第一节 组织教学 / 003

1. 物理课中"悬念式"设疑导入 / 003
2. 这样"导学"是否效果更好些？——初中语文"双问题式导学"的实践探索 / 007
3. 格外热闹的语文课背后 / 010
4. 这样的地理课我们点赞——初中地理课活动式教学法的探索 / 013
5. 面对信息，学生为何视而不见——生命科学课"发现学习法"的探索 / 017
6. 学生表情信息也是教学资源 / 020
7. 老师，"被俘"很有趣的——学情是语文课堂教学的起点 / 024
8. 追求了课堂的"生动"就能高效吗？/ 027
9. 老师，这样的作文课我们喜欢！——"健康课堂"给英语作文教学插上腾飞的翅膀 / 032

10. 如果语文课用来打针就好了 / 036

11. 发生在英语报刊阅读时的尴尬 / 039

12. 老师,能不拖堂吗?——拒绝不健康的教学行为,创建"健康课堂" / 041

第二节 作业与评价 / 045

1. 排队"面批",谁是赢家?——数学作业订正中排队"面批"现象的反思与探索 / 045

2. 老师"加油",学生"厌烦"——初三冲刺阶段语文"作业奇象"剖析 / 050

3. 他又不交作业了,老师怎么办 / 053

4. 关注作业批改订正　提高教学有效性 / 056

5. 物理作业那么难吗? / 061

6. 数学《分层作业》中留白部分的实践与探究 / 066

7. 对学生的美术创意作业该怎样评价 / 072

8. 基于学生学情的数学课堂"即时性评价"的实践研究 / 074

9. 浅谈语文课堂教学中口头即时评价的运用 / 079

10. 为什么物理实验活动很活跃　重点问题搞不清——物理课堂"评价小量表设计与运用"的探索 / 083

11. "讨论评价法"在美术教学中的实践探索 / 088

12. 英语口语作业"信息化评价"方式的探究 / 091

13. 利用过程性评价提高作文教学效果的策略探索 / 095

14. 为什么我得了良——艺术拓展课中舞蹈评价的改革探索 / 099

15. 语文学科"小组互助评价"的探索——谈突破小组合作学习低效的"瓶颈" / 104

16. 英语教学中"激励指正交互评价"探究 / 108

目录

第二章 教学研究 / 112

第一节 教学策略研究 / 113

1. 课本剧编演助力初中英语教学的实践研究 / 113
2. 面对令人犯难的综合题,我们只能束手无策吗?——谈数学综合题教学指导的思考 / 118
3. 历史学科"以图证史"的教学探索 / 123
4. 谈差异资源在合作小队中的开发和应用——以初中数学教学为例 / 127
5. 教材资源灵活运用的思考 / 132
6. "竞技赛+"的拓展课教学方式——基于学校模型拓展课实践的思考 / 135
7. 运用"比较法"品味语言的教学策略研究 / 139
8. 学生上课专注力培养的策略思考 / 145
9. 小小笔记本发挥大作用——心理课活动笔记的应用探索 / 150
10. 漏洞在哪儿?——预备年级数学解题规范的思考 / 153
11. 好难的自编操怎么得了一等奖呢? / 158
12. 初中生命科学教材中插图资源的有效利用 / 161
13. 浅谈初中语文学科学生参与品质的提升 / 166
14. 整本书阅读的指导策略与研究 / 170
15. 她为什么能名列前茅——激发学生地理学科学习兴趣的探索 / 173

第二节 学习策略研究 / 178

1. 初中历史教学中学生证据意识的培养 / 178
2. 中学美术课堂教学中的视觉读写能力培养初探 / 182
3. 开放式思维训练促英语阅读能力的提高 / 187
4. 初中生数学学习中自我调控及其培养初探 / 194
5. 浅谈反思在初中物理复习中的应用 / 197

6. 古文翻译那么难吗？/ 200

德育篇

第三章　学校德育建设 / 208

第一节　班集体建设 / 209

1. 班级评优风波——对尊重学生、发现学生闪光点的思考 / 209
2. 浅谈班集体建设无小事 / 212
3. 班主任客串"编剧助理" / 216
4. 班主任老师在与不在为什么大相径庭——班级自主管理的思考 / 220
5. 让"班级日志"发挥育人作用 / 224
6. 广播操这样做，行吗？——试谈班级管理工作的有效性 / 228

第二节　关注心灵 / 233

1. 老师的手是热的 / 233
2. 为什么学生不说"真心话"——关于英语"任务型"课堂教学的思考 / 235
3. 放我的真心在你手心 / 238
4. 是"去"还是"留"？——"调皮鬼"也能茁壮成长 / 242
5. 纵使心有千千结——初二主题教育课"心结"的启示 / 247
6. "沟通"要趁早 / 251

第三节　学科德育 / 256

1. "傻子"还是"榜样" / 256
2. 外国的鸟比中国的鸟可爱吗？/ 260

第四节　学困生转化 / 265

1. "偏科生"也能飞起来？/ 265
2. 我跑进良好啦 / 269

教师专业成长篇

第四章　教师专业自觉微课题研究 / 274

课题1　抓住"关键"反思，改进教学行为——基于关键教育事件的听、评课研训活动方案设计与实施 / 275

课题2　关注教师的情绪把控和情绪劳动——基于案例"老师被拒之门外"的思考 / 280

课题3　为教师成长铺路搭台——以校报专刊为平台培育教师专业自觉 / 288

课题4　从青涩走向成熟的涅槃——"单元教学指南"编订促青年教师成长 / 292

前言

摆在我面前的这本集子,是天山教育集团天山初级中学的教师们,对教育教学反思后所撰写的案例、论文集;是学校十二年来持续开展"基于'关键教育事件'的校本研修"的经验与成果;是一所近年来处于良好发展态势的初级中学,在探求教师专业发展,培育教师"专业自觉"道路上的行动轨迹;也是一个奋发有为的教师群体,在提升素质、自我完善道路上留下的坚实足迹。

在校长的带领下,天山初中的教师们不再满足于做一名"教书匠",而是向着"研究型"教师的道路大步迈进。渐渐地在区级以上的刊物上,天山初中的文章频现;在区级以上的各类评比活动中,天山初中捷报频传……2011年,学校被市教委列为首批"新优质学校推进项目"学校之一;2015年,成为上海市新优质项目研究所基地学校;2018年,成为区政府主导的华师大教育实验集团的成员学校之一,天山初中教育集团领衔学校。学校的办学品质及社会声誉在不断提升。

究其原因,与天山初中积极开展校本研修,营造培育教师专业自觉环境,是分不开的。陈红校长认为:以校为本的教师培训应当成为教师培训的主要方式,应该提倡"学校即研究中心,教室即研究室,教师即研究者",发挥学校教师的集体智慧,实现资源共享,形成长效机制,使学校具备研究的职能和能力,形成自我发展、自我提升、自我创新的内在机制。开展基于"关键教育事件"的校本研修,就是学校促进教师专业发展的行之有效的校本研修方式。

"基于'关键教育事件'的教师行动研究"是长宁区教育学院陈晞院长领衔的市级课题。从2005年开始,该课题研究成果开始作为一项有引领、有效能的教师教育研究活动,在区域内推广。这种由"关键教育事件"引发,解析教育教学问题的教研活动,受到了我校教师的普遍欢迎。大家认为,过去往往以整堂课为剖析对象的评课方式,主题不易集中,由于话题太杂,评课之后的总结经常力不从心,而以"关键教育事件"为载体的研修,通过捕捉课堂中的一个或几个"关键教育事件",由于聚焦于学科或课堂的关键点,目的明确,针对性强,因此能够使研讨的话题更集中,也更节省时间,更具实效,更能以小见大,寓理其中,有助于提高教师专业发展判断力,从而有利于转变自己的教育教学行为。同时,这种研修能贴近教师实践,更能引发教师主动参与、深度反思、行为跟进,有利于促进教师专业发展,的确是一种新的适合课改、适合教师需要的校本研修新形式。

在校长的倡导下,从2007年开始,天山初中积极转化应用该课题研究成果,开展"基于'关键教育事件'的校本研修",即通过捕捉教学中的"关键"问题,研讨分析,寻找对策,形成案例,并在讨论反思中逐步将先进的思想理念内化为自身的教育理念,进而转化为日常的教育教学行为的研修方式。

这种以学校为研究中心,发现、研究并解决发生在学校现场的教学教育问题的新型教研实践活动,充分体现了以教师为主体,以问题为前提,以事例为载体,以研究为中心,以创造为主题,以互动为手段,以引领为支撑,以反思为目的,以发展为目标的基于"关键教育事件"的校本研修的特点。

12年来,学校基于"关键教育事件"的校本研修,从初步的实践摸索到理性的归纳提升,从初步的探索思考到流程设计与资源整合的实施,深化了校本研修"基于学校"、"为了学校"、"在学校中"的作用,改进了传统的教研方法,也逐步形成了学校可持续发展的校本研修机制。

基于"关键教育事件"的校本研修在天山初中产生了重大影响,表现为:

1. 激发了教师的思维火花

每篇案例开篇对"关键教育事件"的描述,形象生动,言简意赅,却留下了一个大大的问号,参与研讨的教师能以较短的时间、较快的速度进入状态,并能集中在某一个点上思考,同伴的发言促动和启发每个教师的体验和感受,思维的敏捷、思维的活跃远远胜于个体的沉思或对一堂课整体理解后的回味。在教研组的"关键教育事件"的研讨中,教师们见解独到,发言精彩,气氛热烈。

2. 更新了教师的教学理念

教师在长期的工作中逐渐形成了某种理念结构与行为习惯,其中有些思维定势已不太适应课改需求。但教师却没有发现自己的教法、想法与课改精神的差异、问题在哪里,因而仍习惯于原有的、陈旧的教学方法。

在对"关键教育事件"的研讨这个平台上,老师们各抒己见,对习惯于固有想法、落后教法的教师无疑会产生极大冲击,而在探索中教师则大有感悟,受益匪浅。基于"关键教育事件"的校本研修的开展,有效地更新了教师的教学理念。老师们都认为,落实课改精神,在这儿不再是表态、不再是口号,而是实实在在地变为教师的思想和行为。

3. 提高了教师的研究水平

"关键教育事件"研讨是从问题提出开始的,教师围绕着问题、举例、归纳,最后得到问题的解决。"教育事件"是来自于教师自己的课堂实践,事与己关,教师都能以极大的热情来共同研究这些疑难或感到困惑的问题,教师是参与研究的主体,就能主动地参与问题提出到问题解决的全过程的研究,在对教育事件分析思考、图释赋意、价值启迪的研究过程中,教师能以先进的教育理念,分析学生的学情、课标的要求,形成相应的教学策略或解决问题的方法,这对教师研究水平的提高起到了十分重要的作用。

"关键教育事件"的研究,虽然只是对某个事件进行研讨,但窥一斑可见全貌。教学活动是具有特定情境性的现实活动,对某个事件的深入透彻研讨,在教学实践中积极探索,才能真正引发反思、领会、顿悟,而"关键教育事件"研讨,正是创设了特定的情境,能让教师在讨论中反思,在反思中提高。而聚焦在一个问题上进行深度反思,就远远超过一般的"想一想"。经过讨论以后的反思,往往更能促进教师学习相关理论和专业知识,这时学到的理论知识,就会真正被吸收,并融会贯通于教育教学实践。

作为一个在全区推广的科研成果,为何独在天山初中能够深入人心,且坚持12年,究其原因,大致有以下几个方面:

1. 校长为基于"关键教育事件"校本研修领头人至关重要

校长在校本研修中的领导组织、言传身教会起到不可估量的作用。以校长为首的校级领导班子以及科研室、教导处等中层干部,是学校校本研修的具体组织者、引领者,也是合作者、研究者。天山初中的校长在校本研修中是这样发挥作用的:

第一,在思想上,领导全校教师深刻认识基于"关键教育事件"校本研修的重要意义。

第二,在组织上,不仅把学校内部力量组织起来,还把校外力量组织起来,即将科研人员、教研人员,教育上的专家、有识之士请到学校中来,让他们在"教研方向、教研内容、教研方法、教育理论"方面引导教师。

第三,在内容上,领导全校教师紧紧围绕课程改革中的实际问题,应用"关键教育事件"的研究方法进行研究。

第四,在态度上,能亲力亲为,校长自己也直接参与基于"关键教育事件"的校本研修。

第五,在条件上,不仅提供校本研修必要的物质上的保障,还予以教师精神上的支持和鼓励。

2. 基于"关键教育事件"校本研修的专业支持十分重要

在校本研修中,学校和教师有着迫切的提高专业发展水平的愿望,但由于教学事务繁忙,同时,也受自身所处的位置所限,难以站在一定的高度进行研究、探寻规律。这时,专业支撑适时引领就十分必要了。区教育学院承担的市级课题"基于'关键教育事件'教师教育的行动研究"可以从思想上、理念上、方法上发挥积极作用,而专业人员则可以从实际问题中进行引领。校本研修中的专业人员并不局限于市区专家,学校里的教科研员、骨干教师,以及教研组长等,都是校本研修中的专业人员,他们的无私付出,是校本研修取得成效的重要条件。

3. 教师收益是校本研修的内在动力

当教师们感到疑难和困惑时,当教师们限于自身的水平或由于条件的局限,不能站在一定高度得心应手地面对教育教学问题时,基于"关键教育事件"校本研修无疑是雪中送炭。

这种研修真正帮助老师们解决了疑难问题和困惑,提升了理念,掌握了对策,提高了反思和研究能力,使他们对于课改精神有了更深刻的理解。这种实实在在的帮助,让老师们有了实实在在的收益,从而极为有效地激发老师们参与校本研修的内驱动力。而这种内驱动力,又促进了校本研修的深化发展。

4. 课题研究是校本研修的重要导航

从 2007 年开始,天山初中为促进教师专业发展,先后立项了"初级中学校本研修流程设计的实践研究"、"初中项目引领机制的行动研究"、"初中教师专业自觉培育的行动研究"等区级课题,这些课题从校本研修的本质属性、流程设计、项目引领机制以及从基于"关健教育事件"的校本研修方法、教师专业自觉的培育与引领等方面,提出了一整套适用于校本研修的新思路、新途径、新方法，这些研究为天山初中有效地开展校本研修起到了重要的导航作用。

5. 氛围营造是校本研修的良好条件

在"关键教育事件"的研讨活动中，由于能集中在某一关键问题上探讨，每个教师都是交流者和对话者，讨论中没有权威，每种观点都可以发表。容易产生各抒己见的头脑风暴，能触动教师的体验和感受，激发集体的智慧，从而形成"平等、民主、互动、反思"的研讨氛围，从而对问题有更深入的认识。

学校还通过校报、资料库、教科研信息等途径多方搭设平台，营造氛围。如每月一期的校报《天山初中》，第二版设为"基于'关键教育事件'的校本研修"专版，专门用于刊登教师撰写的"关键教育事件"案例，同时，还刊登同教研组教师的点评，以及撰写者的撰写体会。从22期到目前为止的122期，共刊登了100余篇案例，成为教师们研讨交流的有效平台，有效地激发了教师的研讨热情。

今天出版的这个集子，便是天山初中坚持12年开展的基于"关键教育事件"的校本研修结出的丰硕成果。相信他们的探索不仅对教师的教育教学能力的提升有所启发，对学校如何开展基于"关键教育事件"的校本研修，也具有很好的借鉴意义。

华东师范大学副校长、教育集团主任 戴立益

2020年5月12日

教学篇

第一章

课堂实践

第一节　组织教学

1. 物理课中"悬念式"设疑导入

　　课堂教学是教师专业水平发展的载体和舞台,在这个展示自我风采的"T台"上,教师总是希望讲台下的每位同学,能全身心地投入,积极地思考。然而,现实中总会事与愿违,总有一些同学对学习内容不感兴趣,发生注意力不集中的情况。这给了我很大的启发,我们能否从上课开始就把学生吸引住呢?

　　记得九年级第二学期初在C2班(学习能力较差的一个班级)里,我的教学安排是先让同学们回家预习,然后到课堂上复习考纲上的知识点再进行知识点填空。那节课上,尽管我卖力地讲解,写了满黑板的板书,但请同学起来回答问题,我看到的却是他们木然的表情与似懂非懂的眼神,还有些同学甚至在下面做着小动作,对老师上课讲的内容一点也不感兴趣。明显没有集中注意力在课堂上,更别说开动脑筋了,回答问题基本都答不上来。一节课下来,学习目标的达成度不高,回家做的作业错误很多,还有学生干脆做不来,很多空格都是空着的。第一次月考下来,成绩非常糟糕,我陷入了彷徨与困惑。考虑到这个班级的学生的学习基础,我花了很多精力备课,没想到结果还是没有多大的改变,花了力气却得不到回报,这种感觉令人特别难受。

　　课后我进行了深刻的反思,其实,C2班同学本身学习热情就不大,课堂上如果开门见山地讲解知识点肯定是没有效果的,他们眼睛虽然看着黑板但脑筋根本是不运转的。除非,能设法通过某些办法吸引他们的注意力,引起他们的兴趣。那么,怎样吸引他们的注意力,让他们也动脑筋思考呢? 我陷入了沉思。

　　我想我是否可以找一些他们感兴趣的、与生活息息相关的物理问题,并以如何解决这些问题为悬念来吊起他们的胃口,把他们逐渐拉入到我的课堂教学环境中来呢?正好这些天在复习电路知识中的难点——故障分析,他们中的很多人不喜欢动笔但是喜欢动手,我打算以此为契机,让他们自己动手,搭设电路。

于是,在第二天的课堂上,我先下发了电路元件,让他们自行组装电路。所下发的电路元件中有些用电器是断路或者短路的,我故意让他们自己学着去发现并分析电路中的故障。我惊喜地发现原本在课堂学习中机械木讷的他们,突然来了兴趣,都撸起袖子管,站起来围着课桌动手搭设起了实验电路。然而,由于理论知识的基础不够扎实,在实验过程中,许多同学几乎都不知道从何下手,提出了很多的困惑,问题主要集中在电路的短路与断路等故障上,同学们纷纷举手寻求我的帮助:"朱老师,朱老师,朱老师……"课堂中充斥着同学们求助的声音,我听着感觉特别悦耳与兴奋,尽管这些电路连接其实没多大难度。于是,我提议大家先暂停一下:"让我们一起来解决谜团吧,请同学们先看黑板,要想成功排查出故障,必须得具备应有的知识与技能,请大家放下手上的器材,先一起来复习有关电路故障分析的一些基本知识点。"

这一次,我发现大家注意力明显集中多了,都抬起头来认真地听我讲课。我赶紧抓住机会,耐心细致地将电路故障分析的知识点跟他们复习了一遍,大家瞪大了眼睛紧跟着我的思路,提问时下面同学争先恐后地表述自己的想法与答案,有分歧的地方大家还会争论起来。场面一反平常的冷淡,变得十分热烈,我的内心也十分愉悦,他们竟然开动脑筋去思考,去解题了!这节课之后,他们回家做的作业质量有了明显的提高,他们愿意动脑动笔去解题目,真正融入到物理学习中来了!

在这以后的上课中,我都会带着一套实验器材进 C2 班上课,让他们多动手,自己找到不懂的地方,然后慢慢地,逐层递进式地给他们复习电路故障分析的知识点,练习电路计算。渐渐地,他们的听课注意力有了显著的提升,作业质量有了很大的进步,不到一个月他们中很多人的学习成绩竟然出现了明显的提高。

这次事件给了我很大启发,我发现,对于学生,特别是基础偏低的学生来说,在课堂导入环节,能够设置悬念,激发他们着手解决或思考的意愿,是多么的有效与必要。之后恰到好处地选择时机,引出理论复习与习题解析,成效就明显比之前填鸭式的讲解复习要高多了。

那么,在物理课中导入有多重要呢?其中的"悬念式"设疑导入又是怎样的呢?该如何成功地进行"悬念式"设疑导入呢？

实践告诉我们，导入是课堂教学的第一步，是紧扣学生心弦激发学生学习兴趣关键的一步。巧妙的导入，有利于吸引学生的注意力，激发学生的求知欲和学习兴趣，也有利于教师教学活动的顺利展开，从而使教学达到事半功倍的效果。具体讲，主要有以下几点：

1. 发挥先行组织者的作用

例如在《静摩擦力》一节课的讲授过程中，上课之初老师回顾旧知识，提出了摩擦力的概念，"摩擦力"是学生过去已经掌握的上位概念，抽象和概括性高于将要学习的新概念"静摩擦力"。学生在学过"摩擦力"后，便将这个概念植入到认知结构中，当学习新材料如"静摩擦力"时，便直接将"静摩擦力"纳入其中。这样"摩擦力"作为先行组织者，起到了成为上位概念的作用的同时，也与新知识"静摩擦力"产生了联系。

2. 激发学生的学习兴趣

例如在讲《自由落体运动》时是这样描述的，"在前面的学习中我们已经学习了匀变速直线运动，在我们的生活中还有很多具体的运动。比如说苹果成熟了，它会从树上掉下来；比如说我们端着一杯水，只要我们手一松，这个水杯就会掉在地上。大家想过没有，这些运动有着一些共同的特点，它们开始下落前初速度都是0，下落方向都是竖直向下。这种从静止开始往下掉的运动告诉了我们什么呢……"从生活中的普通现象和生活体验出发，吸引学生的注意，很快就将学生带入到物理课堂的意境中来。

"悬念式"设疑导入其实是物理课堂中一种比较新颖且实用的实验式导入方法，利用学生意想不到的奇特现象，唤起学生的注意，引起学生思考，从而产生强烈的求知欲望而引入新课。例如在大气压强这一节新课中，我利用覆杯实验引入，将一只玻璃杯灌满水，用一张塑料卡片盖在杯口上，再按住卡片把水杯倒过来。提问：当把手移开后会有什么现象？学生们第一次接触此类现象，觉得水会向下冲出来。结果松手后卡片纹丝不动，学生们都惊讶不已，张大了嘴巴。看到同学们面面相觑的表情，我知道这是一次成功的"悬念式"设疑导入，为我开启新课形成了一个很给力的铺垫，把同学们的注意力牢牢吸引住了。这时我特别有成就感，觉得上课更加自信了，整个人充满了激情，同学们进而被我的激情感染，争相积极举手回答问题，整个课堂热情洋溢，学习氛围十分浓厚。

通过实践探索，使我感悟到利用好"悬念式"设疑导入的基本要求是要能：创设情景，引出问题；激发兴趣，吸引注意；唤起思考，形成共鸣。

当然，实际教学中还有着千变万化，那么我们还可以按照这三个角度进行调节引导。

如果课题与前面所学知识的联系性较强，而学生的知识储备又不足，则可以事先辅以理论知识上的预习准备。比如在电学第一堂课中，因为在七年级科学课上学习过相关内容，可以让学生回家事先预习七年级科学课本上相关知识点，然后在课堂上进行一些简单的演示实验，包括用玻璃棒与丝绸摩擦产生正电，毛皮与橡胶棒摩擦产生负电。让学生联系七年级课堂上学过的知识，初步回答实验现象的原理。接着趁热打铁，将橡胶棒连接入电路，学生看到一个橡胶棒竟然能作为电源，点亮了小灯泡！创设悬念，继续进一步学习有关电流与电压的知识内容。

如果课题内容比较抽象，可以通过观看视频的方式将具体化内容展现在学生面前，例如在学习比热容第一课时的时候，由于外界因素的影响，很难准确定量比较不同物质的吸热本领。于是我给学生播放了一段视频，在海滩上两个区域放置同样质量的水和沙子，经过日光照射后用温度计测量发现水升高的温度竟然远远比沙子要低！学生结合生活中的经验，会觉得水的升温速度应该比沙子快，为什么会出现这样的情况呢？创设悬念，继续进一步学习有关比热容的知识内容。

如果遇到不同的知识结构，运用的"悬念式"设疑导入方法，切莫千篇一律，一概而论，而是要用不同的演示实验亦或生活素材亦或演示视频来应对。另外，要注意到时间的控制，我通过观摩全国物理教学大赛视频的分析比较，发现课堂导入时间通常为3—5分钟。课堂导入就好比一节课的敲门砖，用时不宜过长，要为后面的重点难点的突破留有足够的时间。

综上所述，"悬念式"设疑导入不仅可以作为承接旧课与新课的桥梁，起到承上启下的作用，更可以通过激发学生的学习兴趣，唤起学生对课堂的注意，促进学生积极动脑思考，动手解决。作为初中物理教师，我们一定要在课堂教学中真正做到：从生活走向物理；以物化或活化的情境激发学生学习物理的兴趣；让学生在感受中感悟，在感悟中探究，在探究中成长。

(本篇作者：朱伟俊)

2. 这样"导学"是否效果更好些?
——初中语文"双问题式导学"的实践探索

  我步履匆匆地赶往教室,因为我得赶在上课前将这次油印好的"导学卡"发给学生。手捧着这一大叠"导学卡",我不禁浮想联翩,这可是我来自校外学习的启发!自己一直思考如何让"导学"更加有效,一次外出听课,开课教师通过使用"导学卡",将一节课安排得满满的,给我留下了深刻印象。回来后,我也如法炮制,每节课前都准备好题目满满的"导学卡",让学生按照"导学卡"的要求做填写和回答。这一节课学的是《橘逾淮为枳》。整节课我就以"导学卡"为抓手,组织学生开展课堂学习,可是不知何故,课堂上不闻学生举手踊跃答,但见学生埋头拼命记,原本活跃的课堂怎么竟变得这般暮气沉沉、毫无生气? 如此滋味,让我不禁产生了几分疑惑。

  下课后,我问班级学生,为什么上课不积极回答问题,只是埋头一个劲地记录呢? 学生的回答让我更加不是滋味,"老师,我得赶紧记下来,这样课后完成'导学卡'就方便多了!"仿佛被从头到脚浇了一盆凉水,意外的有点沮丧的滋味瞬间传遍全身。课堂上的几分疑惑此刻演变为一个大大的疑团,"导学卡"怎么变成了学生眼中的练习册? "导学"缘何变了滋味? 怎样"导学"更加有效呢?

  这下我陷入了反思,当我换位思考以学生的眼光来看,这"导学卡"怎么这么眼熟? 乍一看,不就是一份关于课文《橘逾淮为枳》的习题集吗? 再仔细一看,这根本就是课文的习题集! 从注音到加点词解释,从加点词解释到句子翻译,从句子翻译再到回答问题,大大小小,林林总总,不见晏婴的落落大方、机智沉稳,但见我问你做的步步紧逼、服从听命。

  语文课,在如此"导学卡"的作用下,不知不觉已经变异为语文习题课;语文学习,在如此"导学卡"的作用下,不知不觉已经变异为做语文练习。题目满满的"导学卡"用单个问题代替课文的细细品味,题目满满的"导学卡"让语文学习等同于做习题,题目满满的"导学卡"似乎让语文学习变成了一种负担! 学生又怎么可能喜爱呢!

  区"阅读领航计划"要求我们教师更加关注学生的学习过程,培养学生的自主学习能力。这也就要求我们转变角色,变"教学"为"导学",让学生"先学",让教师"后教",把课堂时间还给学生,让学生习得知识的同时,学会学习。前面提到的习题式"导学卡",就有点变了味,有悖于"阅读领航计划"的初衷了。那么教师应该如何有效地"导学"呢?

首先,"导学"要"有趣"。众所周知,兴趣是最好的老师,有趣的"导学"容易引起学生的注意,继而引发学生思考,最终实现学生有效的"先学"。但是如果"导学"只是罗列涉及教学内容的各种练习题,这样的"导学"势必因带有强烈的作业色彩,而显得缺少吸引力,没有趣味,"导学"也就徒有其名了。

其次,"导学"要"可学"。导学内容固然要考虑教学重点难点,但是更要充分考虑学生的实际情况,要特别控制数量和难度。导学内容在数量上做到大部分学生能在二十分钟内完成;在难度上做到基础与提高相结合,基础内容所有学生都要完成,提高内容学生选择做。为了避免学生只是完成基础内容,而完全放弃提高内容的学习,教师应尽可能地激励大部分学生参与提高内容的学习。

此外,"导学"要"灵活"。"导学卡"是"导学"的一种形式,但不是唯一的形式。"导学"的实质是引导学生更有效地自主学习,如果"导学形式"拘泥于某一固定形式,势必约束了学生的自主学习,那就很可能降低了"导学"的有效性。

基于以上认识,在实践反思的基础上,我开展了"双问题式导学"的尝试。

"双问题式导学",旨在通过让学生思考两类问题——"显性思考问题"和"隐性思考问题",帮助学生落实基础知识,整体感知课文,引导学生思考课文的核心价值,锻炼思维的深度和广度,从而引导学生实现有效的自主学习。

"双问题"中的"显性思考问题"针对学习内容中的基础内容,如基本词汇的积累、语文知识的巩固以及文章主要内容的了解;"隐性思考问题"针对学习内容中的重点难点,如文章中心思想的把握和理解、人物形象的分析等。

尽管"双问题式导学"和先前的习题式"导学卡"都立足于相同的教学内容,但是"双问题式导学"更加注重学生的体验和学习的自主。

首先,"双问题式导学"更加突出教学重点难点。立足教材,立足学情,大部分学生已经掌握的,就不作为导学内容,只有那些大部分学生还没有掌握,同时又属于教学重点的内容,才作为导学内容,这样操作使导学内容得到大幅精简。导学内容的大幅精简让学生的导学任务缩减了不少,但是导学内容更具针对性而显得更加有实效。

其次,"双问题式导学"更加注重设问的启发性。先前的"导学卡"也设有很多问题,但这些问题的设问无一例外都是严肃的考试问题式,如"这段文字运用了的修辞方法是什么?作用是什么?"这样的设问很难进一步拉近学生和文本的距离,学生只是感觉被动地完成任务,难以产生学习的兴趣。"双问题式导学"特别注意设问的方式,采用生活化设问,避免出现过多的概念,强调学生的个体体验,继而引发思考,如"读完这段文字,你对此段的语言表达有怎样的感觉?请你学着这段文字的表达方法也写一句话"。

此外,"双问题式导学"的形式更加灵活方便。先前的"导学卡"不管什么教学内容,不管学生什么情况,千篇一律就是打印讲义,学生做,教师批,学生订正,教师再批……可以说是教师指导辛苦,学生学习不易。"双问题式导学"则不然,对于篇幅不长、难度不大的教学内容,让学生自学质疑;对于篇幅不长,但难度较大的文章,则让学生以小组为单位,思考问题,每一组将本组的思考结果整理上交就可以了……如果遭遇学生特殊情况,"导学形式"也会相应调整,灵活的"双问题式导学"更体现了教育者对于受教育者的人文关怀。

还是以《橘逾淮为枳》为例,针对"显性学习内容"设计的"显性问题"为①"枳、诣、曷"这三个字你会正确地读吗?全文你能正确地朗读吗?②课本第123页积累部分的词语正确含义你都知道吗?这篇课文讲了一个什么故事?针对"隐性学习内容"设计的"隐形问题"为①你最喜欢故事中的那个人物?说说理由。②面对楚王的刁难,你觉得还能怎样应对?比较一下晏婴的应对,你觉得哪一种更好?

"双问题式导学"力求体现"导学"实质,落实"先学后教",让学生在不同类型问题的指导下,在课前就能够有效学起来,从而为课堂进一步学习做好比较充分的准备。一段时间的实践后,我发现课堂上学生的表现有了可喜的变化。许多学生主动学习的热情被点燃了。大家会围绕着一个话题各抒己见,相互辩论,课堂的暮气一扫而光。"显性思考问题",让学生了解文本,这为进一步开展课内学习提供了有利的保障;"隐性思考问题"让学生品味文本,也使教师更加了解学情,在教学中,能够更加有针对性地指导学生把握重点,突破难点,课堂上没了埋头拼命抄的身影,多了高高举起的手臂。

区"阅读领航计划"关注实现学生的主动学习,倡导"先学后教,以学定教,多学少教",这与"二期课改精神"是一脉相承的,体现了新时期对"二期课改精神"落实的深度和力度。"导学"是语文学科落实区"阅读领航计划"中的重要一环,我们每一个老师都会有自己的"导学"尝试和实践。但是,不管"导学"设计如何,我们都要牢记"教师是学生学习的促进者,只有激发学生学习兴趣,才能实现学生的自主学习,才能最终促进学生的成长"。

(本篇作者:赵友平)

3. 格外热闹的语文课背后

这是七年级的一堂语文课《生命的舞蹈》。课堂上,老师书写了甲骨文"舞"字导入,用多媒体展示了《千手观音》的舞蹈片断,进行了两次时间为10多分钟的讨论,让学生讲述自己知道的展现"生命的舞蹈"的小故事;用多媒体展示了各种不同遭遇的人,用不同的方式展现自己生命的"舞蹈",带领学生朗读自己写的《生命的舞蹈》的小诗……

在整个40分钟的课堂时间里,教室里面因为有音乐声、讨论声、朗读声等,显得格外得热闹,特别是两次讨论,学生们甚至还走出座位,到邻组去参与讨论交流。终于到了交流答案的时候,老师指了指黑板上的问题"生命的本质是什么?"和"文章是如何表现生命的意义的?"请同学起来回答,课堂一下子安静了下来。老师显然也没有料到气氛的沉闷,她看了一圈学生,指名叫了一位女生,女生站了起来回答说:"生命的本质就是……应该有一种乐观积极的精神。"老师不置可否,请她坐下,接着又请了一位男生回答,男生站了起来,挠了挠头说:"生命的本质就是嗯……,就是……面对困难不屈不挠……"

坐在下面的学生,有的低着头,有的满脸的困惑。

表面上看,这是一堂相当热闹的语文公开课,从开场到结束,始终贯穿着音乐、图片、讨论,应该说形式多样,很利于激发学生的课堂学习兴趣。然而那热热闹闹的讨论过后,气氛为什么会突然冷场?学生在面对"生命的本质是什么?"和"文章如何表现生命的意义?"这两个问题时为什么表现不佳、无法回答?

显然,这堂课格外热闹的背后,缺少的就是师生对于文本的深入理解,而淡化文本解读的语文课还能体现"语文性"吗?

古人曾经提出过"文道统一"的观点。这个观点讲的是文章写作,但是我想在语文课堂教学上,同样适用。"文"是形式——即课堂教学的方法、手段;"道"是主题——即所教文章的主旨、中心。文章写作要做到"文道统一",我们的语文课堂教学也应该做到"文道统一"、"形神兼备"。《语文课程标准》中提到了语文教育的特点:"语文是实践性很强的课程,应着重培养学生的语文实践能力,而培养这种能力的主要途径也应是语文实践,……应该让学生更多地直接接触语文材料,在大量的语文实践中掌握运用语文的规律。"

要理解一篇文章的主题,最好的方式就是进入文本,在品读语句的过程中寻找答案。这位教师在《生命的舞蹈》一课的整体设计上,关注了如何激发课堂氛围,没有很好地指导学生去关注文本本身,导致学生站起来要么无法回答,要么就是脱离文本的发挥。语文教学中如果不去很好地把握文本,从文本中寻找语言表述的依据,那么学生又怎能从课上真有所获?如果在语文学习活动中,我们看不到学习文本的过程,看不到对语言文字的关注,只关注形式的花哨,无疑是喧宾夺主、舍本逐末,其实际效果也就可想而知了。

那么,语文老师应该如何做,才能达到课堂既有热烈的气氛,又能凸现语文性的效果呢?我想可以从以下三个方面入手。

一、教师重视文本解读

教师必须研读文本,作为文本与学生的中介,教师对文本的解读、文本把握的程度直接关系到上课的成败,教师对文本有自己正确的理解,才能引领学生更好地走近作者,感悟文本。

《生命的舞蹈》是一篇散文,在教授散文、小说、随笔这一类记叙类文章时,教师首先要做到对文本了然于心,包括对作者生平、写作背景、写作风格等方面的充分了解。而研读文本最好的也是唯一的办法就是反复阅读,通过阅读加深对文本的理解,通过阅读感受作者的情感。在自己独立解读文本的基础上，可以通过辅助材料来帮助自己解决对文本不甚理解或是需要进一步深挖的问题。

教师只有重视了文本解读，并认认真真地进行了文本的研读，才能对于文章有"知、情、意"的深入感知，做到更好地把握文本，在教学过程中，才能更好地突出语文学科的"语文性"。

二、教学方法设计合理

美丽的风景图片有助于吸引学生的注意力；有趣的动画故事有助于激发学生的兴趣；优美的音乐有助于营造良好的学习氛围；小组合作有助于学生间的交流互助；竞赛有助于激起学生的学习热情……的确，语文课堂教学过程中离不开这些形式多样的教学方法、手段来丰富课堂氛围，激发学生兴趣，提高课堂效率。然而，一切的多媒体工具，每一种教学方法、手段，它的目的都是为课堂教学服务的，都是为了更好地让学生去深入文本，体验文本，理解文本。"语文性"始终应该是语文老师在课堂教学中的核心，教师在设计教学方法时绝不能重"艺术性"，轻"语文性"。

所以，教师应该根据文本理解的需要，根据学生的课堂需要，设计合理、恰当的教学方法。既要给学生互相合作交流的机会，也要给学生留有自我思考分析的空间；既要给学生轻松的课堂氛围，更要有让学生静下心来阅读理解文本的时间。只有在文本学习过程中，学生有了阅读的体验、获疑的体验、思考的体验，最后与文章的写作者达到一种思想上、情感上的共鸣，那么学生的语文学习能力和水平才会有真正的提高。

三、问题设置体现坡度

语文教师本身对于文本的理解程度，并不能代表学生对于文本理解的程度，作为教师应该考虑到学生文本阅读与自己阅读的差异性、学生文本把握能力与自己把握的差异性等方面的因素，因此在备课的问题设置上不应该一个大问题抛下去就完成任务了，而应该充分考虑到学生学习时的特点，问题的设置体现坡度，以使学生的学习思考过程成为一个由浅入深、循序渐进的过程。这样，学生才能够更好地把握

第一章 课堂实践

文本。

对于关键语句段落的朗读是指导学生解决问题的一个方法。在学生思考问题的过程中,教师可以引导学生先阅读文本找到与问题相关的或是有帮助的重要语段,然后通过各种朗读方式,让学生在读的过程中思考这些语段要表达的含义是什么。

让学生发现作者所采用的事例的共性或异性,理解作者所引用的名言、诗句对于文章中心表达的作用,也有助于学生理解文本的重点难点。比如这堂《生命的舞蹈》,如果教师先让学生默读文中的两个事例,然后看看这两个事例写了什么,有什么相似处,有什么不同处,那么学生很快就会发现,身体残疾的人和身处贫困的人同样都可以有快乐的、积极的一面,同样都可以通过自己的行为展示自己生命美丽的一面。这样一来,学生就能理解生命不息,运动不止,而在身体或是精神运动的过程中,能展示生命的美丽,彰显生命的意义,这就是生命的本质。

教师是课堂教学的引导者,因此在教学设计的环节上,应该让学生有一个由浅入深、循序渐进的思维过程。在学生无法理解的问题上教师应该有一个启发引导的过程,这样学生才能更好地理解文本,并且在这样一个思维训练过程中掌握理解文本的方法,提高文本理解的能力。

对于语文课堂上这一关键事件的关注,同时还可以引发我们如下思考:

1. 重视教学目标的恰当制订。
2. 重视紧扣目标设计教学内容。
3. 重视课堂上落实语文能力。

综上所述,只有在语文教学过程中体现教师主导作用与学生主体作用的一致,教学形式与教学目的的一致;艺术性和语文性的一致,工具性和人文性的一致,那么这样的语文课才能真正达到精彩、高效。

(本篇作者:张 艳)

4. 这样的地理课我们点赞——初中地理课活动式教学法的探索

地理学科是一门综合型学科,涉及的知识面较广,其核心为研究人地关系,总体上较为贴近现实生活。上海市二期课改的中学地理课程标准提出"关注学生发展的地理"、"关注贴近学生生活的地理"、"关注实践与应用的地理"的课程理念。

当前的初中地理教学中仍遗留有一些传统教学中的弊病，表现为教师或只知照本宣科，或一味强调死记硬背，即便开展小组讨论也抓不住学生的兴趣点，导致课堂上暮气沉沉，教师唱独角戏，学生则往往被动听讲，并且听过就忘。久而久之，学生将会从厌倦地理课，发展到抗拒地理课，最终甚至忘记初中地理课的存在。我接触过个别高中生，他们连最基本的地理常识都不具备，问及初中地理学习情况，则答曰"初中时没上过地理课"，这真是初中地理教学的莫大悲哀。

时代在进步，教育也要与时俱进，"二期课改"对教学方法提出了新的要求。我们也呼唤初中地理教学方法的改革，我们需要行之有效的教学法来改进地理课，同时也拯救我们的学生。

在教学实践研究过程中，我们形成了适用于初中地理的活动式教学法。所谓活动式教学法就是要体现学生的主体性地位，以精心设计的课堂活动贯穿整堂课的教学，让学生通过课堂活动来主动学习，通过参与、感悟、实践、探究等动脑、动手活动，更为深切地理解记忆知识点，更为灵活地运用知识原理，更为全面地分析解决问题，而教师仅仅作为课堂活动的组织者和引导者，辅助学生完成课堂活动，观察并调整每位学生的活动质量，从而达到寓教于乐并提高学习效率的目的。

活动式教学法的意图，是要以游戏活动作为主要载体，使其既符合初中年龄段学生的心理特征，又能行之有效地调动学生参与活动的积极性。

活动式教学法的特点是要选择贴近现实生活的活动元素，以求激发学生的学习兴趣，并最大限度地发挥学生的主观能动性，体现"以学生自主学习为主体"的教改理念。

活动式教学法要将地理知识、地学原理、人地关系理念等有机地融入到活动设计中去，有助于学生在活动中学习，并能依靠既有知识构建新知识框架，同时培养学生的运用能力，从而真正做到寓教于乐和学以致用。

活动式教学法要不断探索新颖的活动方式，以保持教学带给学生的新鲜感。活动设计应符合学生的智力发育规律，贴近学生的最近发展区，有利于促进学生的发展，达成教育教学的目标。

以六年级上学期《美国》第二课时为例，这节课主要要求学生掌握美国的工业分布特点及能源消费与温室气体排放问题。按照传统教学方法，教师会展示美国的工业分布图,要求学生读图说出美国的工业分布特点,学生不仅感觉无趣,也不能形成牢固的记忆;教师会组织学生分组讨论美国应对能源消费及温室气体排放问题的策略,学生却往往不会积极地参与讨论,个别学生所想到的策略也流于粗率,经不起考量。而用活动式教学法来上这堂课,课堂氛围和学习效果就会迥然相异。活动式教学法将这堂课设计为如下两个以小组为单位的核心活动。

第一项活动分为三个环节。第一个环节要求学生根据《美国自驾游游记》的内容完成贴图活动。教师将 iPhone6、波音 787 飞机、林肯汽车等学生熟悉的工业产品图片制作成贴纸装在红包里发给学生,要求学生将这些贴纸贴在其总部所在地的城市附近,每个学生都要完成两个贴纸的黏贴工作。发放红包的形式极大地激发了学生的好奇心,看到自己向往已久或耳熟能详的那些工业产品的贴纸更是喜出望外,学生的注意力从活动一开始就被牢牢抓住,参与活动的积极性也立刻被调动到一个高峰。活动中学生能分工配合,部分学生根据游记指出工业产品所属的城市,部分学生在地图中寻找城市并黏贴贴纸,最终每个小组均成功地完成了游戏活动。

第二个环节要求学生在贴图活动的基础上完成美国工业分布的填表题。学生通过贴图活动的体验能够较好地自主归纳出美国工业分布的特点,而且都能踊跃地上讲台进行交流。

第三个环节要求学生根据美国工业的分布特点将若干美国知名企业与其总部所在地进行连线。学生通过前两个活动环节对于美国的工业分布特点已有了较深刻的印象,都能十分迅速地运用刚学到的知识来解决问题,连线正确率达到 100%。

第二项活动分为两个环节。第一个环节要求学生假设自己是美国总统奥巴马或其智囊团成员,为美国的高能源消费和高碳排放问题出谋划策。每组选出一位代表扮演奥巴马,组内其他成员为其献计献策。能扮演美国总统令学生兴奋不已,与"智囊团"的商讨也煞有介事。

第二个环节模拟美国国会辩论。每组选出的"奥巴马"上台提出自己的应对方案,其他小组的成员此时扮演国会议员就其方案提出质询,"奥巴马"答辩,其"智囊团"也可协助答辩。有了"智囊团"的协助,扮演"奥巴马"的学生能够勇敢地"发表演说","国会议员"们也非常投入地提出反对意见,台上台下激烈论辩,却又能围绕"能源消费和碳排放"问题,学生互动有序而又高效,教学活动被推上了又一个高潮。

如此用活动式教学法上课，使学生不仅乐在其中，课后还意犹未尽，更有甚者已经迫不及待地期待下一堂地理课的到来了。

在实践探索中，我们发现活动式教学法有着明显的优势，运用于课堂教学中也产生了显著的效果：

1. 学生的主体意识得到了大大的提高，主体地位也得到了凸显。学生的学习积极性被真正地激发了，变被动的听讲为主动的学习。

2. 课堂活动的学生参与度大大提高了，学生对于课堂活动不再是敷衍了事，而是全情投入，课堂真正活了起来。

3. 学生的学习效率大大提高了，在相同的课堂时间内，学生对于知识的掌握更加牢固了，学生的思维能力、动手能力、语言表达能力和自主探究能力也都得到了培养与提升。

通过对初中地理课活动式教学法的实践探索，使我进一步认识到要盘活初中地理课，就要求教师观念更新、行为跟进：

1. 教师思想要解放。教师不能再坚守自己的"一言堂"阵地，而要敢于把课堂交还给学生，放心大胆地让学生通过活动去感悟、去学习、去发现、去探究；不能一味地进行知识的灌输，而要通过精心设计的活动方案来确保教育目标的达成与实现。

2. 教师角色要转换。教师不要再坚持知识传授者的身份，而要真正做到把教学的主体让位于学生，自己则要甘于扮演一个引导者与辅助者的配角；不能再过多干预甚至是干扰学生的活动，而要通过不漏痕迹的引导来确保学生活动围绕着教学目标进行。

3. 教师"童心"要不泯。教师不能再坚守太过成人化地处理教材与教学的"高冷"姿态，而要把自己设想成学生来发现他们的情感兴趣点；不能再为活动而活动地敷衍学生，而要设计出学生喜闻乐见并能让学生乐在学中、学在乐中的精彩而有效的活动。

活动式教学法使得初中地理课真正"活"了起来、"动"了起来，让地理课充满了欢声笑语，让我们的每位学生都能够将融于欢乐活动中的地理知识铭记终身。这样的地理课学生都喜欢，都会为之点上一个大大的赞！

（本篇作者：周园鸣）

5. 面对信息，学生为何视而不见
——生命科学课"发现学习法"的探索

在培养学生的生命科学素养和方法的要求中，课程标准提供了如下目标要求与分类界定：学生在六到九年级要初步养成科学思维的习惯，能有意识地运用生命科学的知识解释某些简单的生命现象和相关的实际问题；其中，特别提到要能初步运用信息技术，获取、处理和表达有关生命科学的信息。这与目前流行的PISA测试所要考察的学生的科学素养、获取信息、处理信息的能力是相一致的。

为了更好地达成课标规定的教学目标，在"体温、心率等人体生理数据的测量"这节课上，我先提问学生关于体温测量原有的知识，让学生互相纠错，整理出正确的体温测量步骤，然后进行演示实验和学生实验。在实验课上，学生上课态度认真，互动气氛融洽，实验操作井井有条。但当我展示散点图并提问"你能从这张图表中获得些什么信息？"的时候，原本气氛活跃的课堂突然沉默了。学生们看着白板，脸上浮现出困惑的表情。在我看来显而易见的结论，竟让他们如此为难。尴尬之间，只有一两位学生犹犹豫豫地举起了手。之后的所有涉及发现、阅读、分析的环节，都只有这两位学生互相较劲，其他人则漠然视之。这一下，我懵了。我已经清楚明白地提供了文字和图表信息，但为什么在这节课上，学生的"发现"变得如此困难呢？

一、"视而不见"原因分析

1. 提问目的不清，学生不知所措

以学生为主体的教学理念并不意味着教师可以放任学生漫无目的地在信息中茫然搜寻。我希望学生能够自己发现信息，但却没有能给他们明确的方向，学生看着这些图表和信息，不知道该发现什么。整个学习过程变得没有目的性，自然谈不上信息的获取和整合。

2. 归纳能力缺乏，有理说不清楚

学生要建立起整合信息、归纳结论的能力，需要能从文本、图表中，提取出足够的有效信息；需要能够通过信息呈现的外在摸索出信息的实质；需要能将零碎的信息整合起来；在表达的同时还需要一定的精确度。这种归纳能力的缺乏不是这一节课的问题，而是由于在平时的课堂大部分时间，我还是较多地使用讲授法，甚少让学生观察发现，更鲜有让学生自行从文本和图表中归纳出规律性的语句。长期如此，学生在枯燥无味的提问回答中养成了坐享其成的习惯，思维品质逐渐降低，对情境的解读和信息之间的差异变得不敏感，提取不出有效信息，不能将信息整合起来，不能掌握信息背后的规律，也无法用科学、精准的语言进行表达。这些能力所要求的思维品质是学生难以胜任的。这也是科学素养培养中常见也亟待解决的问题。

3. 提升认识不够，能力不能内化

生命科学学科所习得的知识和能力是贴近学生生活的，是学生在未来的发展中能学以致用的。学习内容内化的表现是，学生能够达成课堂教学的知识、技能目标，并能够用自己所学的知识解决简单的生命科学问题。但现实的情况是，由于我在课堂教学中，"发现学习"的实践较少，而且不注意所学知识和生活情境的联系，学生难以迁移知识点和技能，导致课堂所学不能内化。学生在课堂上不会发现，回到生活中，也一样没有兴趣去发现。使得他们所学的知识要内化成能力的实践高度始终没有达成。长此以往，即便课堂表面看上去，你问我答，一片祥和，但学生学习的知识与生活情境会逐渐脱节，不利于他们的未来发展，更不符合课程标准的培养目标。

这节课暴露的问题，同样也给了我反思的空间，该如何改进自己的教学方法来解决以上的问题呢？于是我选择了布鲁纳的"发现学习法"作为自己的理论依据。"发现学习法"是基于维果茨基的"最近发展区"理论，在教学过程中搭建"支架"，将前人的发现历程以教学的角度加以改编，成为学生力所能及的适中难度的教学方法。其中，教师转换角色，引导学生自主发现信息、讨论分析并归纳得出结论。学生能够在"发现"的过程中取得成就，进而更好地激发学生的内在学习动机。依据这个理论，我在自己的生命科学教学中做了如下的实践探索。

二、实践探索方法初见

1. 设计良好情境，学会发现目标

"发现学习"的载体是教师在课堂上呈现的信息。良好的情境能够更好地让学生将"发现"从课堂迁移到自己的日常生活中。在设计情境的过程中,应当注意:尽可能选择学生熟悉的场景和地点,引导发现的方向,让发现目标不再为难;选择的数据也应当尽量与日常情境中的数据相吻合,以加强教学情境与生活情境的关联性,便于知识迁移、能力提升,达成课程标准和评价体系中关于学以致用的部分。

例如,在"体温、心率等人体常见生理数据的测量"这节课上让学生依据测量的体温、心率进行提问,这就能很好地引发学生对自己生命活动的关注。而这节课的异常数据分析部分,也可以选择学生较为熟悉的医院等常见的社会情境来引导学生发现自身生理数据与健康的关系。创设与学生学习生活相近的情境,让学生更容易发现有效的信息。

2. 搭建牢固支架,养成独立操作

"支架",是布鲁纳基于维果茨基的最近发展区提出的教育模式。教师引导着教学的进行,学生能掌握、建构和内化所学的知识技能,从而进行更高水平的认知活动。其目的是为学生提供支持,使学生进行有效的学习。在今后的生命科学课堂上,留给学生够多的自由度的同时,做好发现学习中的支架。选择合适的文本、图例和数据表,在学生所学知识的基础上进行略微的拓展延伸,明确提出的问题,让学生明白大致方向,有的放矢。如在"体温、心率等人体常见生理数据的测量"这节课中,搜集好学生生成的数据,形成散点图后,提问可以由"你有什么发现?"替换成"我班同学的体温(心率)的分布如何?"更具体的提问,学生回答心中有底,等待学生们熟悉这种模式后,再慢慢尝试更开放的问题,逐步形成独立思考、自主发现的习惯和能力。

3. 放开课堂交流,提升发现能力

发现能力的缺失往往使得学生处于有理说不清的状态中,影响了学习热情。而发现能力与学生信息的获取、整合、归纳和表达能力密切相关。所以在今后的课堂上,我会多注意培养学生的发现能力。除了通过情境导引明确发现目标、搭建支架培养整合和归纳能力之外,放开课堂交流培养表达能力的最好的方式莫过于讨论和辩论。例如在"血液循环"这一节中,让学生小组讨论,弄清体循环和肺循环的途径,并且找一找,哪里的血液最有营养,哪里的血液废物最多,并且多让不同意见的学生用书本文本或科学证据互相辩论,往往学生在辩论中就会明白正确答案是什么,并能说出理由。这种方法能够帮助学生表达、理清信息之间的关系，并激励他们为了表达的完整性去搜集尽可能多的信息。这样，学生就能从被动学习逐渐向学会学习发展，从而实现对知识的主动获取，在知识迁移到生活的同时，提升了自主发现的能力。

实践中的反思，行为上的改进，使生命科学课的学习状态发生了很大的变化。课堂上学生的思维更活跃，"发现学习"的探索初见成效。学生的"发现"很重要。经过这节课，我感悟到，教育理念与教育实践必须紧密地结合起来，这样，才能让我们学生的每一节课都能够有所发现、有所收获，每一节课都能够成为健康课堂。

（本篇作者：董美麟）

6. 学生表情信息也是教学资源

这是我开的一节区级物理公开课，在其他班借班上课，内容是"光的色散"。我按照事先编写的教案进行教学，在介绍彩虹的形成原因时，我让学生分小组，利用下发的 iPad 平板电脑上网查阅资料。在学生活动时，有几个学生看着 iPad 里的内容，突然哄堂大笑，露出开心却又有些肆无忌惮的表情。我因为忙着指导各个组的学生，也顾不上他们到底在笑什么，而是装作没有听见，按照事先预设好的内容继续讲课。课后，听课的老师与我交流，问我是否听见学生的笑声，为什么没有对其做出相应的处理？我说听见了，但当时太忙，没顾得上处理，而且日常的课堂教学中学生经常会发出这样或那样的声音，大多情况下我都以为是有意扰乱课堂纪律，这次应该也不例外，没必要去理会。可是，这位老师又问道：学生在课堂上流露出来的表情，就一定是在扰乱课堂纪律吗？如果不是，我们可不可以在教学中就学生表情加以利用呢？

学生的表情信息是否也是教学资源的一种？这个问题引发了我的深思。如果说教师只顾着完成自己的教学进度，只管自己讲课，而无视下面学生知识掌握的程度，这节课的效率将会大打折扣。同学们带着诸多疑惑不解，听了 40 分钟的课，到头来可能还是一头雾水，那还不如让他们自习效果来得好！

那么，首先我们要知道，什么是学生的表情？

这里所说的学生表情是指学生在课堂中从脸部或动作中表现出来的思想感情，是情绪与情感的外在表现。一个人并非只是理性动物，他也是"血肉之躯"，是有情有义的主体。只因有了情,人才有喜怒哀乐,一个客观的世界才能成为多彩多姿的天地。正常情况下,一个人的喜怒哀乐都是在一定的情境下、一定的场合中、一定的氛围里的自然流露,比如,当听到高兴的事情时,你可能会喜极而泣或喜笑颜开,但绝不会悲愤欲绝。同样,在课堂教学中,学生表现出来的呆呆地听、会心地笑、开心地说或者是突然地发问,都是教学内容触发了或满足了学生需要的主观体验而表现出的一种情感。所以说,学生表情其实也是学生学习掌握程度的一种反映。

那么,学生的笑、学生的言语是否一定是扰乱课堂之举?

答案是否定的,因为它们只是学生情感的自然表露,能即时、真实地反映出学生对教师所讲授知识的了解掌握程度,具有高度的即时性与真实性。正因如此,这些表情就能够成为一种课程资源。课程资源可以多种多样,通常我们会想到网络资料、教学挂图、音带录像等,但很少想到学生的表情也是一种资源,一种鲜活的、生动的、难能可贵的课程资源。它可以让教师实时掌握学生对教学内容的理解程度与思考状况,从而指引教师实时地调整教学节奏,即时有效地调节自己的教学进展与要求。这种教学资源将影响整堂课的教学质量与同学们的学习效率,直接关系到整堂课的教学成效。

所以,我们在上课时,一定要学会关注学生的表情,以确保他们的思维能与我们的教学内容融合为一体,进一步地提升我们的课堂教学质量。

然而,我们教师在上课的时候,还不善于利用这种宝贵的资源,要么不够重视,要么看不懂学生的表情反映的是什么情况,或者即使看懂了也不知道该如何对症下药。为此,我们提出以下一些方法。

一、教师不会关注——那么,应该如何关注?

1. 目光变化的观察

学生的目光往往流露出内心的真实情绪,教师应注意捕捉并体会学生目光所传递的信息。学生的目光或期待、急切、专心致志,或困惑、茫然、游移不定,或心领神会,或疑虑重重,教师要及时捕捉这些信息,判明原因,并及时调整教学策略。

2. 面部表情的观察

教学活动中,教师要注意观察学生的各种面部表情,并理解所传达的学习心态的信息。学生困惑时经常会眉头紧锁,嘴唇闭拢,神情焦虑不安;理解了学习内容时则双眉舒展,面露微笑,频频点头;学生思考问题时常常面色沉重,双眼微合,双唇紧闭,有时口中还念念有词;专心听讲时目光凝视,神情专注,嘴唇微张;心不在焉时目光游移,表情木然,眉头时开时合;不耐烦时或双眉紧锁,频吐烦言,或焦虑不安,左顾右盼……只要教师注意观察,就能了解学生在课堂上的学习心态。

3. 形体动作的观察

学生的身体语言也会透露出学生在学习过程中的心理感受。通常,学生在专心听讲时,身体微微前倾,用手托着腮帮,或者双手平放;困惑不解时,就会摇头挠首或者交头接耳;在弄懂了一个难点后,会改变原来的体态,时常身体后仰;不耐烦时,往往会不自觉地摇晃身体,或抱胸叉臂,或跺脚颠膝。教师仔细观察学生的体态语言,细心体会,就会发现不可小觑的教学信息。

二、教师看不太懂——那么,可以怎么看懂?

眼睛是心灵的窗户,通过眼睛,我们最能读懂孩子们心里的所思所想。再结合整张脸,其实要看懂孩子们的内心世界并不难。下面举几例:

皱着眉头——没听懂;

眼睛凝视着你或黑板,但眼珠不转动——没心思听课了;

边看黑板边忙着记笔记,点头——基本听懂了;

没有表情——大多数情况下,也是没心思听课了;

嘴巴张开,眼睛看着老师——紧跟老师进度,听懂了,等等。

三、教师缺乏对策——那么,可以有何对策?

如果是大部分人没听懂,可以暂时放慢教学进度,回过头来把前面的知识点再尽可能详细地、慢慢地拎一遍,直到同学们微微点头,或者口里说"哦,是这样的啊",再继续往下讲授新的内容。如果此时还是有人听不懂,则应依照实际情况,依照人数占全班的比例来做出相应对策。

如果是一部分人没听懂,应该是自己的教学方法与策略出了问题,让学生先自己思考,教师则抓紧时间反思并做出应急策略,换一种方法讲解,直到同学们能基本听懂。

如果是个别少数人没听懂,鉴于跟不上教学进度的学生人数较少,且为了整个班级的教学进度着想,可以不予暂停,继续讲新的内容。而在下课后,将方才面部表情疑惑不解的同学叫到黑板前,进行答疑。

脸上没有表情者,可请他们起来回答问题,或用眼睛不温不冷地注视着他,或点他的名请他回答问题,把他从神游外界的状态拉回课堂。

关注听课学生的表情信息,了解每个学生对知识掌握的情况,有助于对教学进度快慢的把握,有助于为教学内容的详略讲解提供参考。这就决定了我们的教学态度不是机械地把知识点说给他们听就结束了,而是要注重教的过程,注重学生接受的程度,最终掌握的程度和运用的能力体现。

比如在学习物体的颜色是如何形成时,上课伊始,我只是单调地用嘴巴讲,以生活中的实例来讲解物体颜色的形成原理。这时,我注意到同学们的脸上充满了困惑与不感兴趣,再这样下去恐怕多数人都会没心思听课了。

然而,我早有准备。于是我打开多媒体,将多彩的鲜花和颜色相结合,投影在幕布上。只见一朵朵漂亮的鲜花怒放,多彩的颜色随着一朵朵鲜花开放呈现在学生的眼前,学生们惊奇地连声欢呼,脸上洋溢着兴奋。随后他们很快进入了状态:积极地提问,相互讨论,踊跃地争相举手发言……我从他们的眼神里,从他们的表情中看到了学习的兴趣,看到了他们对知识的渴望。学生表情,果然是一种宝贵的课堂教学资源啊!从中我能解读出我的课堂教学质量,并帮助我及时做出教学策略的调整。

另外,我发现有些同学在听其他组同学讲解时手托下巴,双眉紧蹙,做思考状,估计是没听懂,说明这些地方需要重点讲解。经过又一遍的讲解,有的同学张大双眼,嘴巴张开,露出了恍然大悟的表情,这表明他们听懂了,我们可以进行下一个知识点的学习了。在讨论过程中,我发现有几个同学的表情一直是那种胸有成竹,自信满满的,由此可见,他们课下已经预习过了,对本节课的教学内容已能基本吃透,在总结这节课的知识点时,我就找到这几个同学,让他们成为这节课的主讲者。这样既加深了对知识的理解和记忆,也培养了他们的语言组织能力和表达能力。

中国著名教育学家叶澜曾说:"上课过程要关注学生的实际状态,课堂组织形式要考虑实效性。"因此,作为我们"健康课堂",就应当关注学生的表情信息,并以这一重要的教学资源为切入点,关注学生的实时学习状况,做出恰当应对;最大可能地提升课堂质量,确保学生能在我们的课堂上完成学习目标。学得开心,学得自信。

（本篇作者：朱伟俊）

7. 老师,"被俘"很有趣的——学情是语文课堂教学的起点

这是六年级的一节语文课,教学内容是方志敏写的《清贫》。这节课的教学目标之一是：理解方志敏舍己为公、光明磊落的品质。为了达成这一目标,老师从方志敏被捕讲起："请同学们阅读课文第①段,说说作者对于自己被俘的事持怎样的态度？"学生回答："有趣！"老师再问："仔细阅读第②—⑧段,你觉得被俘是有趣的吗？"

老师在教案中预设的是：被俘怎么会是有趣的呢？那是多么屈辱的一件事情啊！方志敏自己之所以说"有趣",那是他对敌人嗤之以鼻的革命乐观主义精神。

一个学生高高地举起了小手,回答却出乎老师的意料之外："老师,'被俘'很有趣的！"

老师一脸困惑："你怎么会认为被俘有趣呢？"

"因为方志敏在文中这样写自己被俘的：一个士兵从"我"的上身摸到下身、从衭领捏到袜底,另一个士兵将"我"的衣角裤裆仔细地捏,多可笑,多有趣啊！"学生响亮地回答。

为什么会出现这样的情况呢？从学生的认知水平和生活阅历来看,关于"被俘",他们没有任何生活体验,不明白那是怎样的一种经历,文本中也没有明确交代"被俘"的屈辱。相反,方志敏写他自己被俘经历时,是用一种嘲讽的口吻笑谈的,学生从那个"把我的衣角裤裆都细细捏了一遍"以期搜到一点大洋的敌人身上,也许真的误认为"被俘"是一件很有趣的事情。

课堂上会出现这一不和谐的"小插曲",关键在于老师忽略了学生的学情。

学情,就是学生认知水平、生活阅历、心理特点等各种因素的综合。只有充分分析学情,真正了解学生的已有知识经验和心理认知特点,才能合理地确定教学目标和教学步骤。关注学情,是优化教学设计的必要前提,是师生互动的有效保障,也是"阅读

领航"倡导的重要理念。

如果说,教学目标是课堂教学的终点,那么,学情,就是课堂教学的起点。我们从备课开始,就应该把"学情"放在最重要的位置。

以"学情"为起点,就是要了解学生已有的知识储备。

初中学生,至少已经经历了五年的小学学习。他们曾经学过哪些知识?他们掌握了哪些知识?哪些知识你认为他们应该学了可实际上他们从未学过?哪些知识其实他们已经熟记于心而你却依然在喋喋不休?我们九年义务教育小学与中学的衔接过渡是不尽完善的,作为初中语文老师,尤其是六年级语文老师,熟悉一下小学的课本,与学生交流了解一下他们学过些什么,是很有必要的。

比如说,低年级的语文课常常设定"词语积累"这一教学目标,我们在设定这一教学内容时,应该先研究一下:这些词有没有学生在小学就学过的?如果学过,学生能正确书写吗?知不知道这些词的含义?会不会正确使用这些词语?如果教师能多花一点时间,多了解一点学情,再来根据学情确定目标,就不至于浪费大量的时间教给学生他们已经学会的知识,从而把更多的时间留给学生,补充他们没有的知识。这样,课堂教学的效率才能提高。

关于《清贫》,六年级的学生,有没有学过"清贫"这个词语?对于"被俘",他们知道是什么意思吗?老师如果仔细分析这一学情,把课堂教学的起点再定得低一些,那么,学生对方志敏这 人物形象的认识会更加具体。

以"学情"为起点,就是要关注学生已有的生活阅历。

学生的生活阅历与老师的大不相同,文本阅读的情感体验也就大不相同。教师以自己的阅历、经验、知识、个性所理解到的作品的意义,与作为学生的理解是有差异的。有些老师认为无须解释的细节却恰恰成了学生阅读文本的障碍,有时老师觉得很容易理解的情感学生就是无法理解。语文教学专家王荣生教授曾举过一例:《我的童年》一文中有一句"娘起早贪黑地挣工分",什么是"挣工分"?学生不得而知,可能一些年轻的教师也不知道,因为这是一个具有时代特色的词语,只有生活在二十世纪六七十年代的农民才有真实的生活体验:挣工分,就是以集体生产队的形式每天上班,挣工分,成人10分,到年底按挣工分多少合钱数。老师如果忽略了这个细节,学生就会有阅读障碍,对于人物形象的分析和情感的理解就会有影响。对于学生生活经验的不足,老师在备课时要有充分的估计,教学中要能及时给予关注。

课文《清贫》,讲的是战争年代的故事,学生没有任何生活体验,如果老师在备课时充分估计了这一学情,并采取适当的方法予以补足,那么,学生的学习也许会更加投入。

以"学情"为起点,就是要尊重学生的个体差异。

每个学生都是不同的,都有各自独特的特性、兴趣、能力和学习需求。教学中教师要做到承认差异,尊重差异,发展差异,从学生自己的实际情况出发,根据不同情况,有的放矢地备课,有针对性地设计适合不同类型学生的学习活动,尽量地为大多数学生制定更合理的教学方案,使每个学生得到不同层次、不同程度的发展。

例如特级教师朱振国先生上《邹忌讽齐王纳谏》,在预备铃开始之前朱老师和学生聊天:你们是按照什么确定的座位啊?你们谁更聪明啊?……朱老师不了解这个班级的学生,他在课前与学生看似随意的闲聊,其实是在了解学生的学情。上课时,朱老师根据了解的学情给学生分组,把容易的问题抛给那些不自信的学生,把难一点的问题交给几个自己认为很聪明的学生。他还让两组学生相互提问,使学生的问题和差异暴露出来,通过师生、生生的思维碰撞,帮助个别学生解决思维过程中的障碍,使不同的学生在原有的基础上都有一定的提高。

再说《清贫》,可能有些同学阅读过一些革命题材的小说故事,或看过有关的电影,他们对"被俘"理解起来无太大障碍;但是一定也有一些同学,没有任何感性或理性的认识,老师在课前如能花点时间,了解一下学生的差异,课堂就可以分层讨论,小组交流,也许生生之间的碰撞会使课堂教学更精彩。

差异客观存在,这也是"学情",不容忽视。课堂教学从尊重学生差异开始,才能让每一个学生学有所得。

那么,在这一节课中,老师该如何关注学情,弥补不足?

语文老师们热烈地讨论开了,有的老师建议让学生课前查找关于方志敏的资料,从而告诉学生:像方志敏这样的大官,被一个国民党兵如此嚣张地搜身,是多么屈辱的事;还有的老师提出课前可让学生看电影《方志敏》,看被严刑拷打的方志敏是如何地大义凛然……我很赞同,因为当学生的已有生活阅历与文本内容从时间或者空间上有较大的距离时,通过补充经验缩短距离,从而读懂故事,理解情感是十分必要的。

当然，我们也可以让学生在预习时查字典，理解"清贫"的含义，来弥补已有知识储备的不足；还可以在充分了解学情的基础上，让不同层次的学生通过分组讨论的形式形成课堂思维的碰撞，在互相的学习和交流中达成既定教学目标。总而言之，了解学生的知识储备、关注学生的生活阅历、尊重学生的个体差异，是从学情出发走向终点的必要途径。

我区"阅读领航"活动的一个指导思想就是：先学后教、多学少教、以学定教。这十二个字告诉我们：无论是备课、上课，"学"都是放在第一位的，学生先学，不懂的再教，学生能自己学会的知识就不教，我们课堂教学应该根据学生的"学"来确定老师的"教"。恰到好处的教学起点，就是从学情出发，老师的眼里不仅要有教材，还要有学生；不仅有学生，还应把学生放在主体的位置。

也许在"以学定教"的时候，我们每一个老师都会有自己的妙招。但是，不管课堂教学的设计如何精彩，学情，一定是最不容忽视的"起点"。

（本篇作者：项晓红）

8. 追求了课堂的"生动"就能高效吗？

七年级某班语文课堂上，我正有声有色地讲着《酬乐天扬州初逢席上见赠》中运用的典故。

"……王质发现自己的斧柄竟然已经烂了，本来磨得很锋利的斧头也已经锈迹斑斑凹凸不平。原来，童子给他吃的是仙丹，正所谓天上一天，地上万年……"我着力把故事讲得生动精彩，36双求知的眼睛看着我，静静地聆听着，随着故事的情节时而大笑，时而惊叹，时而感慨……

20分钟过后，我小结："很明显，这个典故中的人物和作者的遭遇有很大相似性，同样都经过很长时间才回到家乡。你们觉得这个典故有没有体现出作者长时间被贬谪的苦闷心情？"学生齐声回答"有"，又将课堂气氛推向更高潮。

余下的20分钟，我又耐心细致地分析了诗歌的其余几联，再用生动的例子让学生明白"沉舟侧畔千帆过"的意义，让学生懂得诗人想表达的是自己被贬后的愤懑不平和对生活依然积极乐观的精神。学生们听得津津有味，点头附和。

回到办公室，回想刚才的上课情景，不免有些沾沾自喜，开学三个月来，我着力追求课堂的生动，以期获得学生的喜爱。通过课堂的生动让学生上课不开小差，跟着我的思路走，在我的想象中，这就能达到课堂的高效，因此我自信学生一定能高质量地完成我的作业，我期待着能在36份作业上打上一个个大大的勾！

可是天不遂人愿，第二天的作业，其质量之差远远超过了我的想象！诗歌理应表达了作者的愤懑不平和积极乐观两方面的情感，但学生在总结诗歌主旨时只写出了零乱的几个字。而练习卷中除了和典故有关的题目外，其他无论是书后有的字词解释，还是上课讲过的诗歌理解，这些和文本息息相关的题目学生或多或少都做错了。

批完作业后，我很纳闷，不由自主地进行了反思：昨天的课堂我自认为讲得是很生动的，讲到和典故有关的故事时，我还运用了不少修辞手法、丰富的肢体语言，学生也都十分配合，但作业反馈却是问题多多、理解少少，说明学生连最起码的文本都没有掌握。这怎么能是效率高、效果好的"高效课堂"呢？为什么我认为的"生动课堂"离"高效课堂"相去甚远呢？

经过学习、研讨和反思，我认识到了以下几个问题。

一、教学内容没有为课程标准服务

1. 备课时，我将大部分精力放在构思如何生动地上好一节课上，忽略了学生的课前预习。虽然我也布置了预习作业，却也只是一句笼统的"预习第x课"，且并没有进行预习作业的检查。从上课学生的朗读来看，很多生僻字学生依然读错，说明他们的预习是不到位的。在教学过程中，我虽然强调了注释的重要性，却忽略了工具书的作用。在《酬乐天》这篇课文中，七年级的学生应该有能力自己去查阅资料，理解这两个典故及其作用，但是我为了能更多地讲解，竟将他们自主查阅学习变为我的讲授。

这反映了我对"预习"这一环节的疏忽。长宁区目前推行的"阅读领航"，与课程标准要求七年级学生在阅读方面能够做到"借助注释和工具书理解文言文的基本内容"是一脉相承的。"阅读领航"强调"以学定教、先学后教、多学少教"，课前应让学生充分预习，课中留出足够的时间让学生查字典、翻资料。如果学生对课文没有足够的理解，即使我的上课内容再生动、再有趣，对学生来说也只是听故事而已，无法真正理解这些

"故事"的内涵。

2.上课时,我不仅忽略了预习环节,我还忽略了学生对课文的朗读。《酬乐天》是一首古诗,只有56个字,我认为学生已经能够全诗背诵了,我就将时间放在了典故的讲解上,想把典故讲得更完整、细致。

但是课程标准要求学生能"在通读课文的基础上,理解、分析主要内容",且古人云:"读书千遍,其义自见。"朗读其实是最好的深入文本的办法。回想之前上过的课文《社戏》,由于课文太长因而没有让学生读课文,但在之后深入文本的过程中,学生明显无法找到问题相对应的段落,进度缓慢。课前预习不到位,课堂上对课文没有整体把握,再想要学生理解中心思想就困难了。

二、教师的"生动"无法代替学生的"生动"

散文以"形散而神不散"为美,其实语文课堂正如散文,一个好的语文课堂也应该做到"形散而神不散"。教师的教育教学手段与方式构成了课堂的"形",每堂课所要达到的知识目标、能力培养目标和情感态度价值观的培养目标构成了课堂的"神"。在构建课堂的"形"时,我思考并运用了很多生动的方式,如讲故事、运用肢体语言等等,希望通过不同的教学方法打造课堂的生动,传授课文的知识。但我仅着眼于文章结构,层层点点地剖析,从头解剖到尾,而忽略了学生的自主学习;只注重了教师"教"得"生动",而忽略了学生"学"得"生动"。

如此一来,看似课堂生动,但大部分时间都是我在讲解,学生只是坐着听讲,没有融入到课文本身,教师的生动无法进入到学生内心,无法代替学生学习能力的发挥。"沟通漏斗"现象表明,我心里想的100%,只能说出来80%,别人听到的只有60%,而真正听懂的可能只剩下40%。尽管我尽力将授课内容讲得生动、故事性强,但毕竟无法代替学生自己思考,因此造成他们对文本理解不深入。

三、封闭式问题导致课堂活跃假象

在课堂中,学生几乎都能大声、齐声地回答我的问题,但在课后反思时发现我的教案中开放性问题不够,封闭式问题不少,如:"这句话表现出作者的愤懑不平,对吗?"学生也只是回答"对"。正因如此,学生虽然有时回答得十分积极踊跃,但思考不深,只停留在文本表面,缺乏启发、引导,造成了课堂气氛热烈的假象。

在教师规范化培训上老师告诉我们,语文课堂提问少用"能不能找出……"、"能不能看出……"这类封闭式问题。这类问题只是简单的文本寻找,并不能给学生搭出足够的梯度,让他们逐渐深入文本。

四、学习重难点不清晰影响效果

由于语文课本身的特殊性,需要补充的内容很多,作者的生平、写作背景、和其他作品的比较,再如上文案例中典故的运用等等。这些补充内容情节曲折,故事性强,我又着力讲述得生动、好玩,很容易就吸引学生的注意力。课堂中为这些故事、典故花费了太多时间,相对应的,课文的重难点所花费的时间就少了。当学生还在嘻嘻哈哈"听"这些故事时,他们的注意力往往无法集中在我的讲课上,此时讲解本节课的学习重难点,学生极易错过,造成了听讲上的漏洞。

基于这些原因,在教学的实践中我探索着相应的对策:

(一) 针对教学内容

1. 细化预习要求

将"阅读领航"真正落实到课堂中,改"预习第 x 课"为具体的要求,如:为课文分段、简单的数据整理等,或让学生写下预习课文后,自己想要学习到哪方面的知识、对课文哪部分有疑问。在这学期我们还学过一篇课文《滹沱河》,其中运用了批注的方法,也可以让学生在预习时做好批注。这样一来,一方面能让预习不再是一句空话,一方面便于进行预习作业的检查,另一方面也能让我了解学生想学什么、哪里薄弱。课堂上学生能自己解决的问题,教师不参与,放手让学生自己完成,以培养学生主动参与、乐于探究、勤于动手。让学生带着问题预习课文会效果更好。

2. 发挥阅读作用

给予学生充分的阅读时间。课堂教学的时间是有限的,尽管我不能给学生将课文读千遍的时间,但能给他们时间将文本读通、读熟、读透。可以采用不同的阅读方式,如齐读、自读、范读、默读、速读、品读等，让学生能与文本充分对话，感知文章内容，获得对文章的初步认识。

（二）学生自主"生动"

改教师"一言以蔽之"的"一言堂"为学生动脑、动口的"群言堂"，充分调动学生学习的主动性。教师以引导为主线，以启发为思路，以多样化的教学手段为媒介，培养学生对语文知识的整体把握与认知。也就是让学生自己学习得"生动"。课前可让学生自己通过书籍、网络等，搜集与课文相关的资料，课中可创设良好生动的教学氛围和情境，引导学生学会分析归纳、学会合作交流、学会倾听置疑，从而改变教师的满堂分析讲解教法。通过这些方式让学生的学习"生动"了，就能提高他们对学习的兴趣，增强其学习主动性，活跃其创造性思维。这就是说，不仅要让学生获得基本知识，还要通过他们自己学习的这个过程，让学生学会学习，培养学生高尚的道德情操和健康的审美情趣，形成正确的价值观和积极的人生态度，真正落实语文学习所要求的三维目标。

（三）改进上课提问

一千个人的心中就有一千个哈姆雷特，每个学生对于课文的想法、见解也一定完全不同，因此在提出问题时应注意尽量不使用封闭式问题，多用开放式问题，在问题难度、深度上搭好梯度。特别是我教学的学生思维活跃，更应允许、鼓励学生勇于提出自己的观点。

但开放式问题，问题的范围也不能过大，过大同样难以取得理想效果，因为七年级学生难以自己深入找到问题的线索，就会回答的有失偏颇。因此对于一些庞大的问题，就要拆成几个小问题，整题零问，循序渐进地让学生找出问题的答案。如《社戏》一课，针对"我"的情感，可以将大问题"在课文中我真正怀念的是什么？"拆分成小问题，连发五问：(1)"我"的心情发生了什么变化？(2)为什么会发生这些变化？(3)表现出"我"怎样的情感？(4)在整个过程中"我"最感兴趣的是什么？(5)为什么"我"会觉得再没有吃到那夜似的好豆，再看不到那夜似的好戏？通过这些问题，一方面可以让学生在思考中得出答案：作者真正怀念的是热情淳朴的村民、风光优美的平桥村和在平桥村的快乐生活，另一方面也可以培养学生思考问题的思路。

（四）紧扣重点难点

在学生的思维被其他事物吸引时尽量不讲解教学重难点。并且在每节课前给出本节课学习重难点,每个单元前给出单元学习重难点,并给出学习建议;这些知识点能运用在哪些地方。如学习课文《走一步,再走一步》时,让学生对文中的动作描写能尽量运用在学生自己的作文之中;在学习《中国石拱桥》时,让学生对文中的说明方法能尽量运用在说明文阅读中等等。让学生能有准备地学,做到有的放矢地听重点、补缺漏。

总之,在追求课堂生动的同时,不能忘了教学的要点——要传递知识,启迪智慧,发展思维,陶冶情操,兼具思想情感教育;在追求课堂生动的同时,不能忘了课堂教学的重点——是学生的"生动"学习、学会学习,这才是教学中最有价值的核心内涵。

那么,作为一个刚踏上工作岗位的语文教师,更应该在认真研读语文课程标准的基础上,加强反思,多多打磨,深入思考。只有将教师单方面追求的课堂教学"生动"转化为学生的学习"生动",才能使我们的课堂变为真正的健康课堂、高效课堂!

(本篇作者:倪　晶)

9. 老师,这样的作文课我们喜欢!
——"健康课堂"给英语作文教学插上腾飞的翅膀

这是一节"英语作文主题训练"实践课,教学内容是"健康和休闲方式",这一内容十分贴近学生生活。瞧,一组组精彩的镜头:

镜头一

老师:同学们,今天让我们来讨论一下,你们在生活中是如何保持健康的身体和采用健康的生活方式,以及各种不同的休闲方式带给你们的不同感受。话音未落,只见学生们就像炸开的锅一样,纷纷进入了热烈的讨论中,时而2人一组的,时而3—4个成群,你争我说,气氛活跃。

镜头二

在一阵热烈的讨论之后,老师展开了"主题训练",推出了健康和休闲的七个相关内容,让学生们分组交流。

Mary: How to keep fit?(保持健康的秘诀)

Peter: My view of keeping healthy(我自己关于健康的感受)

Jasica: Health bring us _____(健康给我们带来的点滴)

Helen：My School Sport(学校体育运动)

Mike：The importance of P. E lesson(体育课的重要性)

Tommy：Better health，better life(健康给生活带来的影响)

Steven：The proper ways for students to relax(向大家介绍适合学生休闲的方式)

学生们讨论的气氛,越发热烈。

镜头三

英语的作文历来是学生头疼的事情,而今天的英语课如此生动活泼,让前来听课的老师也倍感惊讶,没想到原本枯燥的英语作文课会受到学生如此欢迎。与此同时,上课的老师也觉惊喜万分。老师也未能预料到学生这样活泼,发散性思维一波接着一波。课堂上,学生们从七个不同的角度引发了对健康休闲的不同感受。

课后学生们高兴地与老师说:"老师,这样的作文课我们喜欢!"很平常的一堂英语作文教学课为何会出现如此强烈的反响? 英语作文的"主题训练"为什么能取得这样好的效果呢?

回顾以往的传统英语作文教学,我们不难发现存在以下一些弊端:

现象一：应试教育的不良影响。

受应试教育的影响,在传统英语作文教学中,写作能力的培养在初中英语教学中并没有得到足够的重视,使学生对写作产生了恐惧心理,以往的老师为了让学生在考试中取得高分,错误地认为背几篇范文就能应付考试,影响了学生英语写作能力发展。如此下去,学生的积极性受挫,他们学会的只是死记硬背,生搬硬套。试问：这样没有主观能动性的被动学习,学生能真正收获到什么? 学生的英语自主写作能力如何得以培养?

现象二：传统教学中的某些不足之处。

受传统教学的影响,一般来说在每个英语单元的最后一课时是针对性的写作训练,而这些题目是与单元同步的内容,老师都会有意识地去加以引导,进行训练。但是,这样的作文教学往往是被动而机械性的操练,抑制了学生创造性思维的发展和写作能力的真正提高。试问：这种方法,对培养学生写作能力不就成了障碍?

现象三：评价标准中的某些偏颇。

与此同时,随着中考英语写作分值的逐渐增大,越来越多的一线老师还是重结果,轻技能,重分数,一张试卷定终生。升学率、合格率、重点高中录取率等使教师苦不堪言,筋疲力尽。试问:这样沿袭下去,面对中考竞争日益激烈的现实,学生们怎么能走出英语写作上的误区?学生的英语写作能力怎么能得到培养和提高?

从以上的三个问题中不难看出,传统的英语作文教学中的某些弊端违背了某些教学规律,学生的主动性、创造性和民主性受到了严重的抑制,同时也与学校提出的健康课堂思想是严重脱节的。

据此,我们作了具体的分析,针对课堂上这些不健康的弊端,我们从健康课堂的理念出发,积极探索操作程度强的教学改革策略,为学生的个性自主发展创造更多的自主学习的时空,由此,产生了具有系统性、实践性和成效性的"英语作文主题训练"的教学对策和方法,我们主要是从以下四个不同的角度进行了具体操作。

1. 挖掘来源于学生的主题素材

为了让学生们有话可说,有内容可写,老师们深入到学生的生活中去,和他们打成一片,尽量挖掘与学生日常生活息息相关的和贴近社会热点的写作素材,这样的题目可写性强,形式多样,给学生带来很大的思维空间,让他们充分表达自己的思想。

2. 归类适合于学生的写作题材

为了让学生们在写作题材上有进一步的认识,我们老师又在这上面下了一番功夫。我们归类了适合于学生的主题内容。并将写作题材一步步聚集于适合学生生活状态和主题内容上,作了两者结合的明智之选。如:

主题训练(二)健康休闲——Health and Relax

主题训练(四)学习方法——Study methods

主题训练(六)观点之辩——The debate of different points

主题训练(七)节日聚焦——Focusing on festivals

主题训练(八)校园生活——School Life

3. 搭设有利于学生的个性舞台

主题训练让学生的个性得到了充分的发挥,灵性得到了极大的舒展,彰显了他们在写作上的各方面的能力,打开了他们的思路,激发了学生们的创造思维。

每堂英语作文课上,每个学生的个性可以发散,畅所欲言,对写作有很大的帮助。

4. 解决有碍于学生写作的问题

第一章 课堂实践

针对主题作文训练中出现的一系列问题,老师和学生们作了共同的分析,寻找出主要原因,具体表现为:

1) 审题偏差:内容枯燥单一,前后意思重复;内容不完整。

2) 语法错误:动词时态、语态、标点、大小写有误;中国式表达,表达不清楚。

3) 基本功不扎实:单词拼写错误率较高,句子结构单一;无法驾驭长句,常顾此失彼。

4) 文章谋篇布局及语句衔接能力差,结构松散,缺乏文采。

在老师的关心下,问题的症结被诊断出来,接下来便是对症下药了。老师帮助学生对问题的原因进行了归类,使学生在纠错能力等方面有了较强的提高。

近两年来我们在英语写作中融入了主题作文的训练,进行了大胆的尝试和实践,取得了良好的效果,在一模、二模和中考中,学生们在作文中都取得了较好的成绩。受到了有关领导与区教研员的一致好评。这其中的关键原因,就是因为"英语作文主题训练"符合健康课堂的精神和指向。

从学生层面来讲,既挖掘学生潜在的能力,又对学生的英语写作技巧等方面进行了全面的辅导,从而真正使学生的写作能力得以提高。同时,主题作文的教学让学生学会了从一定的高度对具有相同特点的事物和活动进行了归纳;主题之间的重组又会产生新的题目,便于学生的灵活运用,以不变应万变。

从老师层面来讲,老师学会了怎样让学生用自己的体验去表述,真正地自主地去写作文。与此同时,在课堂上,老师并非是"放羊式"的管理,而是"放风筝"的监控。老师对每个主题的话题让学生展开讨论,注重引导。这也是我校创建"健康课堂"的真实体现。

从课堂层面来讲,在英语写作课上,融入了"健康课堂"的理念,使它具有了新内涵,成为体现民主开放的课堂,主动学习的场所,学生个性发展的平台。

健康课堂的理念已成为我们"英语作文主题训练"的生命线,我们将一如既往地继续努力,以执着的精神继续深入探索研究,让"健康课堂"给英语作文教学插上腾飞的翅膀。

(本篇作者:黄英姿)

10. 如果语文课用来打针就好了

有一天，学校因要接种疫苗而占用了一节物理课，物理课代表一脸不满，小声嘀咕道："如果用语文课打针就好了。"几个学生随声附和。说者无意，听者有心。学生的话好像一根细小的绣花针在我的心上扎了一下。用什么课来打针是由学校统一安排，不足为奇，但学生为什么希望最好用语文课来打针呢？

学生之所以希望用语文课来打针，反映出来的是他们对语文学科不感兴趣。面对现实，英语日益受到重视，数理化热潮也不减当年。反观语文，倒成了最大的"小学科"。大部分学生觉得语文无足轻重，学习语文的兴趣呈现减弱状态，原因到底何在呢？

语文教育的过程有它自身的特点，它通过阅读、体味、感悟让学生获得知识的积累、情感的体验、价值的判断等，学生得到的都是个体独特的感受。这些感受千姿百态，有深有浅，有的显而易见，有的难以言表。阅读感知的结果往往是不确定的。语文学科不像数理化，往往通过例题或实验来揭示规律，让学生掌握解题的思路和方法，学生运用习得的方法去解题，或计算，或推理，一般都能得到相对固定的结果，得分就是老师对他的肯定，这个结果让学生具有成就感，造成心理上的愉悦，因而对解题充满兴趣。而语文则不能像其他学科那样，可以明显而有效地提高学生的分数。因此，有相当一部分的家长、学生甚至老师都认为语文的学习是无关紧要的。

学生自身也有原因。现在的学生，多数都是独生子女，在父母的精心照顾下，自我中心的意识强，不大会体谅别人，不大在意别人的感受，情感比较匮乏。而语文学科恰恰是人文性、情感性很强的学科，课本中那些文质兼美、感情充沛的文章，却不能在他们的心中产生共鸣。老师认为精美的文章，他们却认为无味、无趣，不符合他们的审美标准。

教师的教法也存在问题。我们不能回避一个现实，素质教育大张旗鼓的当下，应试教育依旧步步为营，成为各类中学最有力的指挥棒。本应是最具有人文内涵、充满人性之美和生活情趣的语文阅读教学变成了割裂开来的支离破碎的知识传授和枯燥无味的机械训练。许多老师的授课往往都是为了考试而服务，或者满堂灌，或者为了考试而教,学生为了考试而学。目前,"把素质教育落实到每一学科、每一节课"的观点正在为越来越多的人所理解和接受,但是我们在一堂课上什么都想抓,什么都没抓到。比如强调语文教学的每一节课都要体现德育、智育、美育、心育等素质教育共性目标的落实,把文章支解为 A、B、C、D 等若干部分,取 A 来育德、取 B 来育智、取 C 来育美、取 D 来育心,还可以将之组合成酷似"孔雀开屏"的拼盘,以其夺目之美赢得"语文素质教育示范课"的称誉。这种"支解文章"的教学方法让越来越多的学生对语文学习不感兴趣。

作为生活者和教育者,我们都需要被提醒,被劝勉。教育家苏霍姆林斯基就以"给教师的建议"为题,贡献了宝贵的教育思想,其中"争取学生热爱你的学科"一条,带给我极大的启发和深深的触动。"争取"二字非常重要,这反映了教育需要有一种"主动出击"的态度,而不能"守株待兔"。有了这种态度,教师才会认真进行反思,努力提高教学水平。在苏霍姆林斯基看来,只有学生喜欢上了某一学科,这些学生才会在这门学科上下功夫,他们的天赋素质才会得到发展,他们的爱好、禀赋、才能、志向才能自愿地建立起来。对于这一点的重要性,是显而易见的,如何去做才是关键问题。

那么怎样去争取学生,使他们对语文学习感兴趣呢?

首先,要对这样的孩子进行细致的了解。孩子们来自不同家庭,具有不同的性格、不同的智力水平、不同的兴趣爱好。对他们的性格脾气、家庭背景、学习方式、思维特点等了解清楚,更接近他们的思想和心灵,这样在课堂上才能"使每一个孩子的力量和可能性发挥出来,使他享受到脑力劳动中的成功的乐趣"。

其次,多向其他老师学习。之前提到的那位物理课代表,不希望物理课被占用,可见他是多么喜欢这门课。那么,这位任课老师必定有自己的独到的教学方法。所谓"他山之石,可以攻玉",多向其他教师学习,能对自己的教学产生帮助。

再次,要在课堂上花功夫。第一,注重激励,尊重学生。新课标要求教师从关注"人"的发展着眼,重视课程评价的教育发展功能,教师应是学生课程学习的激励者,因此,教师要找准契机,适时地赞赏、鼓励学生的每一次成功,让他们体验成功的乐趣。尊重学生,承认学生中知识、智力水平发展的不平衡、有差距,允许学生参与程度快慢不一,教师要了解每一个学生,创设机会,让他们展示自己的优势。只有这样,才能更好地促进教学活动,达到"亲其师、信其道"的效应。第二,绘声动情,感染学生。语文是学习语言文字的学科,语文教师的语言应是学生学习祖国语言的规范,是模仿教师正确表情达意的标尺。生动的教学语言能吸引学生的注意力,唤起学生求知的欲望和学习热情。因此,要激发学生的兴趣,语文教师的语言必须生动,有感染力。教师的动情是激励学生学习的起点,更是学生吸收知识、转化能力、陶冶性灵、形成信念的纽带,所以教师在教学中,要用绘声动情的语言打开学生稚嫩的心扉,把真善美的种子播进他们的心田。第三,精心设疑,调动学生。"疑而有思、思而有获。"在课堂上,教师要善于提出问题,引导学生自己有疑而自觉学习。有位教育家说:"教学的艺术全在于如何恰当地提出问题和巧妙地引导学生作答",这里要求教师要善思、精思,预先设计好问题,使之环环相扣,然后在学生"心愤愤、口悱悱"的状态下适时引导,这样可产生强烈的求知欲,有力地调动探索问题的热情,激发学生的学习兴趣。第四,参与合作,鼓励学生。新课标指出:语文教育具有很强的实战性,学生有强烈的参与意识和合作意识。人人主动积极地投身其中,善于与他人合作,这是学好语文的保证。所以我们在教学中就要创设让学生积极参与合作的平台。让他们展示自己,让他们在与他人合作中得到认可和赞许,那么,他们就会"我要学了",就会独立去尝试探讨,猎取知识,从中真正体验亲自参与知识的情感,产生自我肯定的体验,把学习看做一种既紧张又愉快的求知增能的活动,自觉地投入到学习中。

《义务教育语文课程标准(2011版)》指出:"语文课程应致力于学生语文素养的形成与发展。语文素养是学生学好其他课程的基础,也是学生全面发展和终身发展的基础。"可见,语文素养在学生一生中有重要作用。语文不只是学习考试的工具,更应该是他们一生学习、生活、做人的拐杖。语文课程要面向全体学生,使学生获得基本的语文素养,真正做到既打好语文学习的基础,又要让学生受到文化、文学、思想、情感的熏陶,为他们逐步形成良好的个性和健全的人格打下良好的基础。

叶圣陶曾说:"学习是学生自己的事,不调动他们的积极性,不让他们自己学,是无论如何也学不好的。"爱因期坦也曾说:"兴趣是最好的老师。"可见只要对学习有了兴趣,才可以形成一种巨大的动力,推动学生自觉地学习,勤奋努力,刻苦钻研。但是,兴趣不会自己送上门来,面对学生语文学习兴趣较低的现状,我们语文教师更要主动地去寻求、去发掘。只要我们找到了门径,并注意主动地去培养,就可以逐渐帮助学生形成对语文学习的兴趣,增添学习语文的动力。

(本篇作者:徐 莉)

11. 发生在英语报刊阅读时的尴尬

　　这是一节六年级的英语家常课,铃声一响,英语报刊阅读环节开始了。按照教师的要求,课前,学生(按照学号)可在《上海中学生英文报》自主选择一篇感兴趣的阅读文章自己阅读,再根据内容自己设计3至5个问题,然后在英语课堂上与同学进行提问交流。这时,一名男同学拿着英语报纸慢腾腾地走上讲台,摸摸脑袋,挠挠头皮,支支吾吾地不知在讲些什么,台下的同学忍不住哄堂大笑,那位男同学更是满脸通红,手足无措,而教师也显得无可奈何。短短几分钟的英语报刊阅读活动让教师和同学都陷入了十分尴尬的境地之中……

　　为什么学生进行报刊阅读活动会感到困难,为什么学生达不到阅读的要求,而出现这种尴尬呢?

　　究其原因,大概有以下三点:

　　第一,英语报刊阅读是英语教材课内拓展阅读的有效性补充,但一些教师对报刊阅读的作用认识不够,对如何在实践中指导学生英语报刊阅读活动,还缺乏经验。

　　第二,教师对学情的关注和了解还不够,对于英语程度较好的同学而言,可以自主完成报刊阅读活动,而对于一些英语基础相对薄弱、没有能力自主完成英语报刊阅读要求的类似上文提到的那位不知所措的男同学,教师则疏于指导。

　　第三,教师习惯了传统的备课方式,在备课时只关注到教材本身,或者只考虑到和教材关系密切的课堂教学活动,而忽略了英语报刊阅读这一教学环节中学生的实际情况,从而导致了这种课堂尴尬局面的出现。

　　那么,教师在英语报刊阅读时应如何引领、导航,成为真正的"领航者"呢?随着区教育局"阅读领航计划"的逐渐推进,教师对课堂教学的有效性和教学方法的改进也越来越重视,基本上都能做到认真研究教材、探讨教法、精心备课等,但最为关键的还应该是如何"备"学生,体现"以学生为中心"的教育理念。为避免英语报刊阅读时的尴尬,让英语报刊阅读真正成为英语课堂的有效性补充,教师是否可以从以下四个方面入手，进行"领航"呢？

一、明确英语报刊在英语教材中的地位

作为课内拓展阅读的补充，英语报刊阅读是一种集时代性和广泛性于一体的有效的教学形式。学生在阅读广泛的材料如新闻时事、社会热点、历史文化、卡通故事等文本的同时，不仅开阔了视野，而且可以接触到大量真实、鲜活、地道的语言，从而丰富了英语学习。选择与学生阅读水平同步的报刊内容进行阅读，是对学科教材内容的有益补充，更是在语言输入方面增加了趣味性、真实性和实用性，为教师教学的开放性和灵活性提供了平台，为学生个性化学习和自主学习创造了条件，是学生积累社会文化知识、拓宽知识面的有效途径。

二、把握英语报刊阅读材料和教材之间的关系

教师在课堂上使用报刊阅读材料，一定要注意阅读材料和英语教材之间的联系，尽量选择与教材单元话题相近的文章，选材一定要难易适中，易于学生接受和表达，并能和学生的兴趣、心理特点相符，这样才能引起学生情感上的共鸣，达到预期的教学效果。

三、注重英语报刊阅读方法和策略的指导

英语报刊阅读的目的不仅是为了开拓学生的视野，丰富文化背景知识，激发学生的学习兴趣，更是要通过不同体裁的生动有趣、丰富多彩的阅读材料，运用恰当的阅读策略来进行形式多样的阅读方法的训练，以达到培养学生阅读能力的目的。如：快速阅读方法的训练，阅读中生词的处理方法，寻找中心思想，快速阅读掌握文章大意，寻读细节，预测，排序，总结，推理等。

四、关注英语报刊阅读中学生自主能力的培养

让学生自主选择报刊阅读材料时，教师要及时关心，明确学习任务，规定好阅读量，提出阅读要求，让学生带着问题去预习，并完成相关的报刊阅读笔记。对一些自主学习有一定困难的学生，教师要在课前进行适当的指导和帮助，增加他们自主学习的

信心。如果教师能在课前做好这些准备工作，充分考虑到不同学生阅读水平的差异，不仅能避免一些不该有的课堂尴尬，而且更能充分阅读学生的心灵，开启学生英语学习的心门，让英语报刊阅读真正走入学生的生活，成为一种习惯。

阅读是学习的重要组成部分，在当前学生学业负担过重的大背景下，从阅读出发研究学生学习的有效性具有积极的现实意义。

我们要改进教与学的方式，积极创设促进师生平等、民主、开放的教与学氛围，在培养学生阅读能力的同时，注重语言训练及文化的积淀，逐渐养成学生用英语思维的良好习惯，促进学生通过阅读掌握方法，养成习惯，实现自我教育，追求自主发展，并具有一定的跨文化交际的能力。

作为试点学校，我们要进一步认识"阅读领航"精神，正确把握"阅读领航计划"的内涵，切实开展"阅读领航计划"的行动，把时间还给学生，把兴趣还给学生，把能力带给学生，真正做到减负增效，切实提高学生自主学习的能力。

而我们教师更要努力学会从新的角度反思我们的教学行为，就是今天的"教"不仅仅是语言技能的传授，更应该是学生学习方法、学习习惯和学习能力的培养。其次，教师要学会研究教材和分析学情，根据教材特点和学生兴趣进行阅读方法指导，在培养学生阅读习惯的同时，还要不断启发学生进行深层阅读，培养学生独立思考的能力。第三，作为教师，一定要有"阅读理念"和对"阅读"的领悟能力，这样才能在日常教学过程中提高课堂效率，真正以学生为中心，体现"阅读领航"的价值。

（本篇作者：程晋莹）

12. 老师，能不拖堂吗？
——拒绝不健康的教学行为，创建"健康课堂"

有一天，儿子生病未去上课，我下班刚回家，就看见儿子撅着嘴坐在那里生闷气。我连忙问他原因，他眼泪汪汪地告状说："今天，爷爷在家里给我补课，说好40分钟一节课的，可是到时间了，爷爷还不下课，他说话不算数。"我好言安慰他："爷爷也是为你好啊，他想帮你把今天没学到的课补上啊。""才没用呢。"儿子说，"爷爷说话不算数就是不对的，时间早就到了，还在那里唠唠叨叨，累死我了，头晕眼花，他后面讲什么，我什么也没听进去,生病了也不让人好好休息……"显然,爷爷的好心,没被孙子接纳,反倒让孙子产生了极大的逆反心理,这使我萌生了一个想法:在学生中做个小调查,看看究竟有哪些事是学生不喜欢我们老师做的。于是开学第一次回家作业,我给学生们布置的是:写自己最不喜欢老师做的一件事,可以署名,也可以不署名。结果统计后,发现排在首位的,学生最不喜欢老师做的一件事,竟然就是拖堂,甚至有学生直接提出:"老师,能不拖堂吗?"这个问题引发了我的思考……

为什么学生会那么厌烦拖堂,为什么学生会发出"老师,能不拖堂吗?"的呼声呢?拖堂的背后意味着什么呢?拖堂与我们"创建健康课堂"又有怎样的关系呢?

教师拖堂,其出发点大都是好的,是为了能让学生学得更多,取得更好的成绩,为此他们还放弃了自己的休息时间,但是客观效果又如何呢?

从学生角度来看。在学习方面:下课铃响后,教室外边有走动声、喧哗声,教室里边有整理学习用具的声音,学生心不在焉,不耐烦,急躁……在这种情况下,学生不可能安心听课。老师不辞辛苦拖堂,就是要解决自己认为很重要的问题,但结果往往事倍功半,还会出现这节课没有解决的问题带到下一节课,直接影响了下一节课的教学时间,也容易造成教师间的"摩擦"。如此下去,还会形成恶性循环。

在生理方面,教师拖堂还影响学生的大脑及身体健康发育。因为学生在课堂上从事的是脑力劳动,很辛苦,需要在课间10分钟进行调整,对此,学生长期来,已经形成一种心理定势和生理上的条件反射。下课铃声一响,就有一种自然的放松感,听课的注意力很难集中;坐的时间长了就有按捺不住想出去走走的感觉;有时因拖堂上厕所匆忙或根本来不及而感到非常难受与尴尬,这也明显不利于学生的身体健康。

在心理健康方面,拖堂也是对学生的不尊重。教师在课堂上处于主导地位,而拖堂反映了老师把主导变成一种权威,以教师为中心,忽视了学生的主体地位,也让学生潜移默化地受到了不遵守时间的不良教育。此外,学生对经常拖堂的老师或多或少地都会产生反感和抵触情绪,久而久之,会使师生间的心理距离拉大,很可能增强学生厌学心理,衰减学习兴趣。

从教师角度来看。主观上讲,拖堂是老师追求完整的一种心理需求,这是老师高度责任心和对学生负责任态度的体现,然而拖堂对老师也存在一定的伤害:因为老师既要抗拒学生的反感,又要克服自己的疲劳,还得在下课后人声喧哗的嘈杂环境下,提

第一章　课堂实践

高正常上课时几倍的声音讲解。如果课是连在一起的,教师拖堂之后还要匆匆忙忙赶往另外一个班级上课,水顾不上喝一口,厕所也顾不上上,长此下去,身心疲惫,不利健康。

既然拖堂弊大利小,得不偿失,那么,我们该怎样做才能有效避免拖堂事件的发生呢?

第一,要树立正确的教育理念。在拖堂现象中我们不难发现还存在着传统课堂教学中满堂灌、满堂练、课后补的痕迹。部分教师仍把完成认识性任务,作为课堂教学的中心,把上课当成是执行自己教案的过程,对学生的认知规律和心理特点缺乏一定的科学认识,错误地认为自己多讲一些学生就会多懂一些,其实这是一种认识上的偏差。二期课改要求我们教师必须放下师道尊严的架子,建立起"以学生为本"的理念,在传授学生知识和技能的同时,注重培养学生学习的独立性和自主性,把"为了每一个孩子的健康快乐成长"作为出发点和落脚点,关注学生身心的健康成长。因此,只有当教师积极提升理论认识,转变思想观念,改正认识上的误区,才能消除拖堂现象的思想基础。

第二,要不断改进课堂教学。改进课堂教学是消除拖堂现象的根本立足点。首先要熟练驾驭教材,对教材不熟悉、驾驭堂课能力欠佳,都是耽误教学时间造成拖堂的主要原因。教师只有从钻研教材入手,把教材解读到位了,才能有效消除拖堂现象。其次,要精心进行教学设计,提高课堂教学的效率,这就需要我们教师真正了解学生的需要,明确课堂要达成的目标,才能确定学生要"学什么"和"怎么学",才能预设出适合学生学习的教学环节。只有教师对于每一节课的教学目标、教学重难点、教学过程等做到心中有数,围绕"吃透教材"、"吃透学生",紧紧围绕课题精心设计教学过程,才能有效地保证教学环节的流畅、紧凑,才能在有限的时间内达到最佳的效果,降低教学时间的损耗。同时,要合理分配教学时间,课堂教学时,教师要把握好各个教学环节,分配好课堂教学的时间,教学语言要精练,做到学生已经会的不讲,学生自己能学会的不讲,与本节教学无关的问题不讲,这样可以有效减少拖堂现象。对课堂突发事件,教师要不断提升自己的教学机智,加强课堂教学的调控能力,学会灵活处理,对一些不便于当堂处理的问题,可采取课后处理的办法,为教学赢得宝贵时间。

第三,要注意教学适切。不要让不必要的"噱头"和"发挥"过多地挤占有效教学时间。不少老师，为了活跃课堂气氛，在授课过程中穿插一些与课堂教学内容相关的小笑话、俗语等，这些"噱头"出发点是好的，但要适切，因为学生往往听完后会过多地沉浸其中，有时甚至要老师说好几回才能慢慢地回到教学主题上来。个别教师经常会抓住某个教学中可以"发挥"的内容，东拉西扯地开起"无轨电车"来，等到发现时早已离题万里，匆匆回到教学主题时已浪费了许多时间，直接影响了教学任务的完成，最后只能靠拖堂来完成。因此，我们在教学过程中，一定要注意对教学内容的适度选择以及对教学过程的有效把控。

此外，灵活运用教学机智，也是消除拖堂现象的有效手段。如，在快到下课的时候，教师要尽快相对完整地结束本堂课的教学，提前做好下课准备；如果没有教学完的内容还很多，一时半会儿也讲授不完，那就直接留到下次教学再想办法；如果课堂小结没能在课内完成，不妨把它作为一项回家作业，让学生学会自主整理；对没有完成的部分课堂任务，有些我们也可以布置成课后思考题，设一个悬念，留到下一课时，作为承上启下的新课导入，有些也可以作为课外探究作业让学生自主探究，等到下节课时让学生相互交流学习……

学生生命成长的主要空间和时间是在学校、在课堂。创建"健康课堂"，就是将学生的生命成长作为主要关注点，从教育观上看，"健康课堂"是以育人为本的课堂，是有利于促进学生身心全面健康发展的课堂。从学习方式上看，"健康课堂"是民主开放的课堂，是学生主动、创造性学习的场所。从师生、生生关系上看，"健康课堂"还应该是学生个性得到发展、充满人文关怀的课堂。即"健康课堂"注重的是学生生理、心理和社会适应能力等综合素质的不断提高。当然，"健康课堂"的创建是一个复杂的系统工程，它牵涉到教育教学的各个环节，而拖堂就是其中一个我们需要引起重视并加以改变的环节。

老师们，让我们自觉自律地远离拖堂行为，从不拖堂做起，努力使我们的课堂真正成为一个健康的，能让学生身体、智慧、情感、态度、价值观和社会适应性都得到全面提高与和谐发展的场所！

（本篇作者：周　萍）

第二节　作业与评价

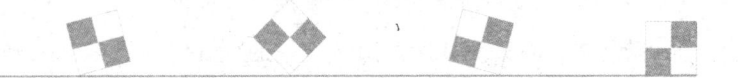

1. 排队"面批",谁是赢家?
——数学作业订正中排队"面批"现象的反思与探索

作业订正作为教学五环节中的一个重要组成部分,它完成的好坏直接关系到学生对知识的掌握情况。同时通过面批式订正,教师能够第一时间对学生的学习状况有一个大致的把握,并据此对后续的备课、上课中的内容进行针对性的调整,起到辅助和促进的作用。因此学期伊始,面批订正就成了我课后工作中的重中之重。

开学前几周,学生的热情十分高涨,每到中午,我刚坐上教室走廊间的沙发,学生们就飞一般地带着订正好的作业冲出教室,犹如网红店家的门口一般排起长长的队伍。看着孩子们如此积极,我自然是满心喜欢,接过小 A 的作业本。"嗯?这道题还是不对,你的问题出在……"看着后边长长的队伍,虽然内心有些焦急,担心排队的学生因等待而变得不耐烦,但我依然忍不住内心的驱使,替小 A 分析完错误原因后,才舍得放他回到自己的座位继续订正。"下一个!"接过下一名学生小 B 的作业,我在错误旁的空白处寻找他订正的痕迹,"这题的订正在哪?""诶呀,漏了。"没等我反应过来,小 B 就抄起本子,飞奔回自己的座位,迅速掏出水笔在上面涂写了几笔,都来不及坐下,又蹭蹭地站到了队尾,与排在前边的同学有说有笑。我也没有太多心思管这些事,只顾继续批改,一人,两人……时间过了许久,订正的通过率却并不尽如人意,再回头看了一眼队伍,似乎比之前又长了不少。我不得不加快速度,也不再细细地讲解,三言两语就将仍有错误的学生连同订正一起打发回去,脸上的微笑也逐渐没了踪影,反观学生们,倒是热情不减,依然嘻嘻哈哈,乐此不疲地排着队伍。忙活了一个中午,到最后看着为了一道计算题前后排了四五次队伍的小C，我实在忍无可忍，狠狠说了他一通，也再没有了讲解的心情与耐心，甩手将作业丢还给他。一番折腾后，身心俱疲，再看一眼名单，依旧有那么数名学生没能完成订正。

随着知识的深入，我在学期初定下的"小目标"——"当日作业当日清"也不断被现实无情地打破，看着学生们一次次拿着作业来我面前批改，却屡屡被我退回去返工，放学后看着其他班级早已空无一人，我们班却总还有那么几张熟悉的面孔在那边埋头书写，真是既心疼孩子们，又觉得十分无奈，我不禁思索：这样的排队面批，有没有赢家呢？

答案显然是否定的，造成这一结果的原因有多个方面，经过思考，我认为主要有教师自身、学生个体和客观因素三个方面。

一、教师对订正本身的认识出现偏差

"当日作业当日清"的初衷，是希望学生能够把每天作业中呈现的问题及时地解决，但在实际面批订正时，一是这个过程容易在不知不觉中变成了教师讲、学生听的形式，教师成为了主体，学生处于被动接受的一方，弱化了学生的本位；二是教师往往过于重视学生是否能够完成当天的订正，却忽略了订正的有效性，致使订正留于形式，从而在认识上越走越偏。

二、学生对排队面批订正的目的有所误解

对大部分学生而言，订正只是"不对"到"对"的过程，只要完成了订正，就能够准时放学回家，而没有意识到订正的本质是为了从"不会"到"会"。也正是这种对订正目的的曲解，造成在订正时，有的学生只求快，不求对，拿到本子匆忙涂改，匆忙上交，结果反复订正仍频频出错；有的连蒙带猜，尤其是判断题和选择题的订正；有的在老师讲评时拼命埋头记录，或者通过抄袭同学作业、直接询问同学答案等方式，对解题方法不加以理解，有时候过程抄错了都浑然不知；有的只顾在课余时间嬉戏玩耍，不到放学不订正；还有的学生趁着排队等待面批的时间，站在队伍中聊天，浪费本应静坐在座位上学习思考的时间。

三、面批订正的方式存在客观矛盾

面批订正的过程中免不了教师的指导与学生的思考,由此带来时间上的冲突,客观上的矛盾。比如,学生在校订正作业的主要时间集中在午自修以及放学后两个时间段,此时如果要面批整个班级三十来名学生的订正,排队等待的现象不可避免。面批过程中若再针对学生订正中的错误进行指导,队伍势必会越来越长,随之而来的还有纪律等问题的产生;但若不加以指导,快速批阅,则"面批"形同虚设,且学生回到座位再订正时,依旧不知问题该如何解决,又会出现反复订正,反复排队,或者直接向同学询问答案等情况,如此一来,既没有起到订正应有的作用,排队的问题也无法得到解决。

基于以上三方面的因素,我在反思与实践中摸索出以下对策。

一、教师对面批的再认识与再实践

我认为教师应先从自身出发,纠正思想上的偏差,着重实现以学生为主体的思想,重新认识订正的重要性,不能将面批流于形式,而是要通过面批订正使学生真正懂得纠错的重要与纠错的技巧。因此在教师面批订正的过程中,关注的应该是学生在订正过程中的认识与态度,以及如何养成学生纠偏的能力。所以教师在批改时,不能再像以往那样,仅根据作答的正确与否打个勾或叉,最后再以"优、良、合格"或"A、B、C"的等第结束。而是可以将面批的过程"三化"——具体化、个性化、情感化。

1. 面批过程具体化

针对学生作业中的错误进行具体的面批,例如计算题,不再是简简单单的对或错,而是在错误的步骤上圈划,在确保发现问题的主体仍是学生自身的前提下,使学生在纠错过程中更有方向性和针对性,也能加深学生对错误的认识。

2. 面批过程个性化

教师可根据学生的作答与能力的差异给予不同程度的提示和指导,例如数学中涉及分类讨论的行程问题,此类问题主要考察学生的分类意识与对数量关系的把握,如果学生没有考虑到多种情况,但从作答中可以看出他能够理清问题中的数量关系,面批时可以画上简单的不加标注的线段图,以提示学生其他情况的可能;而有的学生是列式出了问题,则可以在线段图上标注一些已知条件,帮助学生在订正时能够更好地理清量与量之间的关系。如此一来,使不同的学生在订正时,能够得到自己真正所需的指导。

3. 面批过程情感化

只有当学生在情感上认同了教师,那么教师的一些教育、指导才会起到更好的效果,学生也更有可能朝着教师期望的方向去发展。因此教师可以利用面批时与学生面对面的机会,先通过积极、正面的肯定与鼓励,或者围绕学习、生活等方面与学生沟通交流,建立起融洽和谐的师生关系,再提出一些具体的、学生也比较容易做到和接受的小建议。只要他们能朝着好的方向有些许的改变,久而久之,必然会呈现出一个崭新的面貌。

当然,面批过程的"三化",也同样适用于日常作业的批改。

二、学生对面批的真感悟与真实效

对于学生而言,只有当他们正确认识了订正的意义,订正才能真正发挥它的作用,因此我采取先纠正,再指导的方法,具体如下:

1. 通过反馈,提高学生的纠错意识

订正是作业中的一个环节,然而许多学生却往往觉得订正不是作业,只是一种负担。这正是学生认识上的不足所导致的,学生认为订正就是从"不对"到"对"的过程,却没有意识到其本质是从"不会"到"会"的感悟。因此在面批订正时,教师可以对一些错误进行"再处理",改变题目中的一些条件和问题;也可以对一些重点问题采用"冷处理"的方法,在学生订正完成的几天后,教师再将题目调整后让学生做一做。如此,那些只求"对"、不求"会"的学生就会在面对"新"问题时的不知所措中感受到纠错的必要性,而掌握了的学生也能够在过程中得到自己订正纠错效果的反馈,促使学生感受到订正的重要性,从而在认识与态度上进一步地转变。

2. 通过提问,培养学生的纠错能力

在订正过程中,发现学生普遍缺乏自我纠错的能力,因此在面批过程中,可以通过提问,如"这道题这一步为什么这么做?""你现在知道这道题错在哪里了吗?"使学生在尝试自己分析、归纳、总结的过程中,逐渐掌握纠错方法,从而提升学生的自我纠错能力。

三、创造面批的新时空与新平台

面批是一个需要耐心的过程,要落实订正的有效性(在学生的自主纠错能力达到一定水平以前),这个过程就无法避免,然而学生在校用来订正的时间却十分有限,为了解决这一客观矛盾,我在实践中,逐渐探索出这样一种方法:

1. 打破常规思维,合理创造时空

既然订正的时间不够,那么为什么学生的订正一定要在作业完成后的第二天才进行呢?如果能将订正提前,作为当天回家作业的一个环节,不是更及时,更有效吗?而且教师也能根据批改情况,对后续的备课、上课有更充分的准备和把握。此外,如若学生能将部分订正在家完成,那教师第二天批改订正的压力就下降了,也就有了更充足的时间针对学生的疑难问题进行面批,并加以提问与巩固,也就能更充分地发挥出面批的作用。

2. 创设信息平台,缩短家校距离

于是我借助微信平台,并让家长在学生完成数学作业后拍照发送给我,我再通过微信或是平板电脑的在线编辑图片功能在边上批改并加上一些批注,批改完成后,再发送回去让学生在批注的引导下进行纠错订正。这样一来,学生在家中就能及时得到今天课上所学知识的反馈,家长对孩子当天的学习情况有了大致的了解,家校之间的联系也更为紧密了。

通过面批订正的反思与探索,我认识到在这个过程中,面批不能仅停留在排队的形式上,教师也不能只满足于形式上的热闹,而是要真正以学生为本,改进教师在面批中的指导方法,落实订正的有效性,同时可结合微信这一新渠道,来突破常规面批中的时空限制,从而进一步发挥面批的优势,提高学生的纠错意识与能力,养成良好的作业订正习惯。

(本篇作者:沈晓阳)

2. 老师"加油",学生"厌烦"
——初三冲刺阶段语文"作业奇象"剖析

中考临近,毕业班语文复习进入了一个更加紧张的阶段。这天,我像往常一样批阅作业,然而作业收缴的情况让我大吃一惊。小王等几个同学作业正在补做,还有两个学生作业干脆就没交。我心中难免几分不悦:"学生呀学生,到了百米冲刺的地方,怎么能临阵懈怠呢?赶快振作起来,要加油啊……"细查作业,"草上飞"、"甲骨文"式的书写还不在少数,连简单的默写,都错误连连。课间本想严肃批评,可眼前的一幕让我不忍,教室里不似平日的喧闹,不少学生趴在课桌上打着瞌睡,补作业的学生看见我,疲劳的眼神中又透露出惭愧,"昨天实在太晚了,好累呀!……"我听见有人在轻轻感叹着。

一、困惑疑难

看着学生厌烦的面容,疲倦的眼神,我真有点"恨铁不成钢"。初三冲刺期间,要将初中四年的知识要点一一归纳总结,巩固内化,作业量加大在所难免,复习的效果关系重大,可是却出现如此老师"加油",学生"厌烦"的作业奇象,原因何在?如何破解?冲刺阶段作业怎样布置才最有效呢?

学生的厌烦消极态度,反映出语文学科初三复习现状中的问题——高投入,低回报。

复习作业的低效,究其原因有二:

其一,语文学科有其自身的特点。学科的知识点比较庞杂,缺少系统性,这使得教学中对于知识点的落实,也变得零碎,缺少系统性;教学中偏重于课文的中心思想的理解和感染,而对于语文知识,通常模糊处理,不作深究;相比较其他学科,语文知识点的考察显得更加隐蔽,凡此种种,造成学生不知道有哪些知识点,具体的试题考察什么知识点,答题就成了"跟着感觉走"式的"云中漫步"了。

其二,初三冲刺复习的特殊背景。时间紧迫,任务繁重,关系重大。短短的三个月时间,要求把四年所有的学习要点做一个全面的归纳总结、巩固强化、查漏补缺。卷面分数关系重大,复习的精神压力巨大。

复习作业策略采用不当,学生"厌烦"在所难免。

二、对策思考

(一) 要有明确的指向性

明确的指向性就像灯塔之于航船,课上教学内容的重点,也就是课下作业的重点,让课内外连为一体,相互促进。学生做作业时会意识到,自己现在的行为目的是什么,"我可以把握作业的正确率,我的作业是有用的",这样的作业过程无疑是愉悦的。

(二) 要有合适的自主性

"条条大路通罗马",达成目标的手段是多样的,老师没有必要强令一致。对有些应试内容,教师完全可以放手,让学生自己去达成目标。比如,古诗文默写,老师可以让学生发挥主观能动性,根据自己的实际情况,采取一些个性化的方法,最终实现"殊途同归"。

(三) 要有严谨的适度性

1. 要"定时"。作业布置时间定在课前,这样效率高的学生完全可以在课内完成或部分完成,减少回家后的作业量。作业时间控制在30分钟内,保证正常听课的学生正常休息。

2. 要"定量"。严格控制作业数量,平时课后书面作业布置一种,节假日不超过两种。

三、实践探索

1. 对于课内古诗文,采用教师检测,学生自主准备的形式。教师下达目标,学生根据实际情况,自己准备。需要注意的是,鉴于学生的自我评价过高以及不可避免的惰性,教师的及时检测一定要跟进,这样可以发现学生在准备过程中的盲点以及那些不够认真的学生,以供教师进行更加有针对性的课后辅导,避免学生的重复劳动和教师漫无目的的低效劳动。

2. 对于课外古文。课外古文是课内的延伸,所涉及的考点都是课内所学的再现。

这部分的作业要求学生在课内完成，每日十分钟，课内完成一篇，要求学生画出文中涉及的考点，并加以解释，教师当堂反馈作业情况，循序渐进最终达到目标。

3. 对于三种文体的阅读。冲刺阶段的阅读作业侧重于实战模拟，要求学生指出所做试题涉及何种知识点，明确答题要点，教师可以根据作业中出现的问题，进行有效的归纳、反馈，从而提高学生对于知识点的掌握程度。阅读作业的布置不在于做多少，而在于"稳、准、狠"地命中阅读要点。

4. 对于作文。作文训练"日常化"，冲刺阶段侧重于作文主题选择以及思路结构的训练，作业形式是作文提纲和片段作文，这种形式，缩短了作文周期，作业效率会大幅提高，通过这种日常化训练，学生对于作文可控性的信心明显增强。

四、价值启迪

经过一段时间的实践，学生的作业质量有了明显改观，学习成绩稳中有升，我还发现，学生上课更专心了，师生关系更融洽了，前后变化显著。

复习过程中的"作业奇象"让我深思，教学中，我常常埋怨学生不理解老师的一番苦心，不配合老师达到最佳的学习效果，但是却没有真正认真仔细地倾听过学生的心声，没有真正充分考虑作为学习主体——学生的实际，这样的教学又怎么可能高效呢？

"二期课改"理念反复强调教学活动中学生的主体地位，作为课堂的主导——教师，在组织教学时应充分尊重学生的主体地位，以每一位学生的充分发展为己任。反观自己，在实际教学中常常是"主导"有余，而忽视学生的主体地位，结果低效教学。冲刺阶段语文作业的质量变化，恰恰很好地说明了这一点。当教学活动变成教师"一厢情愿"的单方面行为时，教学活动就走进了令师生双方都不悦的"死胡同"；当教学活动充分考虑学生的主体地位时，教学活动就会走进教学相长的理想境地。

充分尊重教学活动中的主体——学生，一切从学生的实际出发，让教学活动更加有针对性，我想这是实现教学"减负增效"的一个重要原则。

（本篇作者：赵友平）

3. 他又不交作业了，老师怎么办

我班有这样一位学生，每次数学作业不交的人中总会有他。我每次都把他叫来办公室，对他进行批评和教育。批评后，这位学生会在老师的督促和辅导下在办公室"被完成"作业。但没过几天，又会旧病重发，久而久之，他经过一次比一次更严肃的批评后，情绪逐渐对立，情况每况愈下。

记得那是长假后的第一天，我在收作业时，发现就少了一本，"轰！"我脑子里一下就跳出了他的名字，一查，果然是他！我不禁火冒三丈！当我再次想把他叫到办公室进行更严厉的批评教育时，我想到了基于"关键教育事件"的研究。我在脑海里突然闪现出一个大问号：他为什么又不交作业？面对这样的学生，老师一味批评有用吗？老师是否可以换种方法？

我首先向学生、家长和任课老师做了详细的调查，结合在课堂和自习上的观察，发现学生不做作业的主要原因有以下几种：

1. 不会做，能力有限。由于智力或其他一些原因造成学习障碍，没有得到及时的辅导，而自己又不想方设法去解决，"遇到困难绕着走，绕不过去就不走"。

2. 天天玩，耽于玩乐。这类孩子往往管不住自己，不能做到"做好作业再玩"，抵挡不住篮球、网络、游戏、电视等的诱惑，先尽情玩耍，等想起作业，时间已晚，要么稀里糊涂地做上，要么干脆放弃不做。

3. 作业多，索然无味。有时教师布置作业一味从考试需要出发，不考虑学生的实际情况和兴趣爱好，布置的作业太多，或作业枯燥无味，造成学生的逆反心理，学生厌烦作业，对作业敷衍了事，久而久之养成了不交作业的坏习惯。

4. 效率低，速度慢。一是学生本身书写速度慢；二是做作业时注意力不集中，经常左顾右盼、打岔、说话，外界有一点风吹草动，就会转移目标，时间白白浪费了；三是不会合理安排时间。

5. 家长忙，少督促。不少孩子在家中是"小皇帝"，爷爷奶奶外公外婆管教不力。或因父母是双职工，工作繁忙应酬多，下班迟回家晚，孩子放学后无人督促，又缺乏自制力，因而作业不能按时完成。

通过各方调研以及分析该学生的实际情况,我发现,他不交作业的原因并非能力有限或完全不会做,主要是后四种原因。突然间,我脑海里闪过一则读过的《妙手回春》小故事:一个从小受到不良环境影响,经常逃学、打架、偷窃的小学生罗尔斯,由于他小学校长皮尔保罗的一句话改变了他的一生。有一天,当他又从窗台跳下,伸着小手走向讲台时,恰被校长逮个正着。出乎意料的是,校长不但没有批评他,反而诚恳地说了一句:"我一看你修长的小拇指就知道,将来你一定会是纽约州的州长!"就因为这句话,从那天起,"纽约州州长"就像一面旗帜在他心里高高飘扬,在此后的40多年间,他没有一天不按州长的身份要求自己。51岁那年,他终于成了纽约州的州长。这位校长一句话改变了小罗尔斯的一生,真可谓"妙手回春"!

我反思自己,虽然平日对学生不做作业的行为能及时批评,但好了两天又依然如故,治标不治本。作为老师,我们是不是应该向这位校长学习,将教育方式转变一下,换种方法如何?

于是,我利用课余时间,把这位同学叫进办公室,面带微笑地问道:"长假过得怎么样?玩得开心吗?"他有些诧异地看着我,怯生生地说:"爸妈带我到世博会去了,蛮开心的。"我说:"那很好啊,那你假期的作业都完成了吗?"他低着头说:"都完成了。"

数学作业本明明没有交,还敢说都完成了!但我马上提醒自己:转变教育方式!我选择相信他。我接着问道:"我早上点了一下作业本,发现少了一本,你的作业本交了吗?""我早上喝水时后面的同学撞了我一下,本子全湿了……"我选择再一次相信他,让他到教室拿来作业本。果然,已经很不像样了。我想我的第一步是走对了,过去对于他常常是批评,而他也是经常受到老师同学的冷淡甚至是歧视。要想教育好他,需要我们先端正态度,摘下有色眼镜,充分尊重和信任他。我轻轻摸了摸他的头,说道:"老师看你这次作业写得很认真,现在都弄脏了,真是有点可惜,不过没关系,老师相信你可以做得更好。"于是我又拿了一本新的作业本给他,说道:"你先利用课间,将你会做的题再认真地做一遍,争取全对。不会做的题等课后老师再来教你。"可能是我给了他信心和鼓励,他做得格外认真。我偷眼一看,嘿!一笔一画,嘴里还念念叨叨地口算着,煞有介事。一会儿工夫,居然做完了,比起平时,速度快了不少。我便借此机会又夸起他来:"哟!原来你不光聪明,字也很漂亮嘛,而且做的几乎全对,真棒!"小家伙听到表扬,有些脸红:"老师,我的字也能写得很漂亮的。""对,所以你要坚持,老师期

第一章 课堂实践

待你下一次的数学作业有更好的表现。""嗯,您放心!我会努力的!"小家伙充满信心地说。临走,平时磨磨蹭蹭的他,很麻利地收拾好自己的文具和课本,并很有礼貌地对我说:"谢谢老师,老师再见!"还冲我笑了笑。我想,我做对了。

当然,除了尊重信任他,鼓励表扬他之外,我对他不交作业的原因做进一步分析后,及时采取了以下对策:

1. 布置作业,适当调整。那天以后我开始单独给他留一份作业。说这是特别关照他的,第二天单独拿过来,看他怎么做。果然,小家伙信心大增,对他的特殊关照,他似乎心领神会,竭尽全力认真地去完成。虽然质量上未有明显提高,但至少他有了学习的动力,在面批他作业时,我不断鼓励他,哪怕在几何证明过程中有一点点思路,都给予鼓励和进一步引导。

2. 鼓励动脑,助其成功。作业一旦成为负担,便成为他的烦恼。因而我告诉他,对作业中遇到的"拦路虎",激励他尽量自己先动脑筋解决问题,在自己实在解决不了的情况下,引导他主动请教同学、老师、家长的帮助来完成作业。可以选择放学后,在老师的辅导下完成部分作业。鼓励他每完成一项作业,要像欣赏美术、书法作品一样欣赏自己的作业。把攻克难题看作是又过了游戏的一关,经常暗示自己夸奖自己"很棒",引导他学会自我欣赏,享受成功,让做作业成为乐趣。

3. 加入考评,量化管理。我将作业分小组管理,组长每日收取各科作业,初步检查,对没做作业的学生做好统计,作业不交一次,在考评分中给个人扣5分,给小组扣2分。我提议让我们班这个小家伙作为其中一个小组的组长,我告诉他要借此机会好好表现,为了自己,也为了小组的集体荣誉好好加油,督促自己按时完成作业。

通过这样的努力,我们班的这个小家伙,几乎没有再出现不交作业的情况,对于学习数学的热情和信心也大增,成绩逐步提高,在期末考中已达到了班级中等水平。借分析试卷的机会,我在全班同学面前,表扬他这个学期来点点滴滴的努力,实实在在的进步。看着他那激动的神情,我告诉自己:"对他教育方法上的改变和努力没有白费,我要做好,他会更好!"

孩子毕竟是孩子,具有发展性。以学生发展为本不是一句空话,关键还是我们老师的引导和呵护。作为教师,我们决不能放弃,要积极采取多种措施应对。作业是课堂教学的延伸,在作业设计时务必少而精,形式多样,高质、高效,富有启发性,这样的作业设计才符合新课程素质教育的精神,才能调动学生学习主动性,挖掘学生的创造潜能,让他们感到学习的乐趣并活泼地发展。此外,学生在成长的过程中,需要获得他人的尊重和信任,更需要获得他人的鼓励和认同。作为老师,我们一定要拿起"表扬"这个有力武器,用我们的爱把蕴藏在孩子身上的巨大的潜能调动并发挥出来,以尊重、信任、鼓励和宽容之心对待他们身上的优点和弱点,让他们在意识和潜意识中都有"我能"、"我行"、"我有实力,我有能力,我一定会成功"这样的自信,并用这些积极的意念鼓励自己,不断努力,直至成功。

(本篇作者:沈文馨)

4. 关注作业批改订正　提高教学有效性

针对小A同学作业上再次出现的错误,我不解地问:"你既然知道上次作业的答案是错误的,怎么现在还是按着错误的答案来回答问题呢?"他回答说:"上次的作业发下来我就放在书桌里了,没看。"听了这话,我不禁感到一阵心凉。为了及时反馈试卷与作业,我时常批作业批得眼睛发花,有时累得脖子都抬不起来,辛辛苦苦批改出来的作业,居然被同学随手就扔在那里连看也不看一眼!而且,像小A这样的学生还不在少数……

为什么老师花了大量的时间和精力,换来的却是学生对作业订正的不屑一顾呢?

为此,我在任教的两个班级开展了一次关于英语作业情况的问卷调查。围绕"作业发下来你是否会关心对与错?为什么?"这一主题,让学生根据自己的实际情况填写问卷。

调查结果显示:两个班有将近30％的同学会积极主动地关心自己作业的对错;有35％的同学是被动订正自己的作业;27％左右的同学是等到老师要留意到他了,他才急急去订正;8％左右的同学是必须老师盯着才勉强订正作业。通过分析,存在以下几方面原因:有些是基础薄弱,学习困难,逐渐失去学习的信心,这样的学生对待英语作业避之唯恐不及,哪会管老师的辛苦;有些学生是因为没养成订正英语作业的习惯,对老师作业的批改漠不关心,装作没看见;有些学生不知道如何订正,遇到问题他们不想办法解决,对订正作业的目的也不明确,觉得订正不订正都没有多大意义。但调查又显示,两个班学生对英语课堂上的学习态度比对待英语作业的态度要好得多。他们认为听老师的课更加有趣,老师设计的各种活动更加吸引他们的学习兴趣,课堂上互动特别多,动脑筋的时候特别多,偷懒的机会就比较少。相比之下,作业就显得单一乏味,因此对于对错就不是那么关心了……

这个结果引起我的反思,这不得不让我重新审视今后该如何布置英语作业这个问题。

作为课堂教学的延伸和补充,布置作业是英语教学过程中一个非常重要的环节。《义务教育英语课程标准》指出:学习活动不应该仅限于课堂,而要延伸到课堂之外的学习和生活中。学生对知识的掌握和技能的形成必须借助作业来完成。《基础教育课程改革纲要》中规定:"要改革机械训练的现状,倡导学生主动参与,乐于探究的学风。培养学生获取知识、分析和解决问题的能力以及交流和合作的能力。"用心设计并布置作业,不但能使学生对所学的知识在系统梳理的基础上得以升华,而且能使学生参与学习,还能锻炼学生的思维能力。

作为一线教育工作者,在教学过程中,笔者自然非常关注课堂,总是思考如何用更好的教学方法吸引学生注意力,调动他们的学习热情与参与课堂的积极性,培养他们的思维能力。殊不知,课后作业也是达成教学目标、培养学生学习力的有力保证,二者不可偏废。

一、优化作业,提高作业的有效性和趣味性

在了解了学生对英语作业的态度后,笔者开始优化作业,探究学生喜欢的作业形式,精心设计能体现学习探索性、开放性的作业,努力提高作业的有效性和趣味性。

(一)吃透教材,加强针对性

作业应与教学目标相对应,保证明确的训练目标,避免盲目性、随意性。备课时,以单元为单位分析教材,整合相关拓展文本,提前落实各课时的作业结构、内容及形式。除了课堂教学,教师还要借助作业来解决教学内容中的重点、难点,检测学生课堂效率,作业要练习什么,教师要心中有数。从而保证教学目标的实现,使不同层次的学生各有所获,让学生在体会成功喜悦的同时培养他们的能力。

(二) 减负增效,遵循适量性

要想减负增效,作业量要适量,要精勿滥。教师应指导学生在有限的时间内,进行学习方法的探索和知识的系统归类,习得方法,而不是进行大量的、毫无针对性的、机械性的练习。教师要把握好这一原则,切不可把练习变成"题海",更不能把布置大量的作业当成学生复习和掌握知识的唯一途径。

(三) 因材施教,提升层次性

教师在布置作业时要遵循"因材施教"原则。常言道,十个手指有长有短。学生的学习也有好有差,层次性较明显,因此,作业布置不宜"一刀切",要确保优等生吃得精、中等生吃得好、后进生吃得饱。教师要通过自己精心设计或选编的练习,让每个学生都能有所收获,都能享受到成功的快乐。

(四) 精心选择,形式多样,提高趣味性

作业可分为背诵作业、复习作业、绘图作业和实践作业,都应精心选择,尽量做到形式多样,提高趣味性,使学生愿意做、喜欢做。为此,笔者在常规作业之外,还尝试设计以下几种形式的作业:

1. 以配音、模仿朗读形式,让语音语调更纯正

让学生声情并茂地大声朗读课文,朗读时要模仿语音语调,要做到感情投入,声音响亮,效果以给自己、给观众有视觉上美的享受为最佳。如果有多个角色,可以与同学合作完成。也会发起原版动画片配音活动,或是模仿 TED 进行名人名作模仿或自己作品的演讲。所有作品上传到家校微信群中,让大家共同欣赏,学生们兴趣非常高,他们会自己寻找合作对象,自己录制、剪辑、合成,甚至有音响特效,在大家的赞美声中,学生体会到成功的喜悦。

2. 以游戏形式,提高单词识记效率

课内课外单词的掌握实行小组合作。比如学到 food 时,课堂上老师引导学生进行食物的分类,作业就是查找不同类别的食物的英语表达,尽量多积累,第二节课上以小组为单位到黑板上写下同学们所记住的食物名称,每一组写一个分类,每人写两个,不得重复,时间为一分钟,现场抽签决定哪组写哪类。学生们精诚合作,效果非常好。

3. 以绘画形式,加深对文本的理解

如 8A U6、U7 有关外星人的故事;7BU6 有关 Grasshopper 和 Ant 的故事,让学生

一展绘画天赋,通过绘画把故事情节与人物性格特征淋漓尽致地表现出来,从而加深对文本的理解。

4. 以续写、缩写、扩写、改写等形式对文本再创作,培养创造力

其中改写的形式就可以多种多样:改编阅读文本,对文本进行多角度利用,对话、戏剧就是常用的形式;改编剧本,增加阅读趣味和小组合作;改编新闻,增加时事性;针对文本谈感想、写心得,等等。既锻炼了学生对文本的分析能力、创造能力,也大大促进学生写作能力的提升。

5. 以绘图的形式,梳理信息,增强可视化效果

把文字信息转换成图形信息呈现出来更有助于学生对语篇的理解、记忆和整体把握。其中思维导图是笔者与学生们都喜欢的绘图形式。可以根据不同的文本梳理不同的脉络,可以布置预习或复习作业,巩固课堂所学的知识。

6. 以调查采访形式,进行英语语言运用

如学 Jobs,笔者就让学生去采访同学、家长、邻居、亲戚,做好调查问卷,然后再在班级进行汇报。

7. 以动手制作形式,加深对所学知识的掌握

可以通过制作 poster、单词卡片、警示牌等,让学生在动手的过程中加深印象。例如,学 8B U2 的 Pollution Fighters,我就让学生制作海报来宣传树在环境中的重要作用,以及它正面临的问题,号召人们爱护树木保护环境。

二、运用多种方式,提升作业批改订正的有效性

(一) 情感沟通,用爱心感化

教师和学生心灵的沟通,情感的交流,都会让学生感到教师的关爱和良苦用心,更会变成学生学习的巨大动力,无形地推动学生不断取得进步。对于难度较大的作业,教师可采取面对面批改的方式,既能得到与学生谈心的机会,也可以针对学生的个别问题耐心地辅导,从而提高作业订正的效率,有利于减少两极分化,尽可能地使所有学生提升学习的积极性。

(二) 反馈及时,突出个性

作业的及时反馈包括做前的作业说明和做后的作业评价。在布置作业前向学生

说明作业目的和完成注意事项,有助于提高学生作业的自主意识,从而提高作业的有效度。教师对学生完成的作业及时反馈,必要时对学生做出面批,增加师生间的互动,这不仅使批改更有针对性,更可以关注学生的情感,能调动学生的非智力因素,提高学生完成作业的质量。

(三) 正面评价,提高动力

1. 利用《过程性评价手册》：利用我校自编的《过程性评价手册》进行自评、他评、小组评、家长评、老师评等形式来激发学生的学习热情。

2. 口头表扬：这种方法适用师生面对面时,他人面前时,同伴面前时,使学生觉得自己很努力,进步很大,很为自己自豪。

3. 利用评语表扬：在学生作业后面用富有激情的好的评语使学生理解教师的信任、关心和期待,从而转化为学习的动力,不断超越自己。当然,他们也乐于进行作业订正了。这样就会使优等生更上一层楼,使中等生改正缺点、发扬优点,使暂时落后的学生也能克服畏惧心理,树立自信心。

(四) 运用不同的批改方式,提高作业批改的自主性

不同学生个性不同,基础不同,对学习的需求是不一样的,作业批改也要因人而异、因事而异。

1. 自主批改,发挥能动性

主要采取以下形式：自改,让每个学生扮演教师的角色,严格审查自己作业的正误和优劣;互改：主要是同桌或前后桌相互交换批改,强化责任感,并在他人的问题中认识自我;小组改：基本上以四人为一组,组长主持。批改前教师说好要求,找出范本,其他部分由同学共同合作完成。

2. 个性化批改,提高针对性

(1) 个别批改。教师要根据学生作业难度、完成情况、学习基础、最近表现、学生差异,个性化地对学生的作业进行批改,即使对于同样的或相似的作业,也应当具体分析,区别对待。要对学生了然于心,才能为作业个性化批改提供可能。

(2) 二次批改。有人认为当教师在全班面前进行了作业讲评或对个别学生进行了订正指导后,学生的作业订正肯定会完成了,其实不然。有些学生缺少自觉性,往往会一拖再拖,如果教师不找他们,作业订正也许会不了了之。长此以往,他们就养成了

不订正作业的习惯,学习效果可想而知。所以,教师对学生的作业订正有必要进行二次批改或多次批改。进行二次批改是作业订正的有力保障,当然,有时候,教师对个别后进生还需进行作业的三次批改,甚至四次批改。只要从一开始就注重培养学生的订正习惯,教师和学生就都会感到越来越轻松。

(3)典型作业示范。把优秀作业、进步作业、有创新精神的作业作为范本,加以展示,可以增加学生的成就感。

总之,英语作业是学生英语语言输入到输出环节的重要活动,教师在布置作业时应充分了解教与学的需求,在形式内容、评价手段、趣味性方面需要细化和有所变化。同时要把学生订正作业作为作业批改的必要延伸,并落到实处,从而提高作业的有效性,提高学生的学习兴趣,发展学生的思维能力,使他们获得初步运用英语的能力,为学习打下坚实的基础。

(本篇作者:武秀梅)

5. 物理作业那么难吗?

物理作业在课程标准中是有明确要求的,但在现实教学中,学生的作业状况却还存在着较多的问题。

以初二第二章的《平面镜成像特点》的光学内容为例。

这是一个学生实验。课堂上,在引入环节,我尽量贴近学生生活,比如让他们说说家里的穿衣镜在使用过程中有哪些特点,引导他们大胆发言,希望他们多一些语言描述,能够迅速提高对平面镜成像的一些基本认识。整堂课,同学们都表现得积极主动,每一次的讨论互动都能热情参与,而且每个同学都积极动手做了探究平面镜成像特点的实验,实验过程愉快而顺利,我对这堂课上同学们的表现也很满意,为自己的教学设计而感到得意。

第二天,收到了同学们对于《平面镜成像特点》的课后作业,原本想这次一定能欣赏到学生高质量的作业,也预计同学们的作业可以达到百分之八十的正确率。可是,令我大失所望的是,他们的正确率只有百分之五十左右。那么为什么这些习题明明都是课堂上教过的相关知识,而且同学们上课时都点头表示听懂了,落实到作业上却出现这种令人失望的景象呢？

究其原因，大致有三：一是态度不认真，没有用心做作业，字迹也潦草，明显是以应付、马虎的心态在完成任务；二是答题不规范，表现在语言不规范和答题格式不规范，学生们往往随意地用生活语言来描述物理现象和规律；三是领悟力不强，没有很好地学习懂得物理知识、领悟实验要领和物理原理，不能结合课堂所学，找出解题要点和关键。

这不禁引发了我的思考：学生的物理作业真的那么难吗？我们该怎么办呢？

在实践与思考中，我探索出以下策略来改进教学，提高学生完成物理作业的能力。

一、想要真正做好一份作业，必须要有良好的态度

1. 要激发学生学习物理的兴趣

物理学是一门以实验为基础的自然科学。要改变学生的学习态度，激发他们学习物理的兴趣，课堂活动、物理实验必须贴近学生的生活实际和认知情况，这才能使实验引起学生的注意，有趣的实验能让学生的记忆更加持久。于是，我在《光学》的后面几个课时中，加入了很多生活中有趣的物理小实验，枯燥乏味的知识点瞬间被点亮，变得生动形象甚至能使学生过目不忘。这些贴近学生生活的小实验来源于生活，但高于生活，也更符合学生的认知水平。

与此同时，我还创设条件让学生自主设计课外实验，这就使学生感到很有兴趣，还会主动相互交流。

2. 要培养学生学习物理的"担当"

当学生把作业当作任务和负担，就只想以最快的速度应付了事，不觉得学习是自己的责任。对此，我利用一切机会进行思想教育，在班会课上进行主题班会"学习，让我自己来"、"宝剑锋从磨砺出"，力求从主观上改变学生的学习态度，培养学生对物理学习有"担当"、负责任。

在物理课堂上，学习物理知识的同时，我还注重对古今物理学家成就的介绍，并向学生介绍我国在物理学方面对世界的杰出贡献，这些都增强了学生的民族自尊心和自豪感，培育了学生的励志精神，逐步确立了学生的责任心和"担当"精神。

3. 要让学生养成学习物理的习惯

学生往往觉得他们自己课上都听懂了，根本不需要看书看笔记就能快速完成作业，所以回家做作业懒得翻书翻笔记，凭着记忆随手就写。当我把他们的作业呈现在他们面前时，他们才意识到自己的听课效率没有想象中这么高。我告诉他们做好物理作业是有要求的，是有标准的，要养成良好的学习物理的习惯。

在我的友情提醒下，学生们都能在课堂上开动脑筋跟上节奏，踊跃举手发言。在教学中，我鼓励学生大胆地提出问题，哪怕是一个不成熟的想法，我也会和他们仔细探讨，教会学生自己发现问题、提出问题。浅显易懂的学习内容让学生自己学习，自己提问、自己分析、自己解决，对于学生有困惑的难以自行解决的问题，老师就和同学们一起讨论，在寻求解决方案的过程中，每个学生都可以发表他自己的独特想法，在他们认真思考的基础上，我再进行引导，告诉学生老师的想法，最后再交给学生自己去体会反思。在这一完整过程中，他们对物理现象和结论就能熟记于心，真正在课堂上"听懂了"，养成了学习物理的良好习惯，这也就打好了完成作业的基础。

二、想要真正做好一份作业，必须学会规范地答题

1. 文字表达的规范性

作业反映出的主要问题在于学生无法完整清晰地描述想要表达的内容，总是喜欢用日常用语来描述物理现象。我首先反思自己的课堂用语，并把在《平面镜成像特点》这节课课堂上说过的每一句话写下来反复查看，从我的表达看来是规范的物理用语，而非生活语言，到学生的作业为何变味了呢？

想要提高作业的有效性，要从文字表达抓起。这方面的引导必须要由浅入深、循序渐进，要为学生铺设台阶，让学生的文字表达逐步规范起来。例如，作业设计时先编排选择题、填空题，让学生在阅读试题本身的表达过程中体验物理学用语，然后再设计实验题、简答题，从阅读简单的文字到规范物理学用语，再到实验题的规范性结论，让学生经历由易到难的完整语句的表达，培养学生规范用语的能力。

2. 答题格式的规范性

一份高质量的作业需要有规范的答题，这是整份作业的骨架。

对此,我先展示班级中的几份不规范的作业,让学生们充分讨论找到不规范的症结所在。在互帮互查的过程中,让同学们自己也能清楚相关细节的要求。

物理学科本身有答题格式的规范要求,不需要写完整的计算过程,但是推导过程却要求有理有据,步步清晰。我以往上课的节奏比较快,在说答题格式时有时匆匆忙忙带过,黑板上写得快擦得也快,学生虽然都听到了,但是在学生记忆中擦除也很快。在之后的课堂上我根据需要调整了节奏,让学生有时间记录、吸收,回家做作业时也能再翻看一下具体的步骤,作业的答题格式就能写得规范了。

物理学的解题步骤容易听懂,却难以直接套用。要对物理解题过程中的步骤一清二楚,弄不清楚就存在解题的隐患。这就要求做到基本概念要清晰、基本规律要熟悉、基本方法要熟练;对于基本概念,课堂上必须合理设计概念的形成过程,让学生充分吸收;对于基本规律,通过学生实验的过程,包含实验设计、实验操作和观察、数据分析和处理,能让学生完整体验整个实验的细节部分;对于基本方法,要求学生多比较同伴之间解题步骤的不同点,查找问题产生的原因,在比较中规范自己的答题。

三、想要真正做好一份作业,必须确实做到领悟

1. 使学生的新旧知识互相融合

物理学相对来讲比较抽象、严密、复杂、综合。当教师引领学生融合新旧知识,产生新的认知,这将为他们学好物理、做好作业提供充分的条件。

那么,要想让学生能把新知识融合到原有认知中,教师必须根据学情不断改进教学设计。教师的心态首先要调整好,如果教师自己急于想让学生掌握新知识,而不顾新旧知识的融合过程,这样反而欲速则不达。如在以往的新授课我就让学生"掌握",这个要求太高了,"掌握"应该是阶段性目标,为此,我在接下来的新授课时,就把目标改为"知道"、"了解",这才应该是新授课的学习目标,这才是学生能够学好的大前提。学习的过程本就是漫长的过程,又何必急于一时呢?教学设计合理,学生才更容易掌握知识加强领悟,就能更加全身心投入到课堂学习中。

在原有的知识基础上学习新知识时,学生容易产生的问题是会将新知识和原有知识相混淆,造成生搬硬套的情况。所以我在课堂上利用几分钟让学生思考一下,帮助学生在

头脑中将新知识融入到原有的认知结构中。在课后，则布置学生用思维导图的形式整理新旧知识点。这样，学生就会在学习物理的过程中逐步领悟，发现其中的内在规律。

2. 使学生的实验能力有所提高

物理实验是物理课堂的重要组成部分。当学生具有了物理实验的能力，将为他们做好物理作业提供必要的条件。

那么，在课堂上的物理实验中，教师应多为学生创造参与讨论和动手实验的机会，把问题设计得更加细致并加以铺垫，让更多学生投入到课堂讨论中，积极回答问题。物理课堂实验容量大，有时候给予学生设计实验的预留时间太少，我应该尽量自己少说一些，给同学们充分的时间来尽情思考、设计、表达，在需要的时候只是稍作点拨，能让学生体验完整设计实验和动手操作的全过程。

物理学科中的实验比较多，教师应该引导学生自己探究，而不要把实验要求与操作环节直接强加给学生，这样可以锻炼学生的实验能力。学生是学习的主体，是课堂的主人，在实验教学中必须发掘每一个学生的学习潜能，让他们亲自经历学习的全过程，这才能提高学生的领悟能力。

从学生的角度，要了解物理学科的特点，必须对物理实验过程一清二楚，要能够独立分析在实验过程中出现的问题，并与同伴或老师一同解决。这样，学生在课堂上不仅是点头表示都懂了，而是真正领悟了。作业中与实验相关的部分正是整理课堂实验的消化过程，也是反思实验情况的过程，能促进学生实验动手能力的提高，只有领悟了物理实验的过程与结论，学生才能高效地完成物理作业。

完成作业是深化知识，巩固知识，检查学习效果的重要手段，也是复习与应用相结合的主要方式。一份高质量的作业，可以及时发现问题加以修正。通过做作业的思考可以加深对知识的理解，通过做作业时的反思，可以检查学习的效果。做好作业就有利于把书本上的知识转化成学生自己的知识，就能增强分析问题和解决问题的能力，提高学生的思维能力。

经过调整和改进，课后作业的正确率明显提高，我和同学们都很有成就感。学校的课堂学习不仅仅是为了一份作业的好坏，更不局限于考试成绩的优劣，而是对学生综合素养的培育。

（本篇作者：沈　洁）

6. 数学《分层作业》中留白部分的实践与探究

一、《分层作业》留白部分边被缘化的提示

(一) 留白部分使用现状

《分层作业》与传统练习册相比,一个比较大的转变就是两侧的留白部分。但是使用下来的效果如何呢？对预备年级上半学期的数学《分层作业》进行抽测,发现绝大部分的留白处都是空白的,剩下的部分是作业的错题订正,甚至有把留白当做草稿纸乱涂乱画的现象。而教师关于分层作业留白部分的使用也没有具体的安排与相关的指导。《分层作业》的留白部分受到师生的忽略,日趋边缘化。

(二) 留白部分问题所在

《上海市中学数学课程标准》提出：数学课程应根据"以学生发展为本"的要求,正确处理基础与发展的关系。不仅要关注学生掌握的数学知识和技能,为以后的学习打好基础;而且要关注数学学习对促进学生基本素质提高的作用,从而为学生走向社会和终身学习奠定基础;还要充分注意学生的个性差异,使学生的数学学习与其在个性方向上的发展相适应。要注重让学生学习自行获取数学知识的方法,学会自主学习和主动参与数学实践的本领,获得终身受用的数学基础能力和创造才能。

由长宁区教育委员会出版的《分层作业》作为辅助练习,设计的目的是让每一个学生都能自主选择适合自己的作业,使得《分层作业》适用于任何一位学生。而现阶段的分层作业留白部分浪费严重,与教研组的开发目的背道而驰。

基于此,本人在设计《一元一次不等式的解法》教学活动与分层作业的过程中,对留白处的使用进行了针对性的具体指导与尝试。

二、利用《分层作业》留白部分的探索

(一)《分层作业》留白部分的作用

1. 留出疑问的空间

当学生在完成《分层作业》的作业时,碰到有困难的题目,不会做的题目,可以在

留白处，写下自己在哪一步有困难。比如：读不懂题目不知如何下手；不知道使用什么公式；不知道使用什么方法；解不出答案……这样留白处就留出了疑难问题的空间。学生将这些疑难部分记录在留白处，就方便发现问题及时进行归纳。在老师讲解作业的时候写下正确的解题过程，对比留白处的疑难找到相应的关键步骤，及时发现自己知识的薄弱点，并有针对性地加强。例如学生 A 在题目："试比较 $-\frac{1}{7}m-2, -\frac{1}{7}n-2$ 的大小"左侧留白处就写下："哪几种情况下，不等式的比较大小有多种答案？"的疑问。

2. 留出整理的空间

学生可将知识点整理在分层作业的留白上。抓住数学知识的主干部分，突出通性通法，构建简明的数学知识结构。例如有学生在分层作业 6.6(2) 的留白处写下了："解不等式的步骤与方法。"将解不等式的五步骤整理在留白处，这样留白处就留出了整理知识的空间。（见图1）

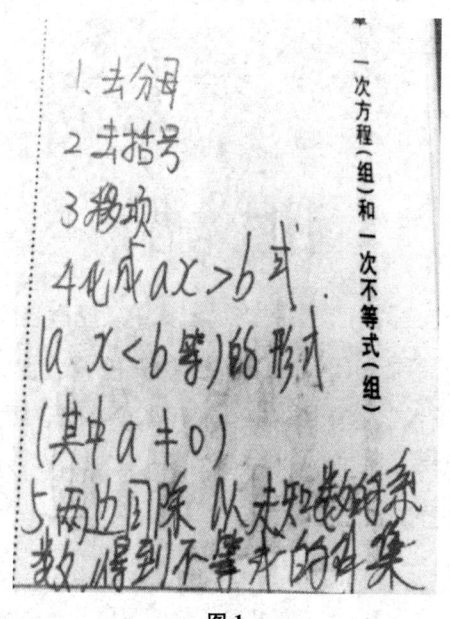

图1

3. 留出归纳的空间

学生可将同类型的练习题或易错题记录在分层作业的留白处，方便查阅，这能最大程度地规避易错题的错误率，有助于学生理解掌握典型题型，总结规律，归纳方法。这样留白就提供了归纳总结的空间。例如学生在分层作业 6.7 的解不等式组的题目右侧，针对相关练习与易错题，写下自己总结归纳的不等式组的 4 种解集的数轴表示图形。（见图 2）

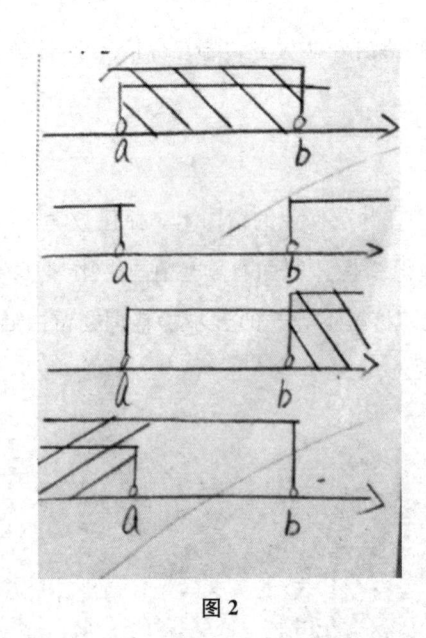

图 2

4. 留出思考的空间

分层作业的留白处也给学生留下思考的空间。数学题目往往解答的方法是不唯一的，紧凑的作业排版不可能写下其他的解题过程。分层作业的设计就解决了这一问题，分层作业的留白处使得学生有足够的空间写下更好的解题方法，同时学生也可以写下自己针对题目的思考，记录下自己的奇思妙想。学生在一题多解的过程中，锻炼了数学思维，提高了解题能力。（见图 3）

5. 留出拓展的空间

数学学习总是离不开练习与拓展，分层作业的留白处也给学生留出了拓展的空间。

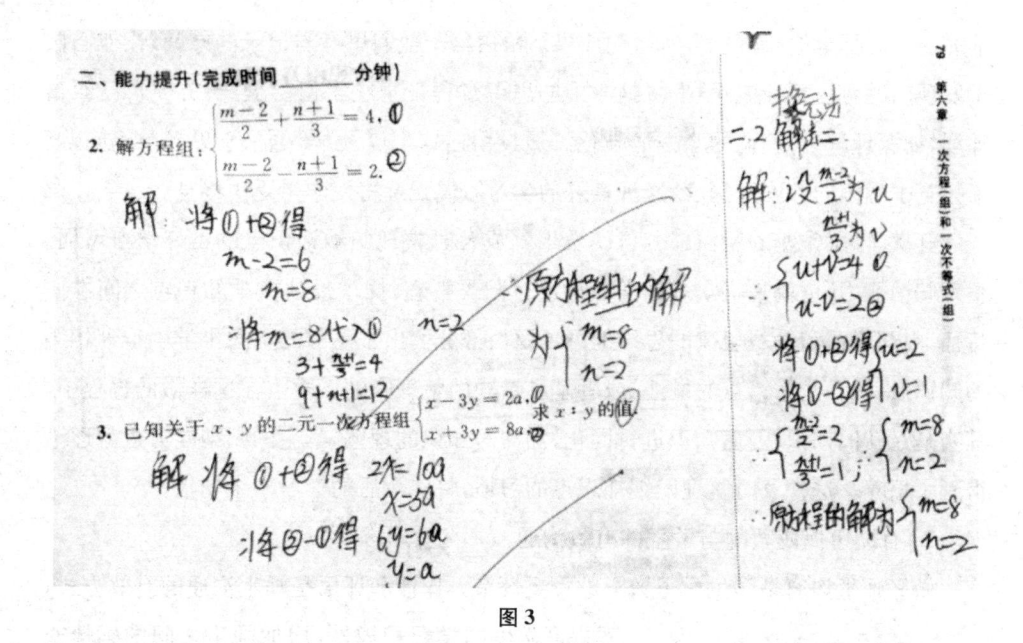

第一章 课堂实践

图3

这与分层作业的第三部分综合拓展的理念相通。通过增加一些变式的拓展练习,将一系列的相关问题对比呈现,有助于学生系统地理解与掌握知识点。学生可根据自身的情况,针对性地将重点题型与变式练习,补充在分层作业的留白部分。(见图4)

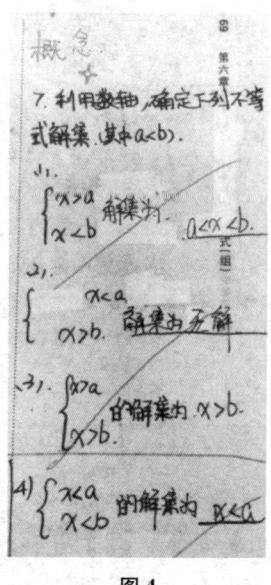

(二)《分层作业》留白部分的功能

1. 有助于培养学生的良好的学习习惯

首先,分层作业的留白部分使学生养成善于思考、敢于提问的良好学习习惯。数学之美在于它的精妙。精,是指它严密的逻辑推理和精确的计算。妙,在于它变化的题型和巧妙的方法运用。初中数学教学目的是为了培养学生的数学思维能力,体验数学的精妙。因此,学习数学要勤于思索,善于思考。通过思考练习题的不同解答方法,可以更好地理解数学的知识点并掌握知识点的多种运用方法。学生在分层作业留白处的订正、

图4

补充、提问,都是他通过思考所得的成果。留白给了他们思考与记录的空间,让他们敢于发现问题,提出问题。学生将脑海中的思考过程记录在了留白上,更方便自己纠错补漏,加深理解,将模糊的知识清晰化。通过留白这个媒介,学生乐于思考与提问,逐渐拓宽了思维的广度和深度,这种良好的学习习惯无疑将使学生受用终身。

其次,分层作业的留白部分可使学生养成及时整理归纳知识点的良好学习习惯。整理归纳能力,也就是将众多数学知识进行归类整理,探求反映数学知识点之间本质特征、内部联系和发展规律的思维能力。留白部分留出了足够的空间供学生整理相关的知识点,做一些易错点的批注,或者是易错题的整理归纳。学生在这样做的过程中,其实是对新旧知识、前后知识进行同化,加深对知识的理解,学生的归纳能力也就逐渐得到了培养。这种及时整理归纳知识点的习惯,将使今后的学习事半功倍。

2. 有助于促使教师与学生的有效沟通

做好师生沟通是学生学习数学的重要环节。作业和评语是师生沟通的有效方式,对提高学生的学习积极性,增加师生之间的感情交流发挥着巨大的作用。利用好留白对学生数学学习的评价,有助于改进数学的教与学,促进师生能动发展。

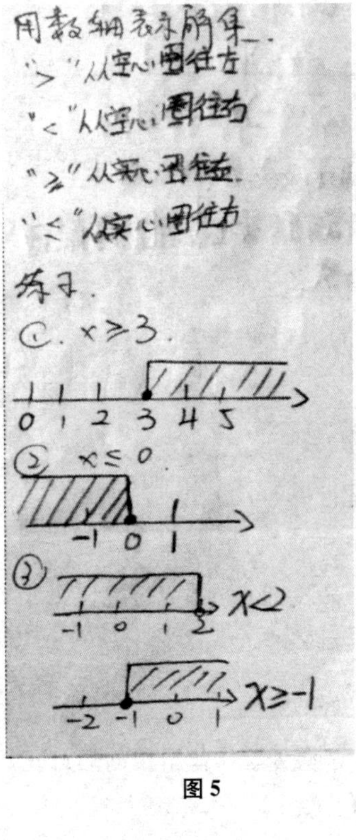

首先,留白部分使得学生提出问题更便捷,教师解答问题更及时。学生在完成分层作业时遇到的问题,可以在留白部分直接提出,对照作业后提问显得更加具体便捷。而教师在批改过程中,可将学生提出问题的正确解答写在留白处,做到当天的知识在作业中解决。教师也可针对此位学生提出的问题,在他留白处补充对应的练习题,帮助他理解掌握知识点。比如在6.7不等式,有位学生提出"不会看不等式画数轴"与"看数轴写不等式",教师在留白处补充了关于"四种符号在数轴上如何表示"概念填空,2道关于"看不等式画数轴"的题目,以及2道"看数轴写不等式"的题目供该学生练习,并专项辅导,帮助

图5

他及时理解掌握该知识点。(见图5)

其次,留白部分使得教师评价更具体,师生沟通更有效。教师在评价作业时不再单纯批改等第"优、良、中、差",而是针对学生作业情况写一些鼓励的话,如"计算有进步"、"笔迹清晰卷面整洁"、"订正认真"等。这种鼓励产生的力量是巨大的,会激发学生的积极性和参与意识,为学生的进步提供助力。学生会期待看到分层作业留白处教师留下的评语,渴望感受教师对自己的关注,希望自己的努力能得到教师的表扬与鼓励。同时在评语中也可以直接指出学生问题所在:"需注意计算问题,通过检查降低错误率"、"注意<与≤之间,有等号的差异",评价得更加细致具体,学生就更能发现与改正自己的错误。在这种良性沟通下,学生会在学习中爆发出一种动力,发生质的改变。

3. 有助于提高教学成效

首先,留白部分使教师的教学针对性更强。学生可根据自己的需要在留白处提问,整理归纳知识点,而老师则可以根据学生留白处的提问与补充的情况,调整教学进度与内容,或补充例题。这种"以学定教"的方式,使得教学更贴近学生,更方便学生理解掌握知识点。

其次,留白部分更有利于教学的个别化。每一个学生的留白内容都是有差异的,符合自身认知与需求的。教师通过观察学生留白部分的订正、补充、提问,可以了解每一个学生对新知识点的掌握程度,从而在对学生进行辅导时更个别化,更适合每个学生的需要、兴趣、能力和学习进度。这样每个学生都可以对自己知识点理解薄弱的地方进行个别化的提升,学生对知识点的理解就更完善。通过这种个别化辅导,学生学习的成效更显著。

数学分层作业留白部分的设计符合"以学生发展为本"的要求,教师应积极发挥留白部分的重要作用,积极发挥学生在认识活动中的主动和能动作用,优化具体的教学环节,改善现阶段留白部分边缘化的现象,以增进师生的沟通,培养学生良好的学习习惯与综合素养,提高教师的教学能效。

(本篇作者:蒋莉婷)

7. 对学生的美术创意作业该怎样评价

　　七年级的一节创作课《演绎名画——呐喊》教学上，我运用蒙克《呐喊》中主人公的表情抓住学生的注意力，并引导学生把自己当作这一主人公，设想哪些人、事、物、情况或环境会引发自己有呐喊的情绪，和想要呐喊的冲动，并尝试把它画下来。通过背景介绍，同学们从最初对蒙克表现主义作品的不理解，到能体会蒙克作品中的象征和隐喻，进而尝试利用这次创意作业表现自我内心的感受。通过这个作业的设置，我努力使美术教学在一定程度上与学生自身情感体验相联系。为了让学生能更好地表达自我感受，我特意强调了让同学在作品反面写上自己的创作理念，希望同学们有感而发，全情投入，真心参与。希望借此引导学生了解"通过绘画可以抒发内心的感情"这一教学目标，提高他们对于学习美术的兴趣和审美的素养。

　　作业上交后，情况远远超出我的预期——学生们有想法、有创意，并把自己的想法和创意通过这样一个美术作业的形式呈现在我的面前。虽然作品中有一部分如我料想的，学生通过画面中成堆成堆的作业或是漫天飞舞的试卷，来传递出学生要求减轻负担的呐喊，但绝大部分同学的作品创意层出不穷，让人惊喜不断：有的同学从自己的生活体验中寻找到了灵感，画了打篮球的场面，比赛的最后一秒，比分只差两分，激动人心的一刻，画中的主角在场地中放声呐喊！有的创意甚至反映了社会现象，画面底部横七竖八地躺着大大小小许许多多的电视机，每个电视机里都画着不同的广告，有减肥的、美容的、补脑的、长个的、生发的……创作理念是打开电视就是广告，商业化物质化的生存环境让人想呐喊！通过他们富有创意的作品，我清楚地感受到同学们喜欢这样的作业，每个参与其中的学生都在尝试着挖掘自身的感受并加以表达，他们有话想说，有话可画！

　　在开心的同时，一个新的问题又放在了我的面前：按照以往习惯我会很快地给作业打上优良等第，但面对学生们各种不同的富含创意的美术作品我该怎么打分呢？又该如何为每个孩子不同的内心感受给出评价呢？

　　传统美术教育评价方式是用等级制来记录学生成绩，一个简单的符号：优、良、中、差或5、4、3、2分来给学生作品作出评价，并且评价一幅作品"好与不好"的标准，往往仍然是大部分人所认为的画得"像与不像"。这样的评价模式严重影响着一部分同学在绘画方面的创造性,一些偶发的灵感,天马行空的想象得不到及时的鼓励和肯定,长此以往,学生慢慢地开始对绘画失去信心,创造力被扼杀的同时,还严重打击了学生学习美术的积极性,到最后最严重的后果是学生的作业也越交越少了。

作为美术教师,应该注意的是"现代绘画艺术早已超越了'再现'的时代而进入了'表现'的时代,'再现高手'摄影、录像、电脑等高新技术的飞速发展也不允许绘画停留在'再现'的时代"。美术教育传递艺术之美,而艺术审美本来就源于人的自我意识。中国传统绘画的精神之一就是"外师造化,中得心源"。这就要求我们教师明确,新课程改革下,美术课的作用并不仅限于传授单纯的知识和技能,"大美术"的教育理念是能让美育渗入人的内心,而人内心的情感态度价值观又岂能是我一个"优"、"良"、"中"、"差"能评断得了的呢?

《全日制义务教育美术课程标准(实验稿)》指出:"美术课程评价是促进学生全面发展,改进教师的教学,以及促进美术课程不断发展的重要环节。"由此可见,评价在中小学美术教育中具有重要意义,受到时代发展、思维范式、教育改革等方面影响,应该受到更多的重视,这对每一位美术教师的评价能力提出了更高的要求。

针对以上情况,我认为,美术创意作业的评价应以促进学生美术素养的全面发展为目标,对学生在美术知识与技能、过程与方法以及态度、情感、价值观等方面的发展状况做出综合评价并充分发挥有效评价的激励作用。对此,我从以下两方面进行思考,并进行着实践探索:

创作作业的评价标准:

第一,可以从强调学生自身的体验和感受入手,改变传统用"一个标准"去套学生画的内容、形式,作品评价不做硬性统一;评价可以有多重的标准,要善于发现学生画中闪光的东西。例如:从学生通过创作过程对美术作品是否有新的认识和理解,学生的创意作业中是否有富有深意的内涵等角度进行评价。

第二,教师应重视评价的多元价值,关注学生作品从创意到实施完成的过程中学生能否体会到对美的感悟等方面进行评价。对于学生创作作品的批改,应因人而异,实行学生自评、互评,体现主体地位。教师点评时语言要幽默、精彩、风趣,让学生把你的点评听进心里去。

创作作业的评价方式:

首先,评价方式上可以实施多主体的评价模式,从单一的教师打出等第的方式向多元主体评价过渡。可以由教师、学生、学生家长等多主体参与,先让学生针对自己作品的创作理念进行叙述,对同学们提出的问题进行解释和回答,同学之间可以相互交流相互评价,使学生能学着欣赏别人的作品而不是只关注自己,并在最大程度上发挥学生的自主性,同时,教师可以对参与互相评价的学生其公开发表观点的能力以及自我展示等多样性能力做出评价。以多元方法和不同维度对学生的学习过程与结果进行整体描述和探究,以达到促进学生自我分析、自我反思、自我评价、自我决策等能力发展的目的。

其次,注重学生参与美术活动表现的评价,积极参与的同学即使最后作品的效果不理想也应该及时地鼓励。例如,在美术作业的完成过程中,尝试使用新的材料和新方法,勇于探究的学生应该受到及时的肯定并给予适当的协助,以促进他们更积极地学习。

社会不要求每个学生都成为拥有一流绘画技法的艺术家,而是要求他们能具有一种综合的、基本的美术素养。学生美术作业中发生的这些困惑看似是小事,但反映了教师的教学理念和教学思想。综观课程改革的发展趋势,可以发现,评价的目标转向导向、激励与调控,评价的功能由侧重甄别转向侧重发展是一个发展趋势。学生通过教师的评价,综合能力得以培养,情感、态度、价值观得到提升,才是评价的目的所在。

(本篇作者:杨怡静)

8. 基于学生学情的数学课堂"即时性评价"的实践研究

现在的数学课堂教学活动中,有关课堂评价方面仍存在着一定的弊病和问题。主要表现如下:

1. 评价脱离学情,不够关注学生体验感悟

在调查中我们发现,课堂上老师对于评价并不是很重视,或者是留于形式,缺少对生成性问题的即时评价和学法指导,而过多注重学生知识方面的评价,对学生的学情、

对学生的情感以及学习数学的体验关注不够。

2. 评价缺少针对性,不够重视学生个体差异

现行的教学方式一般都是传统的平行分班,但学生基础知识状况、潜在能力、接受能力等都有所不同,如果老师在课堂评价中用相同的标准去衡量不同的学生,那么评价就会缺少了针对性,长期下来,优生学习没动力,冒不了尖,后进生最基本的也掌握不了,不能实现每个学生在原有基础上得到最大限度的发展。

3. 评价缺乏时效性,不能及时捕捉评价时机

传统的评价往往是总结性评价为主,主要是对学生一段时间的学习结果的评价,以确定他们已经具有的能力水平,通过这一评价所能看到的主要是一个学生学习的阶段情况。事实上,学生的发展是一个动态的变化的过程,总结性评价无法全面了解一个学生,也不能及时指出问题所在。

《新数学课程标准》指出:"对数学学习的评价要关注学生学习的结果,更要关注他们学习的过程;要关注学生数学学习的水平,更要关注他们在数学活动中所表现出来的情感与态度,帮助学生认识自我,建立信心。"这就要求我们去除原有评价中的弊病,而要基于学生学情,进行即时性评价。

一、基于学生学情的即时性评价的认识

我们提出的基于学生学情的即时性评价,它的核心是学生发展,学生的核心素养除了文化基础之外,还要具有积极的学习态度和浓厚的学习兴趣,掌握适合自身的学习方法、勤于反思、善于总结,根据自身实际情况,选择或调整学习策略和方法,具有终身学习的意识和能力等。

基于学生学情的即时性评价就是从学生实际出发,承认学生的个体差异,从他们的学习认知、体验出发,通过多元的评价主体、多样的评价方式,以关注学生的学习过程,及时进行拨乱反正,不让他们在错误的情况下越走越远,以提高学生的认知度,培养他们勤于反思、善于总结的学习能力。

基于学生学情的即时性评价的特点是具有时效性、针对性、指正性和个别性,它的表现形式也十分多样、灵活,可以在第一时间通过教师的语言、表情、肢体动作等给予

学生及时有效的反馈和引导,更加关注每个学生的表情、倾听不同学生的表达,及时捕捉评价的最佳时机,促进师生心灵沟通,缩短师生之间的心理距离,营造和谐的课堂氛围,激发学生思维的火花,使学生获得积极的情感体验。

二、基于学生学情的即时性评价的教学策略

1. 即时评价,激发兴趣

数学是一门具有严密逻辑性和高度抽象性的学科,使部分学生对数学学习感到枯燥、乏味、没兴趣,严重影响了课堂教学效果。我们基于这样的学情不仅仅要考虑到学生的年龄特点,结合教材做好课堂教学设计,更要注重的是运用好即时性评价,这样才能真正激发学生学习数学的兴趣,建立他们的自信。

(1) 即时性评价营造课堂氛围

数学课堂的学习氛围十分重要,而课堂即时性评价就是一个营造课堂氛围的良好方式。比如,在课前我创设了小组讨论的机会,指导学生根据参考答案先进行自批,然后安排以4个人为一组进行一个课前的交流,让班级的每个学生都参与到讨论中。在巡视的过程中我对于主动交流的同学给予及时的赞扬,并鼓励倾听的学生对于不同解法给予自己的点评或者提出自己的疑问。在这样的即时评价下,每个小组的积极性都有所提高,讨论的气氛浓厚。通过一轮巡视后,在全班同学面前,表扬前面讨论时参与度最高、积极性最大的小组,这个课堂引入的讨论环节深受学生的喜欢,因为它面向全体学生,每个人都有成功的机会,学生的活动积极性高涨。

(2) 即时性评价促进学生探究

即时性评价除了能够营造良好的学习氛围外,还能够激励学生的探究欲望。比如,在课堂巡视学生小组讨论的过程中,一个女生讲了自己是如何确定定义域时,我在肯定了她的答案正确后又提出了疑问:为什么这里等号取不到呢?用即时性评价的方式进行追问立即引起了组内同学的热议和思考,之后又有学生提出如果把第(2)小题的限制条件去掉,这个定义域又不一样了,他们在课后又展开了一番热烈的讨论。我对于学生提出有质量的问题和思考也及时地给予了肯定和赞扬,这样的即时性评价也为接下来课内的研讨提供了讨论的话题和契机。

2. 即时评价,深化分层

基于学生的不同的接受能力这样的学情,我努力尝试尊重每个学生的个体差异,建立起"只有差异,没有差生"的学生观,在课堂教学中,用即时评价促进全体学生的协调,既面向全体学生,又注重区别对待,分层评价。

比如,在学习《几何背景下动点问题》时,我根据学习内容和学生接受程度预设了动态的分层问题链,让学习能力较弱的学生回答问题:通过阅读题干,你获取了哪些信息,是否能把固定不变的条件标注在图中呢?对于中等层次学生给出的问题是:通过阅读题干,除了这些固定不变的条件外,你发现题目中有哪些动态的条件呢?对于学习优秀的学生则出示较难的问题:通过阅读题干,这些动态条件中哪些是主动点,哪些是从动点,你能否画出相应的草图呢?与此同时,在学生对问题的回答中及时给予启发性、鼓励性评价,让学生在丰富、真切感人的评价语言中受到感染,使优秀的学生确立更高的要求和目标,挖掘暂时落后学生的潜质,肯定他们的点滴进步和感悟,让他们看到希望,树立信心。除此之外,对于优秀学生在学习过程中出现的基础错误,及时给予指正,提醒他们注意短板,补缺补漏,真正做到个性分层,进而实现全体学生的发展。

3. 即时评价,激励反思

(1) 小组激励

著名教育学家布卢姆认为,一个人学习成功的次数越多,他的学习自信心就越强。比如:在课堂引入环节,我在听取了 6 个小组的情况反馈后,在黑板上进行了正确率的统计,第一时间表扬了总体表现较好的两组同学,并鼓励他们推选出一位小组成员心目中完成情况最好的同学为全班进行分析一下,在这样的即时性激励评价举措下,每个小组都沸腾了,热议后推选出自己小组的 NO.1。被推选出学生在我极为肯定的神情下,自信地走上讲台,开始给其他同学讲解,在我对于她第一部分讲解第一时间给予高度肯定时,又从旁鼓励她声音响亮一些,其他同学会听得更清楚,大家收获会更大时,这位女生在讲解第二部分问题时发言声音前所未有的响亮,自豪之情油然而生,对题干背景条件的分析思路非常清晰。很显然,用课堂即时性评价在第一时间发现学生身上的闪光点,给予同学们及时的鼓励和肯定,能十分有效地激发学生内驱动力,提高他们的学习自信心。

(2) 量表反思

初中阶段的学生的思辨能力开始发展，渐渐学会在课堂过程中评价自己，反思自己，从而自我调整。针对学生这一特点，我设计了学生"自我诊断表"（如下图），用这样一张即时性评价量表来代替传统的教师课堂小结，它成为了课堂即时性评价的重要工具，让学生真正成为评价的主体，学生参考这张量表分别从答题情况、错因分析、课堂表现这三个方面进行自评，这让学生更加清晰自己的学习状况和端正学习态度。除此之外，学生还可以用这张量表进一步从审题方法、解题思路和策略等方面通过小组交流整节课的学习体验和收获，让学生学会及时反思自己，调控学习策略。

答题情况	□全对　□解析式错　□定义域错　□漏解　□错解　□全错
错因分析	如：□审题不清　□计算粗心　□图形分析弱　□思想方法缺 □其他_____
课堂表现	倾听：□非常专注　□比较专注　□不太专注 思考：□非常积极　□比较积极　□不太积极 交流：□非常积极　□比较积极　□不太交流
自我反思 （矫正策略）	答题方面： 1. 审题方法（变量、不变量……） 2. 解题思路（建立关系式、确定定义域、相似三角形分类……） 3. 解题策略（作图……） 课堂方面：

三、数学课堂中实施基于学生学情的即时性评价的作用

1. 能更关注学生的学习过程

借助课堂即时性评价这个契机，教师能更加关注学生的学习过程和体验感悟，特别是小组合作的讨论氛围和交流中提出的生成问题，及时给予学生激励性评价。通过这样对于学习方式评价的改变，我们可以将学生的学习方式引导到深层式的方向上去。营造和谐的课堂学习氛围，在学习伙伴的互评和肯定中，进一步地提高他们学习的积极性。激发他们学习数学的兴趣和表达的欲望，解决学生对于数学学习积极性不高，学习效率低这样的问题。

2. 能更尊重学生的个体差异

通过课堂中的即时性评价，教师可以做好引导的角色，在解决关键问题时，设计不同形式的学习方式、评价形式。通过评价主体的变化，既给予学生课堂展示的机会，也能主动地把学生学习的疑难问题、困惑之处诱发出来。最大限度地满足每一个学生的发展需要，使不同层次的学生都能得到心理满足，体会到成功的喜悦。

3. 能更鼓励学生的及时诊断

把握即时评价的时机，十分重要，教师在课堂教学中要善于观察学生的表情、倾听学生的表达，及时捕捉评价的最佳时机，促进师生心灵沟通。当学生在学习态度、学习方法等方面取得点滴进步时，应及时进行激励性评价，并引导他们及时诊断和反思。这样的评价方式还有利于学生形成评价自己与评价他人的意识与能力。随着评价理念的逐步树立和对评价方法的逐步掌握，评价也将成为他们的数学学习的重要能力。

(本篇作者：沈文馨)

9. 浅谈语文课堂教学中口头即时评价的运用

课堂上，教师对学生的口头即时评价是评价方式中最直接、使用频率最高、影响最大的一种方式。它发生在学习与教学的全过程之中，决定着课堂教学的走向，影响着教学效果。《语文课程标准》指出，评价之目的在于弱化评价的甄别与选拔功能，通过评价，强化学生主动参与学习活动的积极性，唤醒并激发他们的创新欲望。在教学中适当地运用评价手段，对激发学生的学习兴趣，营建轻松和谐的学习气氛，提高学生的语文素养起到积极的促进作用。

在"一切为了学生的发展"这一新的理念的倡导下，语文课堂变得热闹非凡，但是仔细审视现在的语文课堂，我们会发现，课堂即时评价还存在着虚浮和无效的现象，缺失了评价的真实意义。

曾经听过一堂《记承天寺夜游》。教师说："下面请同学朗读课文，看谁读得好！"第一个学生拿着书读了一遍，语言流畅，教师评价："你读得真好。"于是学生齐声鼓掌。第二次叫了一位朗读能力差一点的学生，他有点紧张，读得疙疙瘩瘩。教师随即说："你要继续努力，谁还来试试。"于是此生低着头坐下。

一节课下来,掌声、表扬声,不绝于耳。从表面上看,教师已经开始注重鼓励学生,注重让学生享受到成功的快乐。但我们也应理智地看到,老师的评价只是起到单纯的肯定作用:"真好",学生好在哪里,不知道;"继续努力",怎么努力,没有方向。那些被表扬的学生的朗读水平得不到深化,却自鸣得意;那位读得不怎么样的学生,并没有得到老师的指导,他不知道该如何改进。

教师这种公式化的评价缺乏针对性,没有起到提升和延伸功能,又怎能有效地促进学生的学习呢?因此,我们有必要对课堂口头评价进行认真的反思,寻找更为有效的口头即时评价的运行方式。

一、关注口头即时评价的内容,明确努力方向

尊重并不意味着苟同,对学生的发言首先要认真倾听,分析他对课文的理解与自身投入的感情程度,对他的认知与情感层次做出准确的判断;其次要给予实事求是、实实在在的评价,既不能一味简单赞扬,也不能草率地去批评,要让学生知道好,好在哪里;错,错在何处,知道自己该向哪个方面努力。

1. 口头即时评价要具体

课堂教学评价是对学生课堂表现的一种评判与回应。著名教育评价专家斯塔佛尔姆强调:评价"不在于证明,而在于改进"。在学生回答问题时,教师要有较强的听辨能力,客观、准确地指出学生的长处与不足,既对学生表现出色之处给予肯定,同时又有针对性地提醒并纠正学生的不足,使他们在引导激励下看到自己的能力和进步,从而增强学习信心。

比如,针对上文《记承天寺夜游》例子中第一个学生,如果我们这样评价:"读得正确、响亮又流利,很好!如果能在速度上放慢一些,注意停顿,掌握好语气就更好了。"这样一分为二、实事求是的评价,就比单纯的一句"很好"、"不错"指向性明确得多,不仅让学生准确了解自己目前的学习状况,而且也能知道如何改进,由此产生不断进步的动力。

2. 口头即时评价要有启发性

有效的课堂教学评价语应富有启发性,寓引导、点拨于评价中,给学生以启迪。当

学生遇到困难或思维受阻时,教师应沉下心来,充分发挥评价语的启发诱导功能,让学生在教师的点拨引导下自主建构新的知识,经历自悟自得的过程。

有时,我们可以将已学过的知识作为启发学生思考的途径,比如:在学习《孙权劝学》中,有学生在翻译"及鲁肃过寻阳"一句时遇到了困难,我们可以这样启发他:我们学过的《两小儿辩日》中"及其日中如探汤"中"及"是如何翻译的?和这里的"及"的解释一样吗?这样的提问,不仅使学生顺利完成了句子翻译,而且达到了温故而知新的目的,他对"及"的解释一定会记得特别深刻。

启发性语言,可以缓和紧张的气氛,提高学生思考的兴趣,增强他们学习的信心,享受努力后获得成功的愉悦。

3. 口头即时评价应渗透学法指导

教师的教是为了学生的学,只有重视学,教才有针对性。如果我们在向学生传授知识的同时,也重视教给他们科学的学习方法,就可能使学生更灵活、更轻松地获得更多的知识,有效地发展他们的各种能力。

比如,在教授《藏羚羊跪拜》一文时,我请一位同学起来概括课文大意,他概括的不够简练,我这样引导:"从他的话中,我们已经听明白了课文讲了一件什么事,谁能用更简短的话说清楚呢?""你能不能用'谁+干什么+结果'的格式,把刚才的回答重新组织一下?"这样,既肯定了他将事情讲述得清楚明白,已经符合了概括主要内容的一个要求:明了。同时,也委婉地提出概括主要内容的另一个要求:简练。这就是概括主要内容的方法。

这样的评价不但对学生起着肯定激励的作用,充分调动了学生思维的积极性,而且对概括大意方法的渗透和指导不着痕迹,水到渠成。

二、用好口头即时评价的辅助手段,富有感染力

美国心理学家通过实验得出结论:信息的效果=7%的文字+38%的音调+55%的面部表情及动作。如果能发挥肢体语言、语音语调的独特功能,将之与课堂评价语有机结合,根据学生的反馈信息或突发情况,灵活巧妙地进行评价,定能打动孩子的心,使语文课堂更精彩,更有活力。

1. 肢体语言的辅助

肢体语言的使用简便快捷、灵活自由，便于传情达意、交流信息。因此在教学活动中，教师的肢体语言是吸引学生注意力、提高学习效率的一个重要的手段。

老师通过鼓励的微笑或拍拍学生的肩膀等动作，甚至充满善意的眼光，都能传达老师对学生的一份关爱，表达对学生的一种尊重、信任，给学生一些激励，这种伴有肢体语言的润"评"细无声的方式更具亲和力，更能产生师生之间的心与心的互动，其作用远远大于随意的口头表扬。

每当后进生在回答问题时，我总是用充满希冀的眼神看着他，增强这个学生的信心；用微笑来鼓励胆小的学生，消除他紧张的心理，有勇气回答问题；如果发现学生提出别的同学提不出的有价值的问题时，我就会用赞许的微笑并伸出大拇指，夸赞道："你有一双慧眼哟，能发现别人发现不了的问题，多了不起呀！"学生听了这样的评价语，内心一定美滋滋的，一定会产生"下次我还要发言"的欲望。在教学低年级的学生时，课堂上我会经常走近学生抚摸她的头或握握他的小手以示鼓励。

2. 语气的辅助

语气可以表达明确的情感信息。有相关资料表明，语气在表意方面往往产生意蕴言外的特殊功效。成功的教育与教育者通常根据情景使用恰当的语气，对孩子的情商、智商、气质、修养产生深刻的影响。

在课堂即时评价中，我们可以用信任的语气，如"再试试，你能成功"，这就给了孩子一份自信，并让他明白，只有坚持才能获得成功。

当面对着一个难度较大的问题，学生一时理不清头绪，我们可以用轻松的语调："这个问题确实有一定的难度，但同学们如果从……角度考虑的话，我想，不少同学会得出正确答案的。"这样的评价拓展了学生的思维广度，能让学生慢慢尝试从不同角度考虑问题。

当一名学生回答问题的答案有错误，其他学生都跃跃欲试举手争着回答时，老师不要为了完成教学任务而急于让另一个学生代答，而应适时对学生加以鼓励，"别着急，老师和同学们都相信你一定能想办法说好的！"这样的语气可能就会消除这名学生在师生面前的紧张情绪，有利于他重新思考问题。

课堂上的评价语言应该准确而得体，生动而实效，而这决非一日之功。它虽生于即兴，却根植于深厚的教学积淀和文化修养中。作为教师，我们还是要不断反思自己的课堂评价行为，改进课堂评价语言。只有这样，才能建构属于自己的课堂评价艺术，使学生信心百倍地投入到学习中去！

（本篇作者：方　珉）

10. 为什么物理实验活动很活跃，重点问题搞不清
——物理课堂"评价小量表设计与运用"的探索

实验活动是物理课堂教学的重要手段，是课堂教学的有机组成部分，通过实验活动吸引学生，激发学生学习兴趣，使学生在获得生动的感性认识的基础上，更好地理解和掌握物理概念和规律，在实践中培养学生养成良好的学习习惯，提高学以致用的能力，形成物理学习能力。然而，在物理课堂活动时总能发现一些问题：有的学生不喜欢动手实践实验；有的学生对实验活动仅仅是觉得好奇和好玩；有的学生不会观察实验……

这是一堂八年级的物理课，老师给学生介绍杠杆。首先老师请每组学生体验使用生活中的杠杆如老虎钳、剪刀、羊角锤等工具来认识杠杆，大部分学生看到桌上的工具马上兴奋不已，有的拿起羊角锤就开始拔钉子，有的用老虎钳剪铁丝，不时听到有同学欢呼"我把钉子拔出来了"、"我剪断铁丝了"，教室实验活动气氛很活跃，但还有某个角落里的个别学生看着物理书，对活动没有丝毫兴趣，没有参与进来。

体验活动结束后，我请学生分析杠杆的"五要素"。结合刚才的实践活动，请学生回答上述杠杆受到的动力、阻力，以及受力的方向。然而，有的学生回答错误，有的学生答非所问，有的学生默默无语……

活动的热闹为整堂课添色不少，但就分析老虎钳、羊角锤、剪刀受到的动力、阻力的方向时为什么会出现这样的现象呢？学生是否真正地认识了这些杠杆呢？部分学生对活动不感兴趣、没有体验，部分学生体验时只是想着"我拔出钉子了"、"我剪断铁丝了"，没有按照老师的要求进行观察，所以在分析杠杆受力方向时遇到了困难。

这样的课堂教学现象普遍存在，粗一看，无伤大雅，细细推究，却发现问题不少，值得深思。体验活动的设置有趣，能够吸引学生的注意力，学生更多的是觉得好玩和好

奇,但是否在仔细观察?学生的注意力在哪里呢?是否在思考老师提出的问题呢?

《上海中学物理课程标准》指出在教学过程中,应利用过程性评价促进学生的全面发展,使学生养成良好的学习习惯和科学态度。在评价过程中养成学生探究和阅读的学习兴趣;养成提问、观察、记录和操作的学习习惯;养成形成科学实践的学业成果,有效地"促进学习、积累能力"。这也为我们指出了在物理实验活动过程中需要有多元的评价方法和评价过程。

物理是一门实验学科,体验活动居多,为了规范学生的物理实验活动,引导学生实践体验,我创设了"物理课堂实验活动评价小量表"(以下简称为"评价小量表"),对学习过程的价值进行建构,呈现评价要求,减少个人经验判断。利用"评价小量表",给学生提供表现自己的机会,鼓励每个学生都积极主动地参与到课堂教学中来,引导学生主动实践,检查自己取得的进步和成果,找到自信的同时认识到自己的不足,并把这种不足转化为下次努力的强大推动力,进而产生继续参与和表现的欲望,促进学生潜能和个性的发挥,从而发展学生的观察、分析及思维能力。

由此,我进行了改进,针对学生只会观而不会察,只会动而不会思,设计了这堂课的实验活动"评价小量表",引导学生学会观察,鼓励学生在参与中体验和思考。

表一 "体验杠杆"活动的"评价小量表"

工具使用	观察活动		合作交流	
使用　2分 部分使用　1分 不使用　0分	认真观察 实验情境	正确描述 实验现象	小组 交流互动	学生 体验感悟
	未达成　0分 达成　2分	未达成　0分 达成　2分	未达成　0分 达成　2分	未达成　0分 达成　2分

我们小组的自评分:_____(满分10分)

这堂课中,因为老师事先介绍了这张"评价小量表",整个活动的进行过程就显得井然有序,学生们都能积极体验,按照"评价小量表"的要求进行观察,充分发挥了"评价小量表"的作用,使学生活动兴奋而不流于表面,在交流中积极思考。"评价小量表"的应用,促使学生在分析老虎钳、羊角锤、剪刀等杠杆受到的动力、阻力及其受力方向时,感悟很深,收获很大。

"评价小量表"在教学活动中的运用,使学生充分观察和体验到杠杆"五要素",从而能够正确分析杠杆受到的动力、阻力及其受力方向,提高了他们的观察和思维能力。由此可见,同样的课堂环节,运用"评价小量表"发挥它的作用和不运用"评价小量表",前后的课堂效果区别很大,课堂效果截然不同。

综上所述,"评价小量表"的作用和效能主要为以下三方面。

一、借助"评价小量表"促使学生学会观察,激发实验探究兴趣

实验探究活动贯穿整个初中物理知识的学习,在实验活动过程中,借助"评价小量表"能够帮助学生学会观察生活中的现象或实验情境,根据生活经验提出自己的见解,并能够借助文字、图画等形式表达出来。同时,依据"评价小量表"规范学生完整地设计探究实验,观察实验现象,记录实验数据,并用规范的语言总结出实验结论。

例如在"探究光的折射规律"活动中,要求以小组合作的形式,利用"评价小量表"观察教师提供的实验情景,在讨论和交流中由此认识折射光线、入射光线和法线之间的关系。在此基础上,全班展示交流小组活动的成果与发现。

表二 "折射光线、入射光线与法线之间可能的关系"活动的"评价小量表"

观察活动		作出假设		合作交流	
认真观察实验情境	正确描述实验现象	提出猜想	进行推测与假设	小组交流互动	学生体验感悟
未达成 0分 达成 1分	未达成 0分 达成 1分	没有依据 0分 依据较为合理、表达较为完整 2分	未达成 0分 用文字或图画等方式进行推测与假设 2分	未达成 0分 达成 2分	未达成 0分 达成 2分

我们小组的自评分:_____(满分10分)

在"探究光的折射规律"活动中,之所以这样设计"评价小量表",是因为光在生活中随时能感受到,却很少有相关的现象能够观察到光的传播特点,直接要求学生提出自己的想法存在一定的困难,作为活动的开始就设置这样的难度,势必会让部分学生学习兴趣流失。利用"评价小量表",通过已有的实验情境,提供了观察案例的可能性,

引导学生对实验情境进行观察,发现光的传播特点,培育了学生探索的愿望,激发了学生物理学习的兴趣。

二、借助"评价小量表"搭建学生思考平台,培养实践能力

物理课堂的实践活动颇多,借助"评价小量表",提倡和鼓励学生实践,在实践中引导学生学会观察与思考,达到真正认识物理概念和规律。

例如在"认识杠杆"活动中,以小组合作的形式,用螺丝刀、小木块等撬起木板上的骑马钉,我们要求一种只用螺丝刀将骑马钉撬起;另一种要求用螺丝刀垫着小木块将骑马钉撬起。活动过程中,小组共同探讨两次撬起骑马钉时:①用力的方向有什么不同;②螺丝刀分别绕着哪一个固定点转动;③螺丝刀受到的阻力分别作用在螺丝刀哪一点,其方向如何。利用"评价小量表"进行自评,然后在全班展示交流小组活动的成果与发现。

表三 "撬起骑马钉"活动的"评价小量表"

工具使用		方式多样		现象分析			学生体验感悟
使用 1分	不使用 0分	采用一种方式 2分	采用两种方式 4分	说出一个方面 1分	说出两个方面 2分	说出三个方面 4分	未达成 0分 达成 1分

我们小组的自评分:_____(满分10分)

在"认识杠杆"的活动中,设计了"撬起骑马钉"的动手实践活动,在活动过程中有同学发现不用螺丝刀也能够直接拔出骑马钉,有的同学根据已有的认识只能想到一种拔出骑马钉的方法,有的同学会操作,却不能准确地描述其操作要点。在这个过程中,借助"评价小量表",引导学生参与活动,在动手动脑中实践体验,对于多样方法的同学给予了即时肯定,以此来引导学生积极投身于实践活动,达到了真正认识杠杆的目的,有效地促进了学生的体验和发现,培养了实践的能力。

三、借助"评价小量表"巩固学生物理概念,养成学以致用习惯

通过学习认识了物理概念,并能完成相关的作业,这并不是最终目的。利用"评价

小量表",指导学生学习致用,在实践中运用物理原理,正确认识和理解物理原理,改进实验方案,使科学与实践相辅相成,逐步实现学习能力的不断提高。

例如在"阿基米德原理的应用"活动中,以小组合作的形式,用铝箔纸制作小船,用螺帽比作货物,并利用"评价小量表"进行自评,在全班交流后评选出最佳小船。

表四 "制作小船"活动的"评价小量表"

评价内容	评价标准	得分
造型与船的相似度	不相似 0分 相似 2分	
装载货物的数量(螺帽个数)	0~10个 1分 11~20个 2分 21~30个 3分 30以上 4分	
制作原理分析	无原理说明 0分 基本原理说明 2分 完整原理说明 4分	
小组总分(满分10分)		

在"阿基米德原理的应用"活动中,之所以设计制作小船的实践活动,是希望学生学习了"阿基米德原理",能够将该原理用到生活实践中来解决实际问题。但在活动的设计过程中,有同学发现铝箔纸不制作成小船的形状也可以承受一定数量的螺帽,这样就无法实现正确认识和运用阿基米德原理。在"评价小量表"中设计了"造型与船的相似度"和"制作原理分析"的评价内容,提出了小船的制作要求和标准,帮助学生学会运用"阿基米德原理",有效地培养了学生学以致用的能力。

总之,根据每堂课的内容和实验活动要求,设计不同的有针对性的、适合学生的"评价小量表",对教学而言是有很大成效的,这使学生对课堂中的教学目标能够看得懂、悟得清、提得高。在今后的课堂教学中应更好地发挥"评价小量表"的大作用。

(本篇作者:邬伟红)

11. "讨论评价法"在美术教学中的实践探索

一、抽象画引发的问题与评价思考

美术教学中如何教抽象画？在教八年级同学有关抽象画的知识时，一开始上课同学们就给了我一个下马威，他们自以为是地叫喊道，"抽象画最好画了"，几乎班里每个人都说抽象画就是乱画的，为此，我不得不从20世纪最伟大的画家毕加索入手，让孩子们欣赏了解立体主义以及以康定斯基和蒙德里安为代表的抽象大师的抽象作品，看了毕加索早期几乎完美的学院派写实主义作品，学生们似乎能理解抽象画不是画家画不好而乱画的，学生们开始尝试画抽象画，在体验中感受到了快感，一个个兴致勃勃，直到下课了还个个满面春风、意犹未尽。我能从他们创作时的面部表情和肢体语言上感受到，他们很享受画抽象画。每个人画完的作品都不一样，不论是色彩还是线条都独一无二。好奇心、新鲜感和画画的热情远远地超过学生这一年龄阶段的实际能力。

为什么他们会画得这么有劲呢？这不禁让我联想起我的孩子玩沙子和彩泥时候的样子，一堆沙子平淡无奇却能够让孩子聚精会神玩上半天而不知疲倦，一块毫不起眼的彩泥让她留恋忘返。这是因为沙子和泥土看起来太简单了，让孩子的心情很放松，沙子和软陶太好玩了，让孩子体验到自由创造的极大空间，可以堆山，堆城堡……捏圆，捏方……捏成任意的形状。没有人去约束，去要求，去干扰，更没有心理负担，有的只是绝对放松的心情，在自然宽松的氛围中，在完全轻松的状态下兴致所至地捏造千奇百怪的形状，创造在孩子的手指间缠绕，灵感在心中自然绽放，时间在不知不觉中悄然溜走，孩子的生命充满了欢乐。绘画也应该如此简单纯粹。

但是孩子们的美好与她们与生俱来的创作才能，不是每一个人都懂得欣赏的，有的学生拿着自己的作品回家给父母看，父母会说你在乱画什么；甚至有些老师看了也会说乱画些什么呀？学生听了更觉得不知所措了。对于这样的误评，让人唏嘘的同时我们也深表理解，艺术活动基本上是以一种靠直觉与本能的创意活动，理性往往是它的阻碍。家长的传统性要求、老师习以为常的传统评价标准对学生来说无疑是一种打击，这样的标准干扰了学生绘画创作的自由。尤其是像抽象画这样的创作方式，学生的画是画出自己想画的内容,不是画出具体事物的内容。好的教师能穿透表面看到隐藏在后面的最精彩的部分或隐藏很深还没闪光的"闪光点"。不好的观赏者看到的似乎只是乱涂乱画的表象,其他的什么也看不见。

二、美术教学中"讨论评价法"的作用与策略

面对纯洁无瑕的学生我常常回头审视自己的教学,惟恐由于自己的不慎会给学生造成"善意的伤害"。看着他们纯真可爱的笑脸,纯净透亮的眼睛,我会经常把目光移出画面关注画外,带着深深的情感去体味和检验学生在画画的过程中是否开心。绘画的结果当然需要关注,但对学生画画的过程的评价更值得我们教师重视,画法不作"统一",只求"个性",这就是对学生抽象画最好的辅导方法,我们不是要把学生培养成画什么像什么的高手,而是学到正确的思维方式,提高审美意识和艺术鉴赏水平。学生的画,画得自由,就是教师的成功。学生的画是从抽象走向具象的,但学生的抽象不是成人理性化的抽象,学生的具象也不是客观真实的具象,而是学生们自己心里的东西。所以我们在教学评价中应当坚持关注每个孩子的内心,以学生为本,尊重学生个性;注重创造性思维的开发和训练,善于营造情境,唤醒学生原生态的创造,形成独特的教学风格和评价体系。

德国著名教育家第斯多惠说过:"教育的艺术不在于传授知识和本领,而在于激励、唤醒和鼓舞。"在我想来,学生的美术教育是人的教育,是美的教育,是情的渗透,是爱的流露。新一轮美术教育课改向学生评价提出更多、更高的要求。首先,要重视学生自评;其次,要注重学生美术活动表现的评价;还有,应采用多种方式评价学生美术作品。量化数字已经无法涵盖复杂的教育现象,也无法在新时代背景下真正促进学生的可持续发展,故在美术教学实践中,我们探索了"讨论评价法"。

"讨论评价法"立足于美术学科,是一种讨论探讨式的评价,是以学生发展为主体的评价。这种讨论评价法,从形式上,可以有教师评价、学生自评、学生互评、家长评价等;从评价内容上,可分为质性评价与量化评价;从评价的作用、性质上,可有形成性评价和总结性评价。也就是说讨论评价法是在自然情景下由教师、学生、家长等多主体参与,以多元方法和不同维度对学生的学习过程与结果进行整体描述和探究,以达到

促进学生发展的目的。

在教学实践中,采用"讨论评价法",是把学生在课程参与和课堂讨论中的表现作为学生学业成绩评价的一个部分。它要求学生学会更有成效地思考,并为自己的见解提出证据。它关注学生对学习主题和任务的认识和思考、评价讨论中学生间的互动情况、学生的批判性思维和公众演说技能的进步情况。

(一) 讨论评价法的实践操作

1. 鼓励学生独立分析、研究学习内容,培养良好的学习习惯。讨论评价使学生不再依赖于教师的指导而主动对既定目标展开研究,这是一种自我管理能力的实现,培养起了良好的学习习惯。

2. 将美术学科的学生评价的内容进一步拓展,不再局限于对学生学习结果的探讨,让学生有机会表达内心的认识和情感。评价学生们的画不能简单地用"看"而是要用"听"的,即孩子的画是"听"了才能明白的东西。对于孩子来说,他们的画只有被"听"了,被理解了,他们才会体会到表达的乐趣,他们的绘画行为才有意义。

3. 促进学生批判性思维和创造力的发展。在讨论评价中,学生以一种怀疑甚至是批判的眼光去看问题,进而拥有独特个性的思维方式。

4. 多元包容的学习特性。讨论评价过程中,学生了解到人与人之间迥异的性格、观点,并渐以宽容的态度接受多元的观点。

5. 综合能力的培养。为了支持自身观点,学生必然需要更丰富的专业知识,不仅学科知识得到了强化,公众发布能力、辩论能力等也得到进一步提升。

(二) 讨论评价法的活动特点

1. 明确教育结果。传统评价把目标作为评价标准,注重评价如何才能真正实现结果。因此它不像传统评价那样将目标进行细致剪裁。评价结果可以是批判性思维、公众发表等多样能力。

2. 选定讨论采用的主题。美术课程中知识的广泛性和教学容量的有限性之间的矛盾,是传统教学疲于应付却又终难解决的。讨论法则试图把教学从这种困境中解脱出来。它允许所有学科老师去满足"有效听说"这一目标的实现,并达到一些其他高级思维技能。为了能使讨论深入细致,所选主题可以是某个知识点。只要能最佳地促进学生学习。

3. 教师提出一个启始问题。这一步会直接影响讨论质量。讨论开始于一个预期应有多种反应的启始问题，好问题应在讨论中引发对话。

4. 选择记录讨论过程的方式或设计简明记录表。记录应当完全客观地反映讨论过程，它是评价的客观依据。通过一系列讨论记录的分析、对比，就可以对学生的各种教育结果做出判断。

5. 多种方式完成评价。正如讨论可用来实现不同教育结果一样，其本身也应以不同方式来完成。

抽象画教学实践中的问题，引发了我们的重视，启发了我们对美术中的评价以及适应教改的新思考与新行为。"讨论评价法"不仅为我们提供了一种把课程、教学和评价进行统整的教学改革的新思路，更为我们提高学生美术素养的教学提供了新方法。

（本篇作者：杨怡静）

12. 英语口语作业"信息化评价"方式的探究

《上海市中小学英语课程标准》指出，"为促进学生学好英语，须建立多元而有层次的激励性评价制度"。同时，还提出"要从学生对英语学习不同发展要求的实际出发，实施有层次性的评价制度，激发每一位学生的学习积极性"。

一、口语作业评价的现状

对于口语作业的评价检测，传统的方式不外乎就是让学生一个个到教师面前来读背。教师通过听读学生的声音是否响亮、发音是否准确、语调是否优美、感情是否真挚等来判读这个学生回家是否按照教师要求跟读磁带，认真模仿语音语调。虽然通过这种方式教师也能给予反馈，但它的弊端却显而易见。

由于教学时间和空间的限制，教师很难在有限的时间内高效率地对每一位学生的口语作业进行检测和反馈，也很难在一个非常安静有序的环境中对每一个同学进行口语作业的评价与反馈。"排队背英语"的场面虽然蔚为壮观，但耗时费力，教师和学生一样都身心俱疲。因此，教师对学生的口语作业反馈形式也就显得过于简单。一个分数或一个等第的评价实际上只是对学生的学习结果进行了反馈。对于学生是如何练习的，练习过程中遇到困难是如何解决的等学习过程，对教师而言在短短几分钟时间内根本无暇顾及，更别提能根据每一个学生口语作业中出现的问题进行及时有效的、个性化和精细化的指导了。

而长期以来，学生对待英语口语的作业态度也存在诸多问题：有的马虎，偷工减料，不能较好地按照教师要求完成；有的甚至自动忽略不计，无视英语口语作业的存在；同时，家长不知如何配合教师督促孩子完成英语口语作业。作业不能及时落实，必然会影响到教学效果。作为英语教师，关注学生的口语学习过程，关注学生在口语学习过程中的情感、态度，思考如何建立多元且有效的口语作业评价方式，激发学生口语学习兴趣，培养学生良好的口语学习习惯是非常重要的。

如何有效地解决口语作业评价遇到的难题？在移动互联网时代，在实践探索中，我们发现充分利用信息技术来撬动英语口语作业评价方式的变革，进行口语作业信息化评价方式的研究具有重要的实践意义。

二、口语作业信息化评价的举措与策略

信息技术的飞速发展已经改变了知识的传播方式，也必然影响教与学的方式。利用生活中常用的 APP 移动即时通讯软件如"微信"（WeChat）等媒界，建立一个"口语学习群"，为学生搭建一个学习的交流平台，提供一个真实的语言环境，创建一种规范有序的、方便及时的移动互联网学习方式，并以此来进行及时有效的口语作业信息化评价，这对于教师而言，是非常方便快捷的；对于学生而言，是非常喜闻乐见的；对于教学过程而言，是非常清晰流畅的。这种评价方式不仅可以运用于课堂，对于课外口语作业的评价更有它独特的优越性。

（一）搭建平台，进行个别化评价

传统的面对面口语作业检查反馈形式过于陈旧，也不能及时发现学生在跟读模仿课文录音等口语学习过程中出现的问题。因此，利用"微信"等媒介，搭设一个口语作业反馈平台，让学生发送每次的口语作业录音到学习群，教师就可以在线同步听每一个学生的口语作业录音，对学生的口语学习过程进行干预，即时地对学生的学习效果

给予个别化评价。即使不能同步在线学习,教师也可以线下听取学生发送到平台的录音,进行分析,记录学生的学习情况,给予反馈及恰当的评价。

(二) 形成体系,进行多主体评价

在教师搭建的口语作业信息化学习平台中,学生所处的不再是一个封闭的空间,面对的也不仅仅是自己和录音机,而是同伴、是家长、是教师,是一个真实的语言学习环境。在这个平台里,学生可以听见自己个人的录音,也可以听见同伴的声音;家长可以听见自己孩子的录音,也可以听见孩子学习伙伴的录音。同时,教师、学生、家长通过相互鼓励性的评价,从不同的角度给予同一个学生多元的反馈,就可以让这个学生个体感受到来自不同层面的信息,从而能从多角度地审视和认识自己的学习过程和学习效果。这也就打破了原有的单一评价方式,由教师评价转向了学生自评、同伴互评、家长参评和教师评价的四维评价体系。

(三) 促进思考,进行深层次评价

在学生自评、同伴互评、家长评价和教师评价的多主体评价反馈时,不再是教师给出的一个分数或等第,而是可以使用丰富具体的语言进行评价。学生、教师、家长都可以在学习平台中发出声音,评价语言也不仅仅是一个好字,而是要根据学生个体的口语作业情况,指出其好在哪里,棒在何处;或者指出其需要改进之处有哪些,如何改进等等。具体的激励性的评价语言才能起到有效的评价作用,才能促进学生思考出现的问题,并进行反思,对自己,对同伴的学习过程进行深层次的评价,逐步摆脱原有的粗浅的、表面化的、简单的评价。

三、口语作业信息化评价的效果

(一) 增强了学生自主学习意识和能力

社会学习理论认为,人们的许多行为能够通过角色示范(Modeling)来学习,当榜样与个人有较多相似性时(如年龄背景相仿),个人更容易受到榜样的正面影响。在口语作业信息化评价过程中,学生们在教师搭建的过程性评价舞台中相互学习,取长补短,从最开始的机械模仿教师的评价方式进行评价,到试着根据一定的评价标准对自己的口语录音自评,到最后能自信满满地对同伴的口语作业进行中肯的评价,这个过程是学生自主学习意识形成发展的过程。从学生的自主评价行为和深刻丰富的评价语言中不难发现，他们已经克服了从最开始的不敢或不好意思给自己评价的胆怯心理，变得非常自信，积极、独立的自我评价意识逐渐增强。从一开始不知道怎么评价，到目前能有见地地指出同学口语作业的欠缺之处，或发现同学的优点，学生们逐渐学会了用欣赏的眼光去评价同伴，学生之间的合作互动，共同探讨的过程是学生思维呈现成熟的过程。当口语作业信息化评价呈常态化发展时，学生们的自主学习能力在教师的启发下也逐渐提升。

（二）提高了教师评价口语作业的水准

长期以来，纸笔评价定终身的单一评价模式很难全面评价学生，尤其是教师无法从有限的评价数据中读取到学生取得进步的信息，更不用说客观评价学生进步的程度，动态化关注学生的点滴成长了。在口语作业信息化评价时，运用科学公平的评价方式，尊重学生差异，对学生进行全面评价，关注学生的情感、态度、价值观的成长发展，才能促进学生学业和身心健康成长。

而每一个教师的个性、学识和素养各不相同。根据学生的口语作业表现，评价什么，评价内容的深浅，评价语言的丰富，是非常考验教师的专业素养和评价能力的。在给予学生口语作业具体评价信息时，教师一定要认真倾听，用自己敏锐的观察力和对学生的同理心及尊重意识去保护好学生的学习热情。当老师耐心地、用鼓励性的语言去引导学生说出自己理解与困惑时，学生就能更加受到启发，能更加有效地完成之后的口语学习任务。同时，教师在评价过程中，要能善于捕捉学生之间，家长与学生之间的评价信息，起到协调、肯定、指正、解释等引导作用，让学生和家长在教师搭建的信息化评价平台中能坦诚相见，相互促进，共同进步。通过线上线下分享、交换评价信息，教师在为学生提供个性化反馈的同时，评价能力和水平在教学相长的过程中逐步得到提升。

（三）激发了家长参与口语作业的热情

在教师搭设的口语作业信息化评价平台中，家长对孩子的口语学习过程由原来的简单督促，例行签名等机械性活动，逐步演变成积极关注、及时参与、认真参评的动态化管理。为孩子提供移动学习工具，进行时间监管的同时，还能知晓自己孩子以及他的学习伙伴的学习情况并对孩子们的口语作业进行点评，家长们也历经了孩子口语作业评价方式的变革。在教师创建的口语作业信息化评价体系中,教师对每一个学生的赏识和激励都呈现在家长和学生面前。教师健康的、积极的、向上又有责任心的教育,才会触动家长的心灵,引起家长思想和情感上的共鸣。在教师日复一日潜移默化的熏陶中,家长也就会慢慢打开心扉,从心里接受这种新的口语评价方式。同时,他们由原来的旁观者变成了学生口语学习的参与者,见证了学生口语学习的过程,也感受到了他们的积极参与对学生的口语学习有着很大的促进作用,因而参与热情充分得到激发,并投入其中,帮助学生培养良好的英语口语习惯。同时,教师和学生、教师和家长之间的情感纽带也就越来越牢,相互信任,相互欣赏的良好和谐的师生关系以及家校关系得以稳固。

英语口语作业信息化评价方式在实践中充分引发了师生学习的热情和思考,逐步实现了作业内容的呈现方式、学生的学习方式、教师的评价方式和师生互动方式的变革。它是对英语口语作业批改方式的一种创新,是一种开放性作业评价方式的尝试,而这种教学实践正符合了《上海市中小学英语课程标准》对教学评价环节的要求,满足了学生英语口语学习的发展需求,因而值得我们去进一步实施、完善与推进。

(本篇作者:程晋莹)

13. 利用过程性评价提高作文教学效果的策略探索

一、作文教学中评价方式的一些不足

作文教学一直是老师们困惑的问题,尤其是作文的评价,由于没有统一的标准,操作模式五花八门,让很多老师费神劳力。通常情况下,教师们对作文教学的评价采用的是总结性评价或者是形成性评价,主要的做法是教师给学生写评语、学生互评,按照中考阅卷标准教师给学生打一个分数等第,然后再从中挑选一些好作文当范文,在全班朗读,讲评。

这些传统的作文评价方式,总的来说,教学的效果较差,效率较低。由于缺乏学生主动思维的参与,不容易提高学生的写作兴趣和学生的写作能力。

二、作文教学中运用过程性评价的基本认识

建构主义学习理论强调以学生为中心，要求学生成为信息加工的主体，知识的主动建构者。过程性评价就是一种以建构主义理论为基础的评价方式。

所谓过程性评价，是指在课程实施的过程中对学生的学习进行评价的方式。过程性评价与作文评价结合后，总的特点可以概括如下：

(1) 注重目标、过程与结果的并重。

(2) 注重学习的态度、学习的参与度、学习的方法。

(3) 注重个体与群体、主体与客体的互动和整合。

过程性评价的功能还包括对学生的学习质量水平做出判断，肯定成绩，找出问题；促进学生对学习的过程进行积极的反思，从而更好地把握学习方式方法。

如果采用过程性评价的方式评价学生的作文，对提高学生的写作兴趣，提高作文教学的效果都有较为有益的帮助。

基于以上对过程性评价的理解，我在作文教学中渗透了过程性评价，从而提高了教学效果，明显地提升了学生的写作能力。

三、作文教学中过程性评价目标设定

过程性评价，跟传统的总结性评价相比，就是关注学生学习的过程，注重个体的发展过程。因此，我结合写作心理学和中学语文的课程纲要，为学生的写作制定了以下几个目标。

1. 选材的目标

选材和构思是落笔写作之前的一项思维过程。选材需要学生调动已有的生活经验，选择与作文标题相匹配的相关材料。这一思维过程能够反映学生对生活的关注，对材料的取舍。相同的命题，可以选择多种材料，有的材料新颖，与命题的契合度高，有些材料普通老套，与命题的契合度低。同时，从材料中提炼出的主题，更能体现孩子对写作目的的把握是否准确。

2. 构思的目标

构思目标体现为对材料的剪裁是否合理，对文章的布局安排是否紧凑，重点是否

突出。巧妙的构思还表现为学生是否能运用一些写作技巧,比如倒叙、插叙、首尾呼应、欲扬先抑、环境烘托等。

3. 表达的目标

在写作中,文字表达是学生对语言文字的运用能力的体现,反映出学生对语言文字的积累和运用的情况。到了初中,程度低的同学,能做到语句通顺,符合基本的语法规范。程度好的同学,可以做到有创意地表达,能灵活运用多种修辞方法和写作技巧,文字凝练,具有一定的表现力和意境。

4. 书写的目标

作文中的书写,有两个方面的要求,一是工整、清洁,二是正确。其中的"清洁"要求,还需要做到不过多地涂改,圈划。

在确立好过程性评价的标准后,我将这些标准分成"优"、"良"、"需修改"三个等级,然后形成了表格形式,一目了然,便于操作。

四、作文教学中过程性评价的相应实施策略

1. "自省式"个人自评

学生根据过程性评价目标的表格,对照自己的作文,先进行个人自我"反省"评价。个人自评的环节,不仅需要学生对照目标表格找到自己的不足,还需要进行初步的修改,自我评价往往有一定的局限性,不大容易看到自己的不足。

自评中,除了纠正目标表格中的问题,还需要自我评价本次写作的态度,是否认真对待,书写是否工整。

2. "启发式"小组互评

结合过程性评价目标表格,小组内互评,可以几个人一起讨论,评出某篇作文的优点和不足的地方,给小作者提出中肯的修改意见。小作者再与之前的"自我评价"比较,分析两次评价的异同。小组互评的好处是让每个同学都能阅读到跟自己水平差不多的同学的作文,正所谓"旁观者清",有时候看自己的作文看不出问题,看别人的作文因为更用心,更容易看到作者自己发现不了的问题,往往能提出独特的修改意见。在同伴的帮助下,每个小作者自己将更容易受到启发,启动他们的文思,激发他们更佳的

写作灵感。

互评中,除了评价作文本身的问题,还需要互评每个同学在小组互评中的参与是否积极,是否提出了有价值的评价意见。

3."射的式"师生共评

教师在个人自评和小组互评的基础上,挑选出有代表性的各个等级的作文若干篇,在全班共评。这里的"有代表性",既可是优秀的典范,也可是大多数同学存在的"共性的问题"。共评时,参照过程性评价目标表格,对优秀的典范作文,列出优秀之处,供同学借鉴。而对于"共性的问题",则要做到"一课一问题",一节课中只针对一个主要的问题进行师生共评,有鲜明的针对性,而不是面面俱到。

在初中阶段,如果每节课或是连续几节课,师生只聚焦一个写作目标进行共评,那么四年下来,学生的写作知识的储备、写作意识、写作水平都将能得到提升。

4."针对式"修改再评

参照过程性评价目标表格,针对自己文章中的问题,有针对性地修改。

(1) 主题纠偏修改。注重立意鲜明,新颖,不提倡老调重弹。

(2) 构思框架修改。注重详略得当,重点突出。

(3) 语言表达修改。注重字通文顺,有真情实感,并有一定的文采。

学生在多次评价以后,能够结合"过程性评价目标表"去构思,理解表格中"优"的标准,并能努力朝着"优"的方向努力,便能逐渐形成对优秀作文写法的认识,对自己的作文进行修改或者重写。

学生习作定稿后,教师从班级中再挑选出有代表性的1—2篇作文,将原文和修改文比较讲评。再将优秀的作文,放在班级宣传栏里进行展示,或者推荐到校报发表,特别优秀的作文,推荐到报刊发表。这些做法既是作文过程性评价的一个组成部分,也可以激发学生的写作热情。

在这一系列评价过程中,学生的思维有了更多的参与,在反复比较、思考、尝试、练习中,灵活掌握了过程性评价目标表格中的写作标准,更直观地理解优秀作文的写作策略,从而提高写作的能力。

五、利用过程性评价进行作文教学后的良好效果

利用过程性评价进行了作文教学后,我发现学生在写作中,明显明确了各自的写作任务,他们更加清晰地了解自己需要写什么,怎么写,知道自己的写作应该达到怎样的标准才能算是一篇好的作文。渐渐地,学生会有意识地把写作"过程性评价目标表"当作自己的写作标尺,去努力达成实现。

纵观学生的作文本,实施过程性评价前,文章思路混乱,语言表达平淡无味。过程性评价实施后,学生更懂得如何精选材料,立意有了深度,思路条理清晰,重点突出,语言表达流畅生动,文字中有了真情实感。

过程性评价与写作教学相结合,学情的信息反馈更具体,教师与学生的互动更有效,这可进一步促进教师准确定位作文教学目标,明晰作文教学思路,提高课堂教学效果,提升学生的写作素养。

(本篇作者:章鸿群)

14. 为什么我得了良——艺术拓展课中舞蹈评价的改革探索

舞蹈教学作为学校艺术教育中的重要组成部分,近年来已经受到了越来越多人的关注,学生也比以前更重视舞蹈的学习。但是意料之外的问题也随之而来,那就是在我们舞蹈拓展课进行期末评价时发生的这样一件事。

"咚咚咚。""进来。""老师好。"我转过头,门口站着参加舞蹈拓展课的学生小A,"刘老师!小B不好意思来,我来替她问,她上舞蹈课的时候也很认真,为什么我的成绩是A,而她却是良?你知道吗,那天她一看到学生手册上的成绩就不开心了,回家……回家之后还哭了呢!"我有些不知所措,虽然以前也发生过学生对自己所得到的成绩不满意的情况,但顶多也就是气呼呼地把学生手册往书包里一塞,满脸通红地坐在一边而已,但从来没人来说自己得分低了,所以我也就没当回事。更何况,我自己小时候在跳舞的过程中,老师都是依照自己的感觉和经验来打分的,也没什么问题啊。学生这次的质疑,一石激起千层浪,给我敲响了警钟。我开始思考这样的评价方式对学生是否真得公平,为什么会出现学生觉得这种评价不公平呢?

一、拓展课舞蹈中的原因与分析

究其原因,应该从学生和老师这两个方面来进行分析。

(一)学生对拓展课舞蹈重视不到位

拓展课是由学生根据特长、兴趣爱好等进行自主选择的课程,它的成绩虽会被记入学生手册,却并不关乎"生死"。在以前,学生认为"我只要上舞蹈课的时候认真学动作,老师让我怎么做我就怎么做,乖乖服从老师的安排,到了期末就理所应当能得个高分,即使没有高分,课上打打酱油,混个合格也行"。但现在,随着艺术逐渐普及,学生已经深刻地认识到舞蹈是综合艺术素养的一部分,学习舞蹈对提升自身的修养和体态有很大的好处,因此越来越重视舞蹈的学习,特别期待、关注教师对她的评价,也或多或少地对评价结果会产生一些想法。

(二)学生对拓展课舞蹈的认知不清楚

现在舞蹈的形式丰富多样,甚至有些"鱼龙混杂"。清晨,在城市的街心公园,一群群中老年人,有的随着锣鼓在扭秧歌,有的则跟着音乐跳迪斯科,还有的人跳着自编的健身舞;晚间,在剧场可以欣赏到舞蹈或舞剧作品的演出,各大剧场流行明星的载歌载舞的演唱会也比比皆是;节日期间还可以去一些公园等旅游点举办的"游园花会"看到各地的民间舞蹈表演……学生会感觉生活中各处都充满着舞蹈,这些舞蹈有的随意,有的任性,有的纯粹是为了取悦自己或大众,表面看上去都是声势浩大、热热闹闹的,但这其中有多少能够称得上是舞蹈,哪些才是学生应该学习的呢?学生对这些并不清楚。因此对舞蹈的认知与要求就会产生一定的偏差,错误地把热闹作为标准,把参与舞蹈与否作为评价依据。

(三)学生在拓展课舞蹈中不自信

在往日的课堂教学中,每当我教授一组新动作时,学生给我的第一反应是:"啊……那么难的啊,可不可以改个简单点的动作……"刚开始我很"为人师表"地好心劝说,例如"要对自己有信心"、"我带着你们多跳几遍,把动作记熟了就好了"……当时间一长,总觉得自己说再多也是多余,索性直接"镇压"。而结果是,学生学习每个动作都畏畏缩缩,害怕别人看到她跳得非常难看的样子。不自信、动作放不开是学生在学舞过程中普遍存在的问题,也是个"老大难"问题。一旦学生不自信,那动作自然不易做到位,缩手缩脚地十分拘谨,而他们自己却浑然不知,觉得能够跟着老师把动作一个不落地都跳下来了还挺不错的。但他们恰恰不知道不自信使他们缺失了舞蹈中最重要的情感,明显地影响了舞蹈的质量,却自我感觉跳得不错,还认为应该得高分。

(四)教师对拓展课舞蹈评价不明确

舞蹈不是数学题,无法单纯地用对或错来评价;舞蹈也不是背课文,无法用熟练不熟练来衡量;舞蹈更有别于韵律操,只要把动作做准确、做到位就可以的。舞蹈,更多地要关注手臂的弧度、动作与动作之间的连贯性、气息的提沉等,而这些被归纳成两个字"舞感"。老师根据学生的"舞感"给出相应的评价,而这种评价只是教师的一种感觉,这种感觉是即兴的,带有冲动性的,有时甚至掺杂着对学生感觉的好坏以及教师本身的心情等等,这就往往会出现教师在评价时自我感觉还挺公正、公平的,但实则是出于凭感觉、随心意打分,导致打分中也容易出现一些偏差,并不是教师想象地那样公正。

纵观这些原因,其实都是在课堂中评价时普遍存在的问题,而长久以来对它们的视而不见导致我们在评价学生时存在迷茫、随性的心态,我们的学生也一直不够明确,甚至并不清楚他应该怎样正确地学习舞蹈,舞蹈的标准到底是什么?

那怎样才能做到教师打分不任性呢?如何让我们的评价体现公正公平,看来制定合理、公平的评价体系势在必行,把评价标准体现在教学中也尤为重要。

二、拓展课舞蹈的评价标准的制定与实施

(一)制定舞蹈评价的标准度

我们所制定的评价标准应该符合初中艺术教育课程标准以及这一阶段学生的发展特点。现构思如下:

评价内容		评价标准	学生自评	教师评价	总分
平时成绩 (40分)	舞鞋 (5分)	每堂课必须带好舞鞋,不带者每次扣1分,扣完为止。			
	基本功 (25分)	站姿挺拔、手位优美呈自然弧线、韧带柔软、脚背绷直、膝关节呈"开"状态。			

续表

评价内容		评价标准	学生自评	教师评价	总分
平时成绩 (40分)	态度 (10分)	认真参与,积极热情。			
期末成绩 (60分)	动作技巧 (25分)	能独立完成教师所教授的动作,并做到位。			
	情感 (25分)	了解每个舞蹈所要表达的情感,通过面部表情及肢体动作准确表现。			
	节奏感 (10分)	准确把握音乐的鼓点,做动作有定点,能处理好动作的强弱节奏特点。			

（二）体现评价标准的透明度

我们现在课堂评价的目标是育人,同时希望通过评价标准来引导、激励学生有所进步、提高;是创建健康课堂,是让每个学生在我们的课堂中学到真正有用的,对他们有所帮助的知识和技能以及情感和态度的培养,因此我们应该改变以往把评价标准藏着掖着的习惯,在学期伊始就把它公之于众,让学生清楚地知晓每一条评价标准自己应该怎么做,做到什么程度,甚至让学生根据自身的情况和经验提问、提出修改意见或补充。

（三）提高学生达标的达成度

有了适合学生的评价标准,并得到学生的认可后,我们应该思考的就是如何运用评价标准做好学生的向导,帮助他们发现自己的不足以及空白点,找一找自己和标准之间的差距,逐步成为一名优雅的舞者。那么怎样用评价标准来引领呢？怎样让学生逐渐达到标准的要求呢？笔者认为可以从以下几方面入手：

1. 动作技巧

我们在评价标准中提出：学生要独立完成教师教授的动作,并做到位。这条标准看似基本,但在实际教学过程中却是薄弱环节。一方面,表现为学生记动作的速度参差不齐;另一方面,表现为学生的基本功不够扎实。为此,在课堂中我着重从这两方面帮助学生解决。

（1）分组互助学习

初中阶段学生学习舞蹈的方式基本全靠模仿,但学生的接受、模仿能力有快有慢,导致学习进度差别大,教师为了顾及动作还不熟练的同学,只能"委屈"已经会跳的同学了,时间久了,这些同学多少都有些不耐烦。这时我采取一种新方法,让学生互助互教,即请熟练的同学来做小老师,把动作放慢并拆分成若干块,学生四人为一组,动作熟练的同学担任辅导员,帮助跳得比较生疏或不会跳的同学,这样原先跳得生疏的同学在这些同学的帮助下能够逐步记熟动作,原本就跳得熟练的同学也能通过一遍遍的慢示范,把动作吃透,达到更高的标准。

(2)加强基础练习

在舞蹈教学中还常出现另一种现象,就是学生虽然能把动作做出来,但由于基本功不够扎实,导致动作做不到位。而且,在学生中也普遍存在站姿坐姿不端正,塌腰驼背等现象,这样的身体条件对跳舞来说就是"灾难",急需"治疗"。因此每节课开始,都必须花10分钟的时间练习基本功,如:基本站立姿势,手位脚位练习,脚步动作舞蹈组合练习以及把杆上练习等,纠正学生的基本体态;再练习学生的基本姿势(立、坐、卧和走、跑及头面部的姿态和表现),训练良好的协调性。通过长久的练习,一定能帮助学生塑造良好的形体条感,便于学生更准确、到位地完成舞蹈动作。

2. 节奏感

节奏感在舞蹈中也是不可或缺的一部分,但在学生学习舞蹈的过程中也是一大重点、难点。学生在舞蹈时往往只是按照动作的先后顺序一股脑地跳完,不太在意、也不懂得抓住音乐的节奏、鼓点、强弱规律等。因此静下来听一听伴奏音乐,再跟着音乐起舞是一个不错的方法。

(1)聆听感受音乐

在课堂中,当学生的舞蹈达到一定的熟练度之后,教师应该让学生停止舞蹈。坐下来认真地聆听伴奏音乐,感受伴奏音乐的强弱起伏,听清音乐中的强拍以及鼓点,甚至关注一下鼓点的节奏,这都有助于掌握舞蹈的节奏。

(2)实践体验伴奏

当学生将伴奏音乐中的各个节奏要素都了解了之后,教师可以请学生用脚轻轻地跟着音乐打节拍,并根据鼓点的强弱调整自己所打节拍的力度,这有助于训练学生在舞蹈时动作干净利落,也能让学生在舞蹈时能更准确地踏准节拍。

3. 情感

情感是一个完整的舞蹈作品中必不可少的一部分，按照评价标准要让学生了解舞蹈所要表达的情感，并训练他们运用面部表情和肢体动作表现舞蹈的意境。初中阶段的孩子在舞蹈时有个通病，就是不用心。他们总觉得把动作记熟，把完整的舞蹈跟着音乐跳下来就是完成任务了。这都是因为他们心中没能体会到舞蹈所要表达的情、意、美。

（1）理解舞蹈的情

教师在向学生教授每个民族舞蹈前，都应该清楚地介绍舞蹈的背景、民族的特性习俗以及舞蹈所要表达的情感等，解答学生对该舞蹈的疑问，引导学生融入到舞蹈作品中，帮助学生学会如何运用肢体语言、面部表情等表达舞蹈的情，让学生能够有依据地"有的放矢"。

（2）体验舞蹈的意

在民族舞中，基本上每个动作都是由该民族的日常生活动作经过艺术加工所创作出来的，即每个动作都有其对应的日常生活中的意义。因此，让学生先体验日常的生活动作，完全了解舞蹈中的意，再加入舞蹈语言，完成一组动作组合。

（3）表达舞蹈的美

在舞蹈中，教师要帮助学生雕刻面部表情，调整气息的沉、提速度，规划肢体的运动方向等等，更要帮助学生树立自信，展现出自己的美。同时在经过理解、感受舞蹈的情和意后，释放自己的情感，表达舞蹈的美。

教学中的评价十分重要，合理的评价能引导学生会跳舞，跳好舞，跳出高质量的舞，能督促、鼓励学生朝着标准一步步迈进，有利于促进学生综合艺术素养的提高，使课堂成为真正的健康课堂，使我们的舞蹈教学形成教师放心，学生开心，教学称心的"三赢"新局面！

（本篇作者：刘　炯）

15. 语文学科"小组互助评价"的探索
——谈突破小组合作学习低效的"瓶颈"

小组合作学习以小组为组织形式，通过教学中动态因素的互动，来促进学生的学习。这种学习方法，现在广泛应用于教学。但是令人遗憾的是，小组合作学习的实效，在实践中并没有充分发挥，虽然课堂反应热烈，但是实际情况并不如人意。以语文学科为例，识记类内容如默写、词语解释，学生掌握情况较好；理解类和迁移类内容，学生掌握情况非常不理想。学生的反馈表明，整体上目前"小组合作学习"的实效还不及普通授课。

语文学科"小组合作学习"低效的现状，究其原因笔者认为主要是"小组合作学习"实施的粗放，合作流于形式，具体表现为：

一、小组合作等于改变座位

学生以小组为单位围坐，一改传统"矩阵"式座位安排，这种形式的座位有利于学生开展小组学习，不管是讨论问题，还是组员指正，一系列的小组学习活动，都可以在这种座位安排下得以高效开展，"小组围坐"也成为"小组合作学习"最为人所知的标志。现实中很多粗放实施的"小组合作学习"，其实除了学生座位的变化，没有实质的合作内容，依然是学生个体学习，依然是师生单线互动，"小组合作学习"似乎就等于围坐一圈。

二、小组合作限于课堂范围

经常可以见到这样的情况，课堂上学生以小组为单位，开展合作学习，气氛非常热烈，师生互动、生生互动都非常充分，学生学习的积极性得到极大的激发，但是课外还是恢复常规状态，依然是学生各自学习，一些学生甚至说"小组合作学习"是公开课展示时才使用。如果"小组合作学习"仅仅限于课堂范围，或者成为一种展示形式，又如何让学生领会"合作"的内涵，又如何实现有质量的"合作"？

三、小组合作止于完成任务

小组合作学习时，通常以任务为驱动，通过讨论、更正等活动，学生在小组合作中完成学习任务，但是除去这些任务，似乎没有更多的合作学习内容。"小组合作学习"不是简单地完成任务，任务只是载体，通过这一载体，应促进小组成员更有效地掌握知识,而且这一过程中,还应能够开拓学生思路,提升思维品质,锻炼成员沟通、交流、组织等多方面的能力。合作止于完成任务,也就意味着合作的形式化。

如何突破"小组合作学习"在实际操作时的低效"瓶颈",如何充分发挥"小组合作学习"的优势?笔者通过尝试实施"小组互助评价",提高了"小组合作学习"的实效,"小组合作学习"的品质也有了明显提升。

"小组互助评价"是通过同伴互助的评价方式,来突破"小组合作学习"中的"瓶颈"。具体表现为,以"异质的评价主体"克服"合作等于改变座位"的障碍;以"变式的评价活动"改变"合作限于课堂范围"的局限;以"合理的评价标准"校正"合作止于完成任务"的不足。

笔者认为,"小组互助评价"有助于充分发挥群体的积极功能,提高个体的学习能力。具体体现为以下几方面:

首先,以"异质的评价主体"克服"合作等于改变座位"的障碍。

"异质的评价主体"让座位编排产生作用,为合作提供有力的支持。

小组成员构成的随意,使得"小组围坐"的座位形式很难发挥稳定的协作力量,难以形成"小组意识",因而小组的合力无法形成。小组的"架空"导致"小组合作学习"的"低效"。

"异质的评价主体"关注小组成员的差异性,避免成员构成的单一化,做到"定人"、"定量"。根据"组内异质、组间同质"的分组原则,结合性别、兴趣、习惯等因素,组成评价小组,每组4—5人。

"异质的评价主体"改变小组成员构成的随意性,组员因为能力、习惯的差异,以及小组合适的规模,有利于形成组长主导,成员积极参与的小组合作学习的基本形式,有利于日常小组合作学习的开展,同时有利于"小组意识"的形成和强化。组员学习不再是形式上的小组学习,而是真正意义上的小组学习。

其次,以"变式的评价活动"改变"合作限于课堂范围"的局限。

"变式的评价活动"使学生更加积极地投入学习,让小组合作学习变成常态。

"合作限于课堂范围"这样受限的合作很难发挥"小组合作学习"的优越性,因为在有限的课堂学习中,受自身条件的影响,能够在课内达成学习目标的学生毕竟是少数,"合作限于课堂范围"势必造成学力不足学生的落后,进而导致"小组合作学习"的"低效"。

"变式的评价活动"以课堂学习为中心,将课堂学习向两头延伸,即课前和课后,涵盖学习的全过程。"变式的评价活动"拓展了常规评价形式,以小组展示、代表竞争等活动展开评价,以语文学科为例,学习了"唐诗精华",就开展唐诗诵读的评价活动,以小组为单位,课外充分酝酿,课堂交流并评价。丰富多彩的评价活动,让学生在活动中,浸润知识,提升兴趣、锻炼能力,让小组合作学习变成常态,进而充分发挥这一学习方式的优越性。

第三,以"合理的评价标准"校正"合作止于完成任务"的不足。

"合理的评价标准"引导学生关注学习本质,提升学习内驱力。

"合作止于完成任务"主要原因就是,任务完成的结果直接决定了小组评价的结果,因此小组以完成任务为目标,能力强的成员得到充分的展示和锻炼,但是对于能力一般或者比较弱的成员意义不大,容易造成小组内部以及小组之间的两极分化,难以形成共同进步的学习目标,最终导致"小组合作学习"的"低效"。

"合理的评价标准"以小组成员学习的非智力因素和合作表现,结合学习实效作为评价标准。比如语文学科具体量化为日常作业、课堂表现、课外阅读、同伴进步等,这些内容将语文学习基本内容涵盖。"合理的评价标准"让小组合作学习不再只关注"任务",而是关注学习全过程,关注小组每一个成员的学习过程、学习状态。

心理学的研究表明,不良的学习习惯和学习方法,已成为导致学困生的最主要原因。"合理的评价标准"关注学生的非智力因素,关注学生的学习过程,引导学生学会合作,学会交流,学会赏识,最终提升学力。

实践表明,以"小组互助评价"突破"小组合作学习低效"的"瓶颈",还需落实跟踪机制,即每周召集小组长进行阶段小结,组长分析本组一周学习情况,也可以提出本小组难题,另外组织组际评价,教师提出反馈意见,将一周各小组综合评价情况公示,通过群体交流,商量对策,以期达到鞭策、激励的目的,促进小组的良性运转。

作为"小组互助评价"的组织者——教师,还要注意调动学生的积极性,让学生感受"小组互助评价"的激励力量。教师有意识地创设同伴评价的课堂环境,给学生充分的评价空间和时间,努力创设学生互评的机会,尽可能让更多的学生参与评价,让学生感受到认同,特别是来自于同伴的认同。此外,还要注意引导学生传递评价的善意,在学习中感受人文之美。

(本篇作者:赵友平)

16. 英语教学中"激励指正交互评价"探究

在英语教学实践中,激励性评价备受青睐,走进课堂,"你真棒!""你真聪明!""你的回答太精彩了!"等等诸如此类的激励性评价语言比比皆是,并且似乎往往能收到即时的良好效果。但是在更多的英语教学实践中却常常会遇到这样的问题:如果教师在英语教学评价中只是简单地肯定、表扬,长此以往,不但不会刺激学生们持久的英语学习的欲望,让他们产生新的学习兴奋点,反而容易使学生感到疲沓,养成只听得进表扬、见不得批评的坏习惯。

比如在一节七年级英语听说课的展示课上,预备铃响过,执教的英语老师向各位前来听课的老师一一介绍了班里的同学,尤其重点表扬了几位平时坚持认真听读课文录音且成效显著的同学,每位被表扬的同学脸上都洋溢着开心的笑容。课堂上,老师请同学们认真听录音并努力模仿课文对话,尽量模仿得语音语调完美,大家热情很高,积极发言,之前被表扬到的同学更是摩拳擦掌、跃跃欲试,之后老师评价"你真行!""你真棒!"的话语不绝于耳。其中有一位小 A 同学,之前被介绍时就被执教英语老师极为推崇,模仿朗读时更是被老师大力夸赞,头昂得高高的,很是得意。接下来的环节是学生互评,有位同学说小 A 同学读的声音很轻、语速较慢……没想到的是小 A 同学听到这话,立刻就承受不了了,本来高昂的头一下子就耷拉了下来,而且接下来的大半节课小 A 同学一直都闷闷不乐地低着头,再也没有回答过一次问题……

由此可见,如何在英语教学实践中实施一种较为恰切的既能激励学生又能让学生有持久的学习积极性的评价方式十分重要,而"激励指正交互评价"正是基于这种理念而形成的一种较为科学合理的过程性评价方式。

一、"激励指正交互评价"的基本认识

1. 什么是"激励指正交互评价"

"激励指正交互评价"是指以现代教育理念为评价基础,更加关注学生的发展目标和发展潜力,寻求学生在英语学习过程中的持续发展的关键因素和最佳策略的一种更

加科学合理的评价方式；是在充分把握学生心理、维护学生自尊的基础上，重视发展学生个性特点，以信任、激励、指正、期待的语言或者行动对学生进行评价的过程。激励指正交互评价不是空洞地指出学生的"好"与"不足"，而是应该非常具体地说出学生"好"在哪里，"不足"在何处，而且在指出学生的不足的同时注意保护学生的学习积极性。"激励指正交互评价"强调的是在激励的同时不忘记保护学生持久的学习积极性，适时地指出学生的不足之处；追问、纠正学生的欠缺之处时更不忘记进行及时的激励与肯定，以最大限度地保护学生学习的热情。它是一种激励与指正评价之间彼此水乳交融、互相补充、共同发挥作用，并且能够达到 1＋1＞2 效果的更加科学、更加合理的一种过程性评价方式。

2. "激励指正交互评价"的目的何在

由于英语不是中国绝大多数学生的母语，在英语教学中学生对英语的学习积极性存在很大的差异，因此在英语教学中如何最大限度地保护好学生的学习积极性就至关重要。英语教学评价就必须解决好赏识与否定的问题，也就是激励性评价与指正性评价的问题。要正确运用好"激励性评价"，就必须兼容必要的"批评"、"指正"。学生回答问题观点有偏差，教师在给予及时的指正的同时，要指出学生的精彩之处，学生才可以有认识的提高；学生的思考是可以的、有深度的，教师给予表扬的同时，还要指出其思考尚有欠缺之处，学生才可以有更加深入的思考。激励的同时加以指正，不仅可以让学生获得认可、心动，同时也可以让学生获得尊重、自信。激励与指正，如果能够完美地在英语教学中"交互"使用，就可成为英语教学评价中的"灵丹妙药"，更会不断刺激学生们持久的学习欲望，让他们产生新的学习兴奋点，逐渐具有良好的英语学习能力。所以在英语教学中实施"激励指正交互评价"的最终目的就是让学生有长久的学习积极性，并最终具有一种良好的英语学习能力。

二、"激励指正交互评价"的实践运用

马斯洛的需要层次理论告诉我们，每个人都有实现自身价值、获得较高评价的需要。英语教学评价的目的之一就是要帮助学生激发英语学习的潜能，实现更高层次的英语学习的需要。那么在具体的英语教学实践中应该如何运用"激励指正交互评

价"呢?

1. 运用"激励指正交互评价"要以真诚为基础

心理学的研究表明,积极情感的产生虽然与生理上的激活状态紧密联系,但必须通过人的认识的升华活动的折射才能产生,因此,英语教师在教学中运用"激励指正交互评价"时,一定要以真挚的情感、诚恳的态度,用饱含爱的语言、行动,善于发现、捕捉、宣扬学生在英语学习中的"闪光点",给予真诚的"激励指正交互评价"。

初中阶段的学生能够对老师的评价做出初步的判断,同时又非常关注老师、同伴对自己的评价。因此,在英语教学实践中,只有老师的真诚评价才能使学生感受到情感的真切,感受到指正中的期望。老师如果失去了以真诚做基础的评价,学生就会认为老师的评价只是流于形式。

2. "激励指正交互评价"要以成功为导向

学生的英语学习潜能、长久的学习积极性需要成功激励。在英语教学过程中,教师要让学生从学习中体验到成功,并引导学生将这种成功感转化为新的学习动机,从而形成良性循环。

衡量学生在英语学习过程中是否成功的要素主要有:学生对英语学习是否感兴趣、学生在英语学习过程中是否有自信、学生在英语学习的过程中是否有反思及自纠的能力等。

运用"激励指正交互评价"的重点在于如何抓好契机,在学生最需要的时候去激励或指正。这种适时适度的激励指正,学生不仅能学得专注,而且也能在参与中激发学生的英语学习兴趣;教师则要尽可能地以欣赏与注意的态度对待学生在英语学习中的闪光点及不足之处;进行因材施教,以帮助学生建立健康自信的学习心理,并最终提升学生在英语学习中的反思与自纠能力。

可见,"激励指正交互评价"的行为本身有利于学生的进步、成功,评价中激励功能的发挥有助于学生树立自信心,调动学生学习英语的兴趣,指正功能的发挥有助于学生反思与自纠,而激励指正交互功能的发挥则有助于学生在充满自信的英语学习中学会反思,在反思中学会自纠,从而达到"激励指正交互评价"的目的:帮助并促使学生成功。

3. "激励指正交互评价"要以分层为区分

由于不同学生有不同的学习、生活背景和不同的社会文化氛围,导致每个学生在英语学习方面都具有不同于他人的学习个性特点与行为方式,都有得到老师关爱和呵护的期盼,因此教师要力求在保护不同学生的英语求知欲的基础上,依据学生的不同特点,在对学生英语学习过程及其发展变化有深刻认识的基础上,提出适合其发展的有针对性的英语学习建议,对其实施个性化的分层次的评价方式,也就是对不同英语学习层次的学生激励与指正评价的力度或者说是评价的比重要有所侧重。

有些同学英语学习基础薄、记忆力差,尽管这样仍能努力不放弃学习英语,对这样的同学在运用"激励指正交互评价"的时候激励的比重多一些,尽力寻找其闪光点,适时肯定他们的点滴进步,当然在调动他们学习英语积极性的同时,也不忘适时地指出他们在英语学习中尚需努力的方向,但指正的比重应该远远小于激励的比重。让这些学生既能看到前进的动力,又能不盲目,知道自己在英语学习方面仍有太多方面需要努力。

有些同学具有学习英语的资质与潜力,但因努力不够或学习方法不当等原因导致英语成绩不上不下;英语学习的能力薄弱,英语成绩也是中等,对这种状况的同学,教学中就要注意既要保护他们学习英语的积极性,又要明确指出其不足之处,更要指明其努力的方向,在实施"激励指正交互评价"时激励和指正的比重必须遵循二者相对均衡的原则,这样才能促使他们更加积极向上,在英语学习能力上有较大的提升,达到"激励指正交互评价"的目的。

还有些同学对英语学习非常感兴趣,记忆力较强,基础较好,而且在各种考试竞赛中总是名列前茅,对于这一类的英语优秀生,在运用"激励指正交互评价"时,指正的比重就应该远远大于激励的比重,让他们既要看到自己的优势,更要明白"人外有人,天外有天"的道理,可以多使用富有挑战性的语言指出其不足,坚持高标准,严要求,当然也需要适当的激励,以免挫伤此类学生的积极性,促使他们更加严谨、谦虚,不断超越自我。

总之,这种因人施教型的"激励指正交互评价",能针对不同层次的学生,适时地做出调整,不仅能激励不同层次的学生积极参与到英语学习活动中去,更重要的是能让所有的学生都能对英语学习感兴趣、有自信、能反思、能自纠。学生具有了这样的英语学习能力,就能既获得英语学习成功的体验,找到英语学习的动力,又能看到自己在英语学习中的不足,明确进一步努力的方向。

(本篇作者:李　玲)

第二章

教学研究

第一节 教学策略研究

1. 课本剧编演助力初中英语教学的实践研究

这是一节七年级的英语教学公开课,教授的课文是一则寓言故事——"蚂蚁和蚱蜢",课堂上老师把同学们分组,请同学把课文改编成课本剧并表演出来。让授课老师没想到的是平时基础差、对英语学习不太感兴趣、上课从不参与的小马和小俞等同学却十分起劲、非常投入地参与表演,并且自那节课以后,不但他们似乎对英语不排斥、感兴趣了,而且班级同学学习英语的氛围也浓厚了许多。这样的变化给了英语老师很大的启示:今后的英语教学中是否可以借助"课本剧编演"来调动同学们学习英语的积极性,从而提高英语教学的质量呢?

一、编演英语课本剧的重要依据

1. 理论依据

《上海市中学英语课程标准》明确指出,基础教育阶段英语教学的首要任务是:激发和培养学生学习英语的兴趣,使学生树立自信心,发展学生自主学习的能力和合作精神。英语教学要"面向全体学生,突出学生主体,采用活动途径,倡导体验参与"。传统的英语教学强调知识的讲授,学困生容易掉队。这就要求我们英语老师从转变传统教学观念的角度来思考英语教学,以帮助学生更好地学好英语。"课本剧编演"这种教学形式,具有启发性、引导性、趣味性等特点,对于激发学生的英语学习兴趣和提升英语学习成效都有着极其重要的意义。

2. 学情依据

初中阶段的学生有着活泼好动、表现欲极强的性格特征，恰好沪教版牛津英语的教材里有不少故事性很强的课文，学生们不仅被故事情节所吸引，更对故事中的人物性格特征有着自己的理解。"课本剧编演"能为同学们提供一个很好的英语展示平台，把人物和剧情充分演绎出来。"课本剧编演"还能让所有孩子都有英语口头表达和展示自我的机会，同时也能增强学生的合作意识，深受学生们喜爱。

为此英语老师将"课本剧编演"作为助力初中英语教学的重要手段是非常有必要也是非常可行的。那么，编演英语课本剧都有哪些具体要求呢？

二、编演英语课本剧的设计原则

1. 趣味性原则：生动激趣，寓教于乐

"兴趣是创造一个欢乐的、光明的教学环境的重要途径之一。"初中阶段英语课程的目的之一就是激发学生的学习英语的兴趣。因此，教师在设计"课本剧编演"时应充分考虑所在班级的学生的年龄特点，摆脱单调乏味的重复表演，以生动有趣的表演形式让学生体验到学习英语的快乐，激发出他们学习英语的热情。

2. 目标性原则：精准定位，紧扣教材

编演课本剧不仅是为了巩固课堂教学中的重点内容而设计的教学活动，更是进行对所学英语课文强化理解与强化记忆的一个教学反馈过程。课本剧的编演是课堂的延伸，但在教学效果中的重要性和课堂教学不相上下。这就要求课本剧的编演设计要依据学情和教材，围绕教学要求，结合教学重难点，有针对性、指向性地详细制定好所要编演的课文的基本教学目标，再具体地制定每堂课的教学目标，从而为教学总目标服务。

3. 层次性原则：因材施教，合理分层

由于学生存在着智力水平、认知结构和学习动机、心理、个性等差异，因此，老师可以按照学生的英语学习基础和接受能力将这项教学活动分为难度不同的层次，以适应每个层次学生的能力与需求。如基础好、能力强、悟性高的学生就可以着重综合知识运用的表演部分；中等的学生则关注教材中重点知识的表演部分，培养英语基本语言点的运用能力；基础差、能力欠缺的学生则侧重于模仿别人的表演及简单句型等的操练。这种"自主选择"的做法更有利于从学生实际出发，建立多层次的弹性表演机制，让学生依据自己的实际情况对表演任务进行选择，能让不同层次不同水平的学生各尽所能，各得其所。

4. 多样性原则：形式多样，百花齐放

初中生的年龄特点和学习规律性注定了他们的关注力和注意力是有时效性的，同一类型的课本剧表演反复做，他们就会渐渐失去耐心和兴趣，喜新厌旧，敷衍了事。编演的任务要多角度：听、说、读、写、唱、演等形式全覆盖；多样式：句型、对话、短文、歌曲等为载体呈现；多形式：整篇课文的、片段的、平时课堂的、邀请家长的、邀请本年级老师的等多种表演形式交替共存。多样性的课本剧表演类型能激发学生的学习兴趣，始终让学生保持对英语学习的新鲜感，从而提高其完成课本剧编演的积极性和英语学习的自觉性，从而呈现出精彩的教学效果。

三、编演英语课本剧的操作方法

指导学生完成课本剧的编演，要按一定的规范操作。编演程序一般可分为导、选、读、编、演、评六步。

1. 导

学生对编演课本剧虽有兴趣，但编演难度大，要求高，很多学生会产生畏难情绪。如何克服这种畏难情绪，首先应让学生对整个编演过程的难点有充分的思想准备，其次需引导学生观摩优秀英语课本剧表演的作品，简单分析其成功之处，以激起学生对编演英语课本剧的兴趣，更好地进入编演活动。

2. 选

选的过程应让学生充分讨论后决定选用的篇目，使学生充分参与，以调动其积极性。所选课文一般为较生动的故事性强的，要求矛盾冲突激烈，情节性较强，人物性格鲜明。选用的课文篇幅如太长，也可选取其中一个段落，因为学生英语实践水平较为有限，目标不能定得太高。

3. 读

要改编课文，就需要具备文化背景知识及对课文的深入理解，这时需引导学生读。

一是读简易英文名剧,了解戏剧表演的模式。要求学生认真阅读剧本,使自己具备编演的知识基础和能力。二是读所要改编的课文,要读背景、读语言、读主题、读内容。人物性格的内涵与特定的历史背景相联系,是为表现作品的主题服务的,所以,学生对文中人物性格要读清楚,更要读清楚产生其性格的社会背景,读清楚作者塑造此形象的用心。

4. 编

在学生编写课本剧时,普遍存在着一个缺点,即照抄课本里的人物对话,抄完了,戏里的人物就无话可说了,舞台说明也照抄课本里的叙述语句,缺乏简明生动的表达。老师应让学生明确:一是改编时可适当增删,无论是人物对话或是舞台说明,都是为主题服务的,删减或增添,既要适合于剧情发展及人物性格的需要,又要适合舞台演出。二是对课文里一些能突出人物性格的对话及有关动作要在所编写的剧本里体现,注意突出其作用。

5. 演

首先,舞台布置及道具应从简,不能人为地造成演出的难度。如 Christmas Day 里的圣诞树可用桌椅代替,圣诞礼物可用铅笔盒及书包代替。其次,人物对话的表演是重点,应掌握好语调、速度、节奏及停顿,最大程度地为突出人物性格、推动情节发展服务。第三,分小组表演,使人人参与,人人得到实践的机会,要安排汇演或竞赛,选表演较出色的学生在全班面前交流表演,注意全体学生英语素质的提高。

6. 评

在表演后,组织学生自评、互评讨论,也可以请家长代表观摩课堂并做出评价,英语老师最后点评。首先评编演,可以评论编演的水平及得失,重点是指出创新和成功之处,同时提出今后努力的方向。其次评对课文的理解程度。编演后大部分学生对原课文的理解已提高,此时,可提出几个高要求的问题让学生讨论,实现英语所学知识水平的新的飞跃。再次评小组合作,"课本剧编演"的最重要目的是为了促进全体同学英语的学习,小组合作编演配合的默契与否,不同层次的学生的参与度、所学知识的收获度,都是评价的重要要素。

四、编演英语课本剧的效能作用

1. 创设英语学习环境,激发学生兴趣

学生才是英语课堂的主角,把英语教学与英语"课本剧编演"相结合,能够创造出轻松愉悦的英语学习气氛,生动直观的语言情境。学生在编演课本剧的过程中,全程主动参与,多感官齐上阵,英语学习兴趣被极大地调动起来,同时也能把英语学习最大限度地生活化,从而自然而然地理解并学会运用英语教材内容。

2. 巩固英语基础知识,用活所学语言

传统的英语课堂教学,教师讲解课文多,学生阅读背诵多,语言知识很难得到有效的巩固。而通过编演课本剧,能让学生在主动状态下再次对课文内容认知内化并加深理解,强化巩固目标语言及关键句型结构,可以让学生在编演过程中活学活用所学语言知识。

3. 培养学生合作能力,发挥各自所长

编演课本剧在组织形式上的一个突出特点便是以小组为单位。学生从改编剧本、敲定角色,到制作道具,都需要小组全体成员的相互交流与合作。在这一过程中,教师还要引导各小组成员实现"以强带中,以中带弱"的目的。如此,他们在合作编演的过程中,互帮互学,取长补短,共同进步,不仅体验了团队成就感,而且实现了小小的自身价值,增进了彼此之间的交流。

4. 了解中英文化差异,提高交际能力

语言和文化密不可分,语言是文化的载体。学习一门外语的过程,也就是了解该国文化背景的过程。相应的对于某国文化背景的了解程度,也直接影响着学生对该国语言的理解和掌握程度。编演时,学生在真实的交际情景中,例如称谓、问候、打招呼、感谢、邀请、致歉等,便可切身体会到中西方文化的差异。

作为一种辅助教学的手段,编演课本剧的活动有其独特的价值。学生编演课本剧难度虽然较大,但作为一种实践锻炼方式,学生极感兴趣,对提高学生英语素质的效果也较显著。但在教学实践中需注意两点:一是循序渐进,对学生的编演要求起点要低,以保护学生参与活动的积极性;二是编演课本剧的活动仍要以语言学习为主要目标,不可偏离方向,喧宾夺主。

总之，英语"课本剧编演"是立足英语教材、以英语老师为主导、以学生为主体、结合课内与课外、集"教、学、演"为一体的一种教学活动。实践证明，将课本剧的编演作为英语教学活动是英语学习的良好形式之一，它对培养学生的综合素质、实践能力、创新精神和审美情趣都有着积极意义，它对初中学生在缺乏语言环境下提高"听说读写"等能力有着不可估量的作用。

（本篇作者：李　玲）

2. 面对令人犯难的综合题，我们只能束手无策吗？
——谈数学综合题教学指导的思考

中考数学综合题一般是指一套试卷的最后两道大题，由于涉及知识点多、综合性强，它们在考试中能够拉开学生之间的差距，也是培养学生数学思维的重要途径。可对学生来说数学本身就是个难题，提到数学综合题就更是难上加难了，在第一次批改学生综合题时，我仿佛已经从他们的作业中感受到一种莫名的恐惧。有的一片空白，有的只写了第一部分，有的甚至还和我打招呼说他做不下去了，面对这种状况，我只能先压抑着我心中的怒火。为此，趁着下课间隙，我找了几个学生了解情况。

我先找了一个程度较差的学生小A问道："为什么昨天这道综合题你空着不做？没时间吗？"

小A回答："老师，我昨天一看作业是一道综合题，我就懵了，题目那么长，我肯定做不来。我数学一直不及格，综合题不适合我。"

虽然听着心里不免来气，但他也说了句大实话，在很多学生眼里，综合题好像只是"学霸"们的事，与自己没关系。

我又找了班里一个聪明的男孩小B问道："为什么昨天综合题卷上写：我放弃了？数学难道不是你的强项吗？"

小B回答："老师，昨天这题前两部分我一下子就做出来了，但第三部分那个方程实在是太复杂了，你看根号那么长，我实在不想算。"

最后，我找了一个程度较好的女生小C问道："你昨天作业综合题怎么只做了第一部分？后面为什么不好好思考？"

小C回答:"老师,其实第二部分我做了很长时间,你看我还用铅笔在旁边列了好多式子,但怎么也找不到等量关系。其实我假期在家做综合题时也碰到这个问题,有的时候能想出来,但有的时候就像这道题一样算了一堆都没用,我也不知道为什么……"看得出这个女生已经尽了她最大的努力。

面对来自不同层次学生真实的回答,我陷入了沉思,为什么学生遇到数学综合题总是有畏难情绪,不愿意好好去研究就轻言放弃了呢?

细细分析,尽管学生的回答各有不同,但他们产生畏难情绪的原因主要有以下几点。

一、综合题"难",难在题目本身

初中数学《课标》中提到:要让学生运用数学的思维方式进行思考,增强发现和提出问题的能力、分析和解决问题的能力。其中,数学综合题就是培养学生数学思维和综合能力的重要载体和途径。它涉及的知识点多、条件隐蔽、方法灵活,渗透了很多重要的数学思想方法,对学生的思维方式和分析问题、解决问题的能力提出了很高的要求。对于这些综合题的特点,学生往往不能抓住问题的本质,从而难以寻找到合理的突破口。

二、综合题"难",难在学生心理

数学对于孩子来说太过于抽象,常常会使得他们从小就对数学就产生畏惧感,当这些孩子面对数学综合题时,他们的心理状态就是:我数学那么差,肯定做不出来,有时候连题目都不看,就直接放弃;有些聪明的孩子往往反应比别人快,但他们普遍对于复杂的计算缺乏耐心和毅力;还有些学生平时学习认真刻苦,不断刷题,但他们不懂得及时总结和积累解题经验,导致他们很多时候不能找到正确的解题路径,在无数次碰壁后,也就失去了钻研综合题的信心,逐渐在心理上出现了畏难情绪。

三、综合题"难",难在教师认识

面对数学综合题,其实不只是学生,就连老师有时都不太重视。由于综合题解法多样,讲评起来费时费力,有时一节课连一道题都讲不完。讲评后可能只有几个学生能跟得上节奏,很多老师都觉得"性价比"不高,所以就经常会听到这样类似于间接让学生"放弃"的话出现:"你们有时间还是把前面的填空选择多练练,前面基础错一道,后面的综合题就白做了。"有时学生课外钻研综合题来问老师时,老师也可能会因为各种原因没时间、没精力去指导。

那么,教师在平日的教学过程中该如何化解学生面对数学综合题的畏难情绪,又该如何有效指导学生进行数学综合题的学习和高阶思维的培养呢?为此,我从以下三个方面进行了实践和探索。

一、分析结构,将综合题化难为"易"

数学综合题虽然涉及的知识点多,对学生的思维要求较高,但它包括很多单一的知识点。只要我们能够充分剖析它,将综合题"大题小做"、"难题易做",还是有机可寻的。

策略一:"分题得分"。数学综合题从题型上设计,一般分为三个部分,第一部分属于基础,难度较小;第二部分一般是中等难度,主要考查解题方法的熟练程度;第三部分是其中难度最大的,当你做不出时,可以抓住综合题三个部分之间的联系说不定能够帮助你突破重围。

策略二:"分段得分"。一道综合题做不出来,不等于一点不懂,一点不会,要将片段的思路转化为得分点,也就是将自己理解和掌握的内容尽可能地表达出来,最大限度地发挥自己的水平。

二、调整心态,将综合题化难为"毅"

数学综合题的研究对学生的学习意志是种极大的考验,所以,老师除了帮助学生掌握数学基础知识和提高思维能力外,还需要培养学生坚韧不拔的意志品质。

策略一:"体验成功",排除心理障碍,重拾解题自信心。

在学习数学综合题时,让学生经历从什么都不会到做对题目中第一部分,欣喜地说出"原来我也能做综合题"这样的感叹;给予学生充分展示自己不同解题思路的平台,在讨论的过程中擦出思维的火花;对于解题过程完整、答案正确的同学更是献上全班的赞美和掌声。让学生们充分感受数学综合题的魅力,看到自己在学习过程中的努力和进步,体验成功后的喜悦,让自己越来越有自信。

策略二:"鲶鱼效应",创建合作学习氛围,提升学习意志力。

初中生的心智仍处在逐渐健全的阶段,在数学学习的过程中容易产生认知冲突,这种冲突能使学生产生探索问题的内在需求,这时,我们就可以适时引入"鲶鱼效应",来激活学生数学学习的积极性。所以在数学综合题学习时,我们可以以合作小组为载体,让小组里个别思维活跃的学生发挥他们的优势和热情,带领小组同伴共同研究,而教师则是进一步去激发他们求知和探究的欲望,提升学习数学综合题的意志力。

三、方法指导,将综合题化难为"夷"

面对数学综合题,教师要结合学生学情和综合题特点递进式地引领学生不断攻克难关,排除、扫平综合题的障碍和难点。

面对动点问题的综合题,我们教师一般将它分为审图、画图、解图三个步骤,逐层递进引领学生。下面,以《几何背景下的动点问题》教学实例为例,谈谈教师该如何对此类几何综合题进行剖析,将其化难为"夷"。

例:如图,Rt$\triangle ABC$中,$\angle C=90°$,$\angle A=30°$,$BC=2$,CD是斜边AB上的高.点E为边AC上一动点(点E不与点A、C重合),联结DE,作$CF \perp DE$,CF与边AB、线段DE分别交于点F、G.

(1) 求线段CD、AD的长;

(2) 设$CE=x$,$DF=y$,求y关于x的函数解析式,并写出它的定义域;

(3) 联结EF,当$\triangle EFG$与$\triangle CDG$相似时,求线段CE的长.

1. 审图策略

我们拿到一道几何综合题时,首先要做的一项基础工作就是分清图形中哪些部分是静态的,哪些部分是运动变化的,走好审题审图是战胜综合题的第一步。

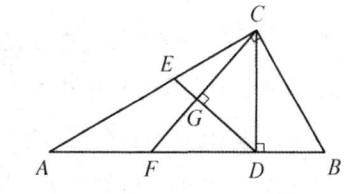

(1) 静态分析,有效的图示

以这道题为例,Rt△ABC 中有三个元素确定,那么△ABC 就是个全定的直角三角形,其他的三个元素也全部可解。又已知 $CD \perp AB$,此时出现了一个基本图形结构"母子 Rt△",我们又可以解得△ACD 和△BCD 中的各元素。我们可以将这些静态部分所得到的结论及时地标注在图中,使它们更加直观化、可视化,不容易被遗漏。

(2) 动态分析,圈划关键词

以这道题为例,题干给出"点 E 是边 AC 上一动点(点 E 不与点 A、C 重合)",这时我们可以习惯性地圈划出"边""不与点 A、C 重合"这些关键词。题目又已知"$CF \perp DE$,CF 与边 AB、线段 DE 分别交于点 F、G",这就告诉我们点 F、点 G 是随着点 E 变化而变化,并且都是交与"边"上。这些关键词可以初步确定动点的运动范围,为后续解题做好准备。

2. 画图策略

(1) 设想作图形成过程,重构图形

我们在实战解题时有可能会因为给出的图形太过复杂而遗漏了重要信息和隐含条件,这时我们可以采用设想作图过程,重构图形,理解静态背景的确定性,这会帮助我们梳理清已知条件和隐含信息,为我们的解题打下良好的基础。

(2) 根据动点边界位置,化动为静

以这道题为例,根据审题策略对动点的分析,我们就会发现当点 E 向点 C 运动时,点 F 随之向点 A 运动,当点 F 运动到 BA 延长线上时不满足题目限定要求,此时点 F 的位置就反过来影响了点 E 的位置变化范围。由此我们可以画出点 E 和点 F 在这种特殊边界位置时的图形,即当点 F 与点 A 重合时,$DE \perp AC$。这样我们就将动点问题转化为静态问题,这也为题目中第二部分函数定义域的确定埋下了伏笔。

3. 解图策略

(1) 寻找复杂图形中的基本图形

我们在实战解题时受阻的原因有时往往是因为漏看了某些基本图形,或者是没有发现图形中存在的某些特性,但一旦发现,题目就显得比较简单了。

以这道题为例,在题目中的第二部分就用到了两对"母子 Rt△",通过对基本图形的分析,我们很容易找到两对相等的角,从而为我们找到建立变量之间函数关系的那对相似三角形,指明了方向。又比如:在题目第三部分的分析中,如果能发现 CF 是线段 ED 的垂直平分线,那就可以利用轴对称性快速地求出 x 的值。

(2) 建立已知与未知之间的桥梁

以这道题为例,题目中的第二部分求线段之间的函数关系式,通过分析发现变量 x、y 分布在不同的三角形中,所以我们尝试找到变量所在的两个相似三角形来求解。如果当我们寻找相似三角形碰到困难时,可采用"地毯式"搜索的方法,凡是有边能用 x、y 表示的三角形均一一列出,然后通过对图形形状的观察,逐一排除,寻找其中有用的相似三角形。如含有 x 的三角形有:△CEG、△CED、△AED,含 y 的三角形有:△FDG、△FCD、△FBC、△AFC,再结合图中相等的角就会比较容易找到建立函数关系的那对相似三角形了。

在综合题的教学过程中,让我们进一步地认识到"世上无难事,只怕有心人",树立学生攻克难关的信心是前提,教师培养学生的解题能力是关键。只要我们遵循教学的规律,学生也一定会提升他们的学力。

(本篇作者:沈文馨)

3. 历史学科"以图证史"的教学探索

二期课改的历史学科新教材令我们历史教师感觉到最明显的变化就是新教材中出现了丰富多彩的图像史料。这些图像史料不仅有历史地图、古迹遗址、绘画图片、摄影作品等常规样式,而且还出现了漫画和书法等别样形式。图像史料不仅从原来的一个配角,上升为当今的一个主角,而且也成了我们在历史教学中体现历史细节、还原历史真相的至关重要的教学资源。因此,我们历史学科组,在酌情考量学生的认知水平和能力现状的前提下,进行了"以图证史"的作用与运用的探索,以使我们的历史学科的教学更具魅力、更有实效。

一、"以图证史"的诠释

"以图证史"通常是指在正常的教学过程中采用图像、图画、图表等手段对所涉的历史进行梳理、证实或证伪的过程。"以图证史"具有直观、可信度高的特点,因此在教学过程中有至关重要的佐证作用。

"以图证史"主要分为如下几类:图片,是后人根据史实重构历史还原图或梳理历史脉络图,使之趋向直观;图画,主要通过当年的书画作者笔触来反映当时的社会现状,使之呼之欲出;照片,通过摄影记录对历史进行描述与认证,使之清晰可辨。

二、"以图证史"的运用

由于历史知识贯通古今,包罗万象,时空转换,内容丰富。因此,在历史学科"以图证史"的过程中,更要注重科学性、形象性、清晰性和启发性的灵活运用,唯有如此,方能驾驭历史学科这一"深水大舟"。

我们历史学科的教师在唯物史观的统领下,秉持历史教学"以图证史"必须真实的宗旨,努力开发学生的最近发展区,引领学生学会运用已知方法来发现图像中隐含的历史信息,然后尝试通过"史由证来、史论结合"的方法来"以图证史"。

1. "以图证史"的科学性

"以图证史"的科学性,是指运用科学思想与手段来考证历史遗迹的方法。通过描述考古学家运用碳14科学测定法证实旧石器时代阿尔塔米拉洞穴壁画,成功破解了笼罩在阿尔塔米拉洞穴壁画头上的谜团,并使之真相大白的案例。由此举一反三引领学生崇尚科学精神,信服科学论断,从而使学生真实地领略"以图证史"的科学性。

2. "以图证史"的形象性

"以图证史"的形象性,是指运用具有直观性的叙事状物方法来反映事物的具体形象。历史漫画往往图像简约、形象夸张、暗喻不彰。例如:一幅深受重压的法国农民漫画的呈现,给学生识图、解读、"以图证史"带来不少疑难、困惑。为了帮助学生释疑解惑,顺利"以图证史",要求学生在夸张的形象中厘清主次、明析图意。从而,使学生清晰地理解"以图证史"的形象性。

3. "以图证史"的清晰性

"以图证史"的清晰性,是指运用由此及彼、由表及里的方法来清楚地还原历史的真相。波谲云诡、扑朔迷离往往是历史事件的常态,引领学生学会用去粗取精、去伪存真的方式理顺脉络、澄清史实。对波士顿青年伪装印第安人登上英国船倾倒茶叶,试图嫁祸于人的险恶用心予以清晰地揭露。从而,使学生真实地明了"以图证史"的清晰性。

4. "以图证史"的启发性

"以图证史"的启发性,是指运用以点带面、点面结合的方法来了解和领悟历史发展的真谛。面对博大精深的历史长河,启发学生运用所学知识和方法来透过表象看本质发现图中隐含的历史信息。例如:论证古印度佛陀像的造型源自亚历山大东征后,在古印度留下的古希腊雕刻艺术遗存——犍陀罗佛教艺术。因此,佛陀像呈现通肩式披衣,衣服的褶纹和强化立体感,就是浸润着古希腊雕刻艺术基因的明证,从而使学生由衷地感知"以图证史"的启发性。

三、"以图证史"的作用

1. "以图证史"可以激发学生学习兴趣

通过"以图证史"可以营造穿越时空,身临其境的真实感受和浓郁的历史气息,用来激发学生盎然的学习兴趣,呈现事半功倍的教学效果。例如:在讲授《商周文化的瑰宝》这一课时,为了阐明我国在商周时期不仅青铜文化处于鼎盛阶段,而且青铜工艺亦领先于世的史实,单靠口说难以服众。因此通过"以图证史":让动态的后母戊方鼎视频说话,让静态的各类青铜器图片登场亮相,不料学生被这些动态的视频和静态的图像所感染,课堂氛围一下子活跃了起来,连平时沉默寡言的学生也积极地参与了课堂讨论。通过教师层层启发,热情引导,使学生在轻松、快乐的学习氛围中了解和分析了商周时期青铜器的种类和用途,逐步认识了商周时期青铜文明高度发达的渊源,深切感受到了中华民族源远流长的创造力。

2."以图证史"可以帮助学生释疑解难

教学重点、难点一直是横亘在我们师生面前的跨越物。如何去突出重点、突破难点,是衡量我们教师教学思路正确、教学手段高明的重要尺度。而采用"以图证史"的方法可以将依稀可辨的历史场景具体化、直观化,并通过"历史的细节"来帮助学生理解重点、突破难点。例如:在上《和平外交》这一课时,为了讲清中国重返联合国这个教学重点,老师以照片《乔的笑》以及相关的视频等材料来"以图证史",让学生从中获取中国重返联合国的艰辛与重返联合国的胜利等有效信息,感知新中国和平外交政策的可行性和有效性。此外,通过介绍美国国务卿杜勒斯拒绝与周恩来总理握手和美国总统尼克松主动与周恩来总理握手的两张截然不同的照片,让学生在观察照片的基础上,尝试分析其中深层次的原因,并以此来突破中美关系缓和这一教学难点。

3."以图证史"可以培养学生探究能力

教会学生如何观察、解读历史图片是"以图证史"过程中不可或缺的重要环节。教师通过引导学生观察"图片中有什么?",分析"图片说明了什么?"。从表象信息入手,将图片上的表象信息与所学的历史知识相结合,挖掘和释读图片中所隐含的历史信息。例如:七年级第一学期《商业的繁荣与城市生活》,全课主要围绕宋代画家张择端的作品《清明上河图》来展开,借助多媒体技术将《清明上河图》的瑰丽长卷局部放大,引领学生在解读细节的过程中,寻找北宋市民的衣、食、住、行特点的基础上,进行师生互动和生生互动。从而使学生进一步了解北宋城市的特点:宏大的城市规模,丰富的贸易形式,多样的运输工具,合一的坊市格局等。进而强化学生对宋代城市繁荣景象的整体性认识。

4."以图证史"可以升华学生历史情感

图像史料容易引起学生的情感共鸣,对学生有较大的吸引力。在课堂上运用"以图证史"的方法,有利于陶冶学生道德情操,健全学生人格,培养他们高度的社会责任意识和炽热的爱国主义情怀。如:在讲解"九一八"事变时,通过播放影视歌曲《松花江上》,让学生从动态的画面中感受歌曲震人心魄的内涵,真切体会东北沦陷后,东北人民被迫流离失所、流浪关内的悲惨境地,进而引发学生"对日寇的憎恨、对同胞的恻隐"的情感共鸣。

四、"以图证史"的误区

1. 紧扣主题,切忌杂乱无章

在选择图像的时候,应该注意这是对教学资源的开发和挖掘,而不是单纯地堆砌资料,大量灌输信息,搭花架子图热闹而已。应紧紧围绕课程主旨,选择从不同侧面反映历史事件的图像资料,如能形成系列更佳,因为系列图像所提供的证词比单个图像更加可信,信息更为丰富全面,有利于引发学生的思考。

2. 辨别考证,切忌盲目采信

直观的图像并不比文字史料更具有真实性,图像本身就是观念史。在图像中,即使是写实主义的画像,其中也有着作者的观点,特别是影视。所以应结合时代历史背景用类似"侦探"似的考证方法展开对图像、影视等图像史料的考察,要考虑到图像的形成时间、作者的立场、图像的用途、图像的品质等各方面问题,合理引用和解读,避免歪曲与误读。

总之,"以图证史"给历史课堂带来生机和活力,为历史课堂注入"求真"的新鲜血液,有效地激发了学生学习历史的兴趣;培养了学生探究历史的能力:提升了学生学习历史的情感。随着"以图证史"的教学实践活动的不断深入,学生在"学有所得、学有所值,学有所悟"教学氛围中,主动参与越来越多,认知范围不断扩大,学习品质逐步提高,知识储能日趋丰厚,呈现了令人欣喜的教学成效。

(本篇作者:朱 萍 王永庆)

4. 谈差异资源在合作小队中的开发和应用——以初中数学教学为例

刚刚送走一届学生,成绩还算喜人。带着这份喜悦,又接了新的班级。这个班第一次阶段测验差距之大,就令我吃惊:班级27人,8人不及格!但同时又有3个100分,2个99分!这种差异带来了什么问题呢?班级一盘散沙,学生的积极性不高,各自为政,成绩好的学生只顾自己,成绩差的学生干脆躺倒不干。课堂上,一个问题下去,往往学优生对答如流,学困生却不知所云;作业也一样,学优生都对,学困生几乎全错,每天课后的有限时间都用于订正了,而且订正还一错再错。这样的课堂教学怎样才能有效呢?面对这种困境,我们教师该怎么办?

再次分析试卷,这种分化的状况使我陷入了深深的思考。恰逢此时课代表来交作业,得意洋洋地对我说:"郭老师,张某某上课没听懂,不会用那个公式,下课问我,我把我的理解感受讲给他听,他很快就听懂了,高兴极啦,我也很开心,感觉自己也当了回小老师啦!"这给了我一个很大的启示:学优生、学困生这样大的差异能否转化为我们教学中的资源呢?为此,我进行了思考和探索。

一、差异资源的基本认识

在数学教学中我发现了班级学生差异如此之大,那么什么是差异呢?差异就是差别。因为学生的基础知识不同、认知结构不同、思维方式不同等等,这就使得他们存在着差别。有些学生接受能力快、肯动脑、爱动手,就可能成为学优生;有些学生接受缓慢、不会动脑、又不肯动手,就可能是学困生。

何谓差异资源?学生的差异就是一种资源。因为学生是各不相同、千差万别的,而这正好形成了丰富多彩的具有多样性、生动性、变化性的教学资源。多样性是指学生学习方法不一样、接受能力不一样、思考问题的角度不一样,因而使得学生的认知各不相同;生动性就是指这种资源是灵活多样的,是随着不同的时间、地点、场合而变化的;变化性是指这种资源是动态的,通过引导、讨论、点拨可以变为新的资源。

如果能把学优生、学困生的潜能开发出来,变为资源,说不定能为我们的教学带来很大一笔财富!

二、差异资源的开发与思考

差异资源能否应用于我们的数学教学中呢?我该怎样开发和应用这种差异资源呢?课代表的那段话,给了我两个很重要的信息:在同学交流中,学优生发挥了帮助同学的作用,学困生也有了敢提问题的勇气。如果我把班级这些学优生调动起来,让他们帮助学困生,是不是就能像张某某一样,公式会用了,问题解决了,成绩提高了?

差异成了活力,想想就很激动。如何开发学优生、学困生的资源,我的思考主要是:

1. 培养学优生的责任心,调动学困生的上进心

一人好,不是春,满园春色才是春。我们作为一个集体,只有大家好才是真的好!所以,改变班级整体状态,是每个人应尽的责任。而作为数学最优秀的领头羊们,除了发挥出他们自己的潜能,更应该使他们的优质资源效用最大化,辐射班级,为班级奉献自己的光和热。学困生真的不想上进吗?不是。有句格言说得好:没有不想成为好孩子的儿童。野百合也想有春天!学困生也想有好成绩,也想绽放自己,展示自己的美丽!教师要发掘学困生的这种上进心,挖掘他们的这种潜力!

2. 确立学优生的制高点,发挥学困生的闪光点

学优生有着共同的优点,那就是用心学习,全身心投入到学习中,在学习中爱动脑筋,爱想办法,以求找到最好的解决问题的方案。做题之后爱反思会总结是学优生优秀的根本原因。我们要确立学优生的这种制高点,让他们保持优秀。尽管每个孩子身上都可能有这样或那样的缺点,但同时,也要看到他们也存在着亮点,这就需要我们教师仔细观察,耐心教育,善于发现他们身上的闪光点,善于挖掘每个学生的潜能,从而更好地调动学困生的积极性。

三、差异资源的应用与实践

要开发和应用差异资源,我采用了小队合作的教学策略。现代教学理念下的合作学习主要分为两种:异质合作和同质合作。

(一) 合作小队的组建

为了更好地利用差异资源,我主要采用了异质合作,组建了极具特色的合作小队。在组建合作小队时,我仔细分析了学生的差异,根据学生的学习能力、学习成绩、发展目标将学生分为ABC三层,采用自愿组队和教师统筹调节的原则,进行了科学合理的分组,使小组成员层次尽量均衡。学生可以起有个性的小队名称,制定简单的小队规则。选出的6位A层次的学优生行动很迅速。很快,飞翔小队、彩虹小队、霹雳虎小队、三生三世小队、解忧小队、爬山虎小队按照这样的组建原则就成立了。

(二) 合作小队的运作

1. 激励小队积极参与

无论是学优生还是学困生，在合作小队中愿意为达到共同的学习目标而进行合作，教师就要充分利用这一点，鼓励小队成员间尽可能多地互相帮助、相互促进、加强合作，使有差异的学生得到启迪和提高，使小队真正发挥合作的作用，达到共同进步的目的。有时我会在班级展开公平公正的小队竞赛。因为是小队整体赛，所以学生们的积极性非常高。例如在进行"分式加减法"的教学时，我给小队5分钟时间讨论交流，然后由简到难出了5道题，当堂进行竞赛。当时给我的印象特别深。在小队交流中，有些小队在队长的带领下，总结计算容易错的地方，有些小队的成员在问队长问题，有些小队在队长带领下看例题以及习题的规范书写……整个课堂气氛热烈，我能明显感觉到大家都不甘落后，跃跃欲试，要为小队争光。那节课的课堂效率出奇地高，计算准确率也出奇地好。

2. 指导小队加强合作

在合作小队的活动中，往往还会出现参与性不强、学优生唱主场等问题。这就需要我们教师的引领和有效指导。

1) 明确小队长的队内职责

小队长的职责就是要以身作则，一旦无人发言，就要带领队员，打破冷场的僵局，带动出氛围。可以规定每人三言两语，发表自己的见解或者疑惑，也可以由学困生向队长提问等，活动形式不限。

2) 注意小队合作活动中的纠偏

有时候，小队讨论积极热烈，但还有可能偏离了主题，这时候，教师一定要及时把小队讨论引导回主题，防止和主题南辕北辙。

3) 强化小队合作中的互助氛围

有些A层学生往往讨论主题一出，就急于表达自己的观点，这样就有可能B层学生知道但没有机会说，C层学生甚至都还没懂就被告知答案，长此以往，合作讨论可能就变成了一言堂，使学困生产生了消极情绪。所以教师可采用梯田式引领，即引导A层学生适当让出话语权，对一些基础知识和基本解题方法，要先让C层学生发言，再由B层学生补充，最后由A层学生带动全队成员一起分析讨论。例如在进行"分数指数幂及其运算"的教学时,我给学生展示了错题集,要求他们以小队为单位,找出所有错误之处。对于浅显的错误,比如抄错、用错公式等原因,C层学生也能够找到,小队长们就尽可能让他们先发言,然后再由B层学生补充。对于一些深层次错误,就需要A层学生给队员们讲解,举例,一直到弄明白。不同层次的学生对计算的错误都有了比较深刻的理解,基本可以达到C层"吃得了",B层"吃得好",A层"吃得饱"。学生们都能自觉自愿地加入到合作小队中,提高了他们的自信和学习的热情。

(三) 合作小队的评价

评价的目的就是通过评价,促进小队成员之间互学、互帮、互促,宗旨就是希望人人进步。所以我着重从以下几方面进行考察:

1. 小队合作的积极性

合作小队是为每位队员服务的,所以小队成员是否喜爱,是否热情,是否主动,都直接影响了小队合作的积极性。评价小队合作可按照非常积极、比较积极、一般、不积极四个层次,由小队和教师分别评价。这样既有横向比较,又有纵向比较,让每个小队及时认清自己,及时调整。

2. 小队合作的参与度

为了追求全员进步,人人参与,对小队的参与度严加把控。每次小队合作由专门负责人记录参与的队员数,一旦有人未曾发言,小队长要尽量适时给予机会或鼓励其敢于发言。同时对在班级最后汇报展示的小队按照次数进行记录。当然回答问题的针对性强不强,准确率高不高也要记录,不能光图热闹,没有效果。

3. 小队合作的效果

有小队竞赛的,用名次评价;有小队展示的,用展示质量评价;有测验的,用成绩评价,按照权重比例,核算成综合评价。小队得奖了没有?展示质量是不是很高?成绩是不是提高了?这些都是检验小队的直观标准。

经过几个月的实践,小队活动积极有序,学生课堂效率很高,互帮互助的学习氛围非常浓厚,课后作业准确率提高了很多,也节省了大量的订正时间,经常会看到小队队员间相互在讨论问题。这样的课堂怎能不高效?这样的班级怎能让人不喜欢?期末考试的结果让我喜出望外。优秀率由原来的19%上升到40%;学困生由30%降低到8%;中等生也有了不同程度的提高。这使我看到了很大的进步。我想,这种教学策略还是可行的,还是很有用,我要继续下去。这份喜悦,想和大家分享,这份进步,想让大家知道,也许,有些教师也遇到了这样的问题,那么不妨试试,利用学生间的差异,让这份差异变成你的资源,它就会如同一颗小幼苗,假以时日,必定会枝繁叶茂!

(本篇作者:郭丽娜)

5. 教材资源灵活运用的思考

在初中六年级的思想品德课中,有一课是《磨砺意志,做自己的主人》。很多老师反映这一课很难上,因为教学内容学生一看就懂,要让本课对学生的实际生活具有指导意义,难度很大。对此,我们备课组的赵老师却想迎难而上,准备用这一内容上一节区级公开课。那该怎么上呢?

第一次试讲,案例、小故事、提问、讨论、说理、总结……课堂教学活动在老师的设计和安排下有序地进行着,整节课教师主讲,课堂氛围比较平淡,学生没有热情,更没有激情。下课了,老师走出教室,有的学生伸着懒腰,有的学生打着哈欠,其效果也可想而知了。

评课了,我们都陷入了沉思。其实刚才的这节课,论备课,非常充分;论上课,老师连贯的语言,对课堂的把握恰到好处;论学生,从回答问题,到小组讨论也都能认真参与。这正是我们常见的思品课。可是学生觉得"没劲",老师也觉得没有达到三维目标的要求。这问题在哪里呢?

"阅读领航"给了我们很大启示。"阅读领航"旨在通过阅读指导,让学生学会注重自主阅读,追求自主发展。而教师提供有针对性的指导,在这一过程中让学生的学习由被动变主动。

再次阅读教材,我们把目光聚焦到课本上的一个学生活动上。这是一个"说一说",问题是:你怎么看待下面这些小事? 如:爱睡懒觉;看电视没完没了;常常把今天的事情拖到明天。的确,所有大的成就都是从小事做起的,日常的学习、生活中,改正那些容易被忽略、又不易改掉的坏习惯,是磨砺意志的好办法。在原先的课堂教学中,老师基本沿用了这样的活动设计,根据对班级情况的了解,老师对"小事"的内容做了调整。我们觉得这些小事的确是学生经常会遇到的,是磨砺意志应该入手的小事,但是，在实际生活中，"小事"远远不止这些，而且，每个班级的情况还不相同，学生们遇到的有些事情是老师们难以列举出来的。如果能以匿名的方式，打消学生顾虑，让学生自己来把这些"小事"说出来，才有可能贴近学生的实际。经过讨论，我们设计了"我诉我心"和"脑力激荡"两个课堂活动。在"我诉我心"中，我们决定让学生匿名写纸条，把自己的这些"小事"写在一张小纸条上，老师用一个小盒子收集这些纸条。在"脑力激荡"中，随机地读取纸条上的内容，让学生共同想办法制止这些"小事"的发生，通过学生的发言，老师及时总结提炼，引导出磨砺意志的四个方法，这也正是本节课的目的所在。但是这样一来，对老师的要求就高了许多，我们不能预测学生会写些什么，也猜不到他们会怎么回答这些问题，还要提炼出本节课的几个教学要点，这不仅考验老师对课堂把握能力，更是对老师应变能力的考验，还有就是对突发事件的处理能力……尽管如此，担任上课任务的赵老师还是接受了这一挑战！

正式上课时，教室内的场面完全超出了我们原先的预想。学生非常起劲，积极地举手、热烈地讨论，课堂的氛围非常活跃。他们讨论的内容都是自己亲身遇到的问题，大家都在琢磨着如何解决这些问题，教学目标潜移默化地得到了落实。下课后，学生们没有顾及听课教师还没有全部离开，围在老师身边七嘴八舌地说着话，"老师，今天没有被抽到的纸条怎么办啊？""老师，我写的纸条没有被抽到。"……一些没有围到讲台边的学生也在议论着刚才的课："你写的纸条被抽到了吗？""那个玩电脑游戏好几个小时的就是我写的啊！""……这样的课真有劲！"

为什么学生那么喜欢这节课？为什么看似"没劲"的课可以变成"真有劲"？这，引起了我们的深思。

首先，教师要立足教材，使教材灵活。

现在我们所使用的是二期课改的教材，总的来说这套新教材比较贴近学生的生活。

然而，在教师的实践和探索过程中，我们觉得由于教学情景的各种变量千变万化，学生的个性特征、兴趣爱好、原有学习经验、学习风格和策略各不相同，而教师的教学观念、专业水平、教学经验和个性特长等也千差万别，如果我们的研究只停留在单纯地使用教材资源的层面，就缺少了个性化和灵活性。再加上各种环境的差异，利用教材资源过程充满了变数。作为政治教师，单纯地"利用教材"的模式很不合时宜，我们只有能动地去发现和挖掘各种资源，灵活地运用教材资源，才能"把教材教活"。

就如本课，教材中设计的"说一说"的活动也能引起学生的兴趣，但是还是比较平淡，很难给学生留下深刻的印象。而当这个活动"变身"为"我诉我心"和"脑力激荡"的时候，学生参与课堂的热情一下子就被调动起来，对于教学内容的感受变得深刻而具体。

其次，教学要立足学生，使课堂变活。

在思想品德课的教学中，除了运用好教材外，还要充分挖掘一切有利于教学的资源，尤其是学生动态，以激发学生的学习兴趣，解决学生的实际问题。在我们的学生身上，每天都在发生着大大小小的故事，这些看似平常的小事都可以成为教学中的典型事例。在教学中，通过联系学生的思想实际和行为表现贯彻理论联系实际的原则，抓住学生带有普遍性的典型思想和身边的典型"小事"，通过小组体验、感悟、交流，可以提高学生的思想认识，培养学生良好的行为习惯和优良品质。

比如，在这节课中，我们关注的就是学生在学习和生活中的一些"小事"，教师就是要通过这些"小事"，引导学生磨砺意志，做自己的主人。可是，每个班级，每个学生的"小事"都不一样，怎样才能挖掘出这些"小事"呢？匿名写的纸条成了一个非常有效的载体，不好意思开口的、不敢公开的、不愿意说的都可以悄悄地在纸条上展示出来。而且，一旦展现出来，就不仅是教师课堂教学的资源，还可以解决学生的实际问题，真正地落实教学目标。此外，纸条还具备便捷、迅速、及时的特点。写纸条的方法操作方便，反馈及时，可以较好地掌握学生的真实情况，及时了解学情，进行反馈矫正，利于提高教学质量。更加可贵的是，写纸条能调动学生的积极性，激发学生的学习兴趣，鼓励学生参与课堂，主动思考问题，受到学生的欢迎。

最后，教师要立足引导，使学习变活。

"阅读领航"要以学生为主体，教师为主导。强调学生的自主学习、合作学习和探究学习。怎样才能将这些理念在课堂教学中有效完成呢？教师如何做好"导演"呢？教师的主要任务不能简单地理解为为学生讲解、示范、传授知识，而是给学生的自主、合作、探究学习给予必要的引导。离开教师的引导和调控，课堂将会变得盲目、离题，课堂的有序就变成了无序。通过激发学生的学习兴趣进行有效的引导，才能使课堂活跃而有效。在课堂教学实践中，教师有效引导的方法有很多，可以借助多媒体视频进行引导;可以借助图片进行引导,通过简单明晰的图片学习新的课程,增强学生的记忆性;还可以通过小组的合作探究活动进行引导等,这些都是教师可以尝试的。

在这节课中,教师的引导是借助"我诉我心"和"脑力激荡"两个活动来展开的,在读取学生写的小纸条时,出现过一些重复、特殊、怪异的内容,但是教师都逐一"破解",始终把握着课堂的主导。教师只有真正发挥在课堂中的引导作用,才能产生良好的课堂氛围,使学生在学习中有所收获,促进学生的全面发展。

总之,要想上好初中思想品德课,对教材资源的运用是其中的关键。第一,要关注教材本身资源。第二,要发掘激发学生资源。第三,要将其他相关资源转化为有效的教学内容。

于漪老师曾经说过:"在人的心灵深处,都有一种根深蒂固的需要,这就是希望感到自己是一个发现者、研究者、探索者。只有当教师给学生带来思考,用思考来指挥学生,用思考来使学生折服和钦佩的时候,他才能成为年轻的心灵的征服者、教育者和指导者。"在"阅读领航"的精神指导下,教材变活就是其中的一个重要方面,我们项目组已看到了教学改进的初步成效,但我们将继续努力,"路漫漫其修远兮,吾将上下而求索"!

(本篇作者:王 莹)

6. "竞技赛+"的拓展课教学方式
——基于学校模型拓展课实践的思考

拓展型课程是上海中小学课程方案中的一个重要组成部分,推进建设和实施拓展型课程是上海二期课程改革的一个重点。学校在健康办学理念引领下,也已经连续多年开设了非限定性拓展型课程(以下简称"拓展课")。车船类模型制作一直以来都是课外拓展活动的传统项目,也是各个学校培养学生科学素养的重要阵地之一。

时隔多年,当我校学生重新踏入上海市青少年航海模型锦标赛的现场,参赛7人就有6人获奖,其中电动船模自航项目全市20名一等奖中就有2个是天初学子,荣获佳绩着实让师生们喜出望外。在往后的多种项目各级比赛中,尽管学生不断更迭,但在前三甲中也总能乐见天初学子的笑颜。在师生们共同努力下,这些实属模型拓展课——这一门久违的"新"拓展课——在沉寂许久后赢得的丰硕成果。

但在这一鸣惊人成绩的背后,却有着许多不易的历程。因为此前,学校模型拓展课已经连续多年停滞,似乎也逐渐淡出师生们的视野,历年市级区级模型类竞赛更是鲜见我校师生们的身影。直至2017年出现了转机,我校的模型拓展课在学校力推下得以千呼万唤始出来,然而开设之初也非水到渠成。那么,当初为什么会困难重重呢?

1. 拓展课学生学习的兴趣容易淡薄

通常,学校开设拓展课,一般每周一到两节,而且都是安排在放学前的最后一节课。已经经历一天繁忙学习的学生,身心都较为疲惫,所以对于拓展课学习难免会出现松懈。其次,志趣相投的一群学生聚在一起打开了话匣子自然容易造成学习分心,加上不乏有的学生原本学习表现已经被诟病,在开放的拓展课上就更难以保持良好的学习关注。再有,大多数学生有模型制作的兴趣但制作能力基础却普遍不高,也正是基础的差异导致学生接受度有所不同,间接影响了学生的学习积极性。更甚者,不少学生在认识上已经给拓展课打上了"可以上课随意"的标签,轻言放弃、随意应付等都是由于学习兴趣趋于淡薄而出现的普遍问题。

2. 拓展课教师执教容易偏向一言堂

每门拓展课的开设,其目的都是着眼于学生的发展。它们能够发展学生的兴趣爱好,开发学生的潜能,陶冶学生的情操,培养学生的发展性学力。此外,课程背后也体现和饱含了开设教师的各自专长和用心。但一周最多两节的课时限制,所有拓展课教师都面临着有效拓展和时间瓶颈的博弈矛盾。

于是,教师们为了使得自己精心准备的拓展课教学内容,能够在为数不多的课堂时间内教授给学生,就可能会采用多讲解来换得学生的多习得,却压缩了学生交流表达的机会。这种一言堂的教学形式久而久之,使课堂气氛变得压抑,教师也就难以与学生开展有效互动了。因此,不是教师偃旗息鼓于师生互动偏向一言堂,就是学生消极怠工于交流活动导致课堂沉闷。到头来,原本能够提供师生双方都进行拓展性学习的拓展课,由于授课僵化只能流于"拓展"的形式化。

3. 拓展课活动范围容易局限于课堂

以模型拓展课为例,模型制作得好需要静心动脑。然而在模型拓展课开设之初,学生们围绕模型的学习热情刚调动没多久,就被下课铃声给掐灭了。一些学生表示

"在学校,模型的兴趣爱好最长不过一周里的 40 分钟"。要不是依托区少科站每个学期组织协调的各级竞赛之外,学生的学习活动也只能局限于模型拓展课内,制作一份模型似乎就是学生展示学习成果的全部了。可是许多特具校本特色的拓展课,就更难有可以拓展得更广、更深的机会,余下的只是局限于课堂的按部就班。随之而来的,就是被条件所限的教师们逐渐满足于课堂教学,使其变味成为有悖于拓展开放的封闭教学。

对此,结合模型拓展课的教学实际,总结课外带队参赛的经验,观察学生学习表现的改观以及对教学的促进作用等,我们新颖地提出了"竞技赛+"的拓展课教学方式。

拓展课"竞技赛+"是以学校拓展课的教学为基础,结合利用校级、区级、市级等赛事平台的竞技赛,开展拓展活动的教学方式。旨在鼓励学生学习拓展课内容并且能通过各级各类竞赛活动达成学以致用的目标。这决不是单纯的以最终参赛为主要目的,从而倾向"轻"学习过程,"重"赛事结果的形式。它有利于帮助学生保持较持久的学习关注度,凭借多种活动便于师生的各种交流,达成师生能够有效拓展的效果。

那么,我们是怎样应用"竞技赛+"的拓展课教学方式,又是如何发挥其功能取得优异成绩的呢?其主要举措为以下几个方面。

一、借助"竞技赛+"的多元目标调动学习兴趣

针对拓展课学生容易出现课业学习不重视的情况,有效的办法就是帮助他们确立可行的目标。而"竞技赛+"不仅可以解决目标确立的问题,而且可以根据不同的学生情况给出不同搭配组合的目标选择。同时"竞技赛+"给学生设置了挑战,在攻克挑战的过程中,学生尝试超越了属于自己的最近发展区,使得学生在完成带有难度的学习任务过程中,调动了积极性,发挥了潜能。这恰恰与教育家维果茨基提出的最近发展区理论不谋而合。

有些拓展课可以依托市级区级的各项竞技赛事,作为学生选报该门拓展课的任务目标。根据竞赛级别的不同,体现出学习任务的难易高低,这些成为了学生可以确立的明确目标,自然也就保持了一定的学习兴趣。另一些特具校本特色的拓展课,教师可以通过"竞技赛+"的教学方式自行设计一些竞技赛活动。小到就在该门拓展课课

堂之内,大到学校可以组织各门拓展课开展学生学习成果的展示交流活动,或依托校级的艺术节、科技节、运动会和义卖会等大型活动,提供各门拓展课学生一显身手的展示机会。使得学生在本学期的拓展课学习中,始终有明确的达成目标,这样不但有助于调动和保持学习兴趣,而且有利于动员学生积极参加拓展活动。

二、凭借"竞技赛＋"的多种活动增强学习交流

拓展课经常会由于课时限制,导致教学方式古板、拓展活动缺乏、师生和生生互动低效的困局。但通过实际案例发现,当报名参加模型竞技赛之后,模型拓展课的学生与教师和同学的交流意愿有明显提升。学生们会围绕竞技赛的备赛和参赛开展课堂与课后的交流讨论,时不时三两成群的学生还会找准时间拉着教师请教问题或询问比赛。也正是在学生的提问中经常会生成新问题,这些问题不仅驱动了教师不断学习,更是学生通过交流增长知识、培养能力和提升科技素养的有效途径之一。双方都通过学习交流增进了师生关系,增强了对模型制作的热情。

当学生凭借着这份热衷带着思考走出课堂去体验一番后,站在班级甚至校级的展示舞台上,往往表现得更落落大方、游刃有余。不同拓展课的学生也有机会走到一起,进行跨课之间的交流,打通了各门拓展课的壁垒,展示成果的同时促进了学习反思和分享了学习经验。

三、利用"竞技赛＋"的多级平台达成有效拓展

拓展课应该不仅体现在学习内容的拓展,更应该体现在学生综合能力和核心素养的发展。2016年教育部正式提出中国学生发展核心素养,综合表现为人文底蕴、科学精神、学会学习、健康生活、责任担当、实践创新六大素养。拓展课作为一门上海中小学课程方案的重要组成部分,理应起到培养上海区域学生具备相应素养的作用。而"竞技赛＋"的探索实施,能为这一作用助上一臂之力。

在模型拓展课实施"竞技赛＋"的教学方式中,学生参加的每一级竞技赛活动,都是他们走出校园自主发展、参与社会的宝贵机会。在这期间,学生们无时无刻不在体现着自身核心素养的不断拓展。例如,有对模型制作精益求精的审美情趣;有勤于思

考攻克难题的学习品质;有不轻言放弃勇于探究的科学精神;有为校争光体现团队意识和互助精神的责任担当;有在竞技赛中随机应变成思维灵动的实践创新。虽然每个学生表现得各有侧重,但细微的闪光点就是他们展翅高飞不断发掘潜能,不断培养发展性学力的有效拓展。这也就是我们模型拓展课取得显著成果的根本所在。

拓展课"竞技赛+"教学方式是提升拓展效率的有效手段之一。它可以让师生实实在在地动起来,也让师生在拓展学习的海洋中学以致用,共同发展。它在培养规则意识的基础上促进着学生进行良性竞争,提供的不仅是一种学习状态,更是唤醒了拓展求学的学习精神。"竞技赛+"的拓展课,定将让每一个参与其中的学生闯出更精彩的一片天地。

(本篇作者:陈维国)

7. 运用"比较法"品味语言的教学策略研究

《义务教育语文课程标准》中要求:学生能"体味和推敲重要词句在语言环境中的意义和作用"。文本的语言是文章思想内容的载体,抓住文章的关键语言文字,认真品味,不仅能增加学生对语言文字的积累,感悟汉语言文字的魅力,更是学生理解文章思想感情的桥梁。

教师在带领学生品味语言的环节,通常是让学生通过朗读、感悟去体会词句在语言环境中的意义和作用,这些教学方法容易使学生对词句的理解浮于表面,收效不明显。

笔者在教学实践中,运用了"比较"这一方法进行品味语言活动,发现行之有效,对促进学生对文本内容和思想的理解,提高学生对于语言文字的理解和运用的能力有切实的帮助。

一、"比较法"的意义和作用

"比较"即对比同类事物的异同和高低。从心理学角度来说,"比较"是认识对象间的相同点或相异点的逻辑方法,它可以在异类对象之间进行,也可以在同类的对象之间进行,还可以在同一对象的不同方面、不同部分之间进行。

大教育家朱熹说:"读书譬如饮食,从容咀嚼,其味必长;大嚼大咀,终不知其味也。"文学作品的语言,需要细细地咀嚼、品味。在语文教学中,恰当地运用"比较法",可以给学生创设情境,让学生细细品味、咀嚼,发现不同,体会不同的语言表达之间的差异,不同语言风格的区别,不同文体语言的独特,提升他们对语言的理解和运用的能力。

二、"比"语言之异同,"较"意蕴之丰富

文字的神奇在于文字背后有极其丰富的内涵,相似的内容可以用不同的文字表达,比较法是一条通往文字殿堂的捷径。我们可以用推敲、同类比、异类比的方式进行比较,探骊得珠,寻找语言文字所包含的丰富意蕴。

(一) 推敲比较,体会遣词造句之精美

1. 删除法

刘勰说:"句有可削,足见其疏;字不得减,乃知其密。"好的文章的语言,精美到了极致,无法作任何改动。为了让学生体会文章的遣词造句之美,我们可以通过删除一两个字词来比较。例如在教学《橘逾淮为枳》这篇课文时,我将原文中的一些词句去掉,变成"王曰:'齐人固善盗乎?'晏子对曰:'今民生长于齐不盗,入楚则盗,楚之水土使民善盗?'"

同学们通过比较品味,发现不能随意删,原文中的"视"体现了楚王的处心积虑,故意要让晏子出丑。而晏子"避席"的动作,表现了晏子的有礼有节,"婴闻之"和后面的比喻,表现了晏子说话的委婉,既体现了他对楚王的尊重,又不露痕迹地讽刺了楚王,十分生动地表现了他"楚之习辞者"的特点。通过比较原文和删除文,学生更直接地感受到原文语言刻画人物时笔工意丰的特点。

2. 增加法

增加法,就是在原文的基础上,增加一些与文章内容有关的词句,帮助同学更好地理解文章的内容。例如特级教师王君老师在教授《老王》一课时,原文的有一段叙述:"有个哥哥,死了,有两个侄儿,没出息。此外就没什么亲人。"她将原文增加了一些问

句,形成对话的形式:

师:老伴还好吧?

生:哎,我没有老伴……

师:老王啊,你孩子都长大了吧?

生:哪有孩子啊……

师:哎哟,老王啊,你家里还有什么亲人呐?

生:唉,有个哥哥。

师:哎呦,有哥哥真好啊。

生:可是死啦。

师:怎么就死了呢?那还有什么亲人吗?

生:还有两个侄儿。

师:那两个侄儿也能够经常走动走动帮衬帮衬你吧?

生:但是,没出息。

师:那还有其他可以照顾你的亲人吗?

生:就没有什么亲人了。

通过增加的问答部分,学生对老王"活命"的孤苦伶仃的状态感触更深了。对杨绛的作品语言的张力有了更深刻的感受。

3. 移位法

移位法,就是将词语的位置调换,通过比较,发现语言的精妙之处。例如学习《孙权劝学》(沪教版,六年级下)这篇课文时,原文是:初,权谓吕蒙曰:"卿今当涂掌事,不可不学!"蒙辞以军中多务。权曰:"孤岂欲卿治经为博士邪?但当涉猎,见往事耳。卿言多务,孰若孤?孤常读书,自以为大有所益。"蒙乃始就学。

当吕蒙"辞以军中多务"时,按通常的交谈逻辑,孙权应该跟着回答这个问题,于是我将原文的语句位置进行了调换:"卿言多务,孰若孤?孤常读书,自以为大有所益。孤岂欲卿治经为博士邪?但当涉猎,见往事耳。"

学生比较发现,调换顺序后,孙权的劝说太过于生硬,不够委婉,无法让吕蒙认同。通过移位法的比较,学生体会到语言表达微妙之处,会心微笑。

4. 替换法

替换法，就是用同类的另一个字词替换原文中的字词，比较换了以后的表达效果与原文的不同之处，从而体会原文的语言的丰富意蕴。

例如王安石的《伤仲永》一文，我把最后一句"泯然众人矣"句中的"矣"换成了类似的语气词"也"，让学生比较"泯然众人也"和"泯然众人矣"在表达上的不同。学生很快品味出原句有表达遗憾、惋惜的意思，如果换成了"也"，则只是客观陈述，没有任何的感情色彩，还是原文语言更好。

(二) 同类比较，感受风格多样之丰美

由于作家的生活经历、艺术素养不同，他们所创作出来的作品语言的风格也不尽相同。李白的清新飘逸，杜甫的沉郁顿挫，苏轼、辛弃疾的豪放洒脱，柳永、李清照的婉约缠绵……自古以来，每个作家都有自己的语言风格。现代作家的语言风格也各不相同，有的悲壮雄浑，有的温柔细腻，有的朴实自然，有的绮丽华美……为了让学生更好地体会、理解作家们的各自的语言风格的特点，可以采用"诵读法"、"类比法"进行比较品味，体会汉语语言风格的丰富多样之美。

1. 诵读法

诵读是最好的表达语言感情的方式，也是最直接地感受语言风格的方法。例如在学习宋词单元，为了让学生理解"豪放派"和"婉约派"的语言特点，教师的讲解再详尽，不如学生多一点诵读比较体会得更深切。诵读豪放风格诗词时，同学们会采用雄浑、激昂的语调，充满着激烈的情感，如苏轼的词"老夫聊发少年狂，左牵黄，右擎苍"。而诵读柳永的词《蝶恋花》"为伊消得人憔悴，衣带渐宽终不悔"时，同学们则采用了低沉、舒缓的语调，满含伤感的情感，读来缠绵悱恻，柔婉低回。

在诵读的比较中，同学们能很直观地体会到作家作品语言的风格丰富多样，精彩纷呈。

2. 类比法

类比法，就是将同类体裁，或是同类题材的作品放在一起进行比较。不同作家的语言风格大相径庭，通过同类比较，学生可以体会到不同作家语言风格的差异。

例如沪教版六年级语文上的课本中，选编了两篇回忆童年的课文，萧红的《祖父和我》，鲁迅的《从百草园到三味书屋》。两篇课文的内容都是回忆美好快乐自由的童年生活,但是语言风格却有明显的区别。让学生各选择其中的一小段相似的内容,比较两位作家的语言特点。

《祖父和我》中有一段:"……花开了,就像花睡醒了似的。鸟飞了,就像鸟上天了似的。虫子叫了,就像虫子在说话似的。一切都活了。都有无限的本领,要做什么,就做什么。要怎么样,就怎么样。"

《从百草园到三味书屋中》的一段:"不必说碧绿的菜畦,……油蛉在这里低唱,蟋蟀们在这里弹琴。翻开断砖来,有时会遇见蜈蚣;还有斑蝥,倘若用手指按住它的脊梁,便会拍的一声,从后窍喷出一阵烟雾……"

学生通过对这两段文字的比较,感受两位作家风格迥异的语言特点。萧红的文章用了拟人、排比的修辞,句式短促,充满想象,虽然是节选自小说《呼兰河传》,但却如散文般优美,诗意盎然。

鲁迅的文章也是用了拟人、排比的修辞,句式整齐,对儿时的生活的场景做客观冷静的叙述,然而幽默、风趣,还有些特有的戏谑和调侃的意味。

(三) 异类比较,辨析文体独特之颛美

现代汉语语言风格多种多样,不同体裁的文章的语言风格也不尽相同。曹丕《典论·论文》言:"夫文本同而末异,盖奏议宜雅,书论宜理,铭诔尚实,诗赋欲丽。"古人的论述表明,不同体裁的文章各有其独特的风格。

中学阶段,学生最常见的文体是诗歌、记叙文(散文、小说)、说明文和议论文。各种文体自有其独特之处,诗歌语言抒情、含蓄,记叙文语言生动、形象,说明文语言准确、平实,议论文语言严谨、气势充沛。为了让学生理解不同文体独特的语言特点,教学中可以采用对比法和改写法进行教学。

1. 对比法

诗歌、说明文、记叙文这三种文体的语言特点分明,风格截然不同。例如学习《云雀》这篇课文时,我让同学对比以下三段文字。

诗歌:"你好啊,欢乐的精灵!/你似乎从不是飞禽,/从天堂或天堂的邻近,/以酣畅淋漓的乐音,/不事雕琢的艺术,/倾吐你的衷心。向上,再向高处飞翔,/从地面你一跃而上,/像一片烈火的轻云,/掠过蔚蓝的天心,/永远歌唱着飞翔,飞翔着歌唱。"

说明文:"云雀,中等体型(18厘米)而具灰褐色杂斑的百灵。鸣声在高空中振翼飞行时发出,为持续的成串颤音及颤鸣。高空振翅飞行时鸣唱,接着作极壮观的俯冲而回到地面的覆盖处。栖于草地、干旱平原、泥淖及沼泽。"

记叙文:"我们终于不忍了,在一个黎明,悄悄起来,拆开了笼的门,放它出去了。它一下子飞到了柳树梢上,和柳梢一起激动着,有些站不稳,几乎就要掉下来了。但立即就抖抖身子,对着我们响亮地叫了一声,倏忽消失在云天里不见了。"

同学们通过朗读、品味,发现三种文体的语言特点差异很大。诗歌的语言清新、浪漫,极为抒情;说明文的语言朴实、自然,不加任何修饰;记叙文的语言生动、传神,画面感最强。

同学们通过三种文体的对比,便能更直观地感受到各种文体语言的独有的特征。

2. 改写法

对各种文体的语言特点的差异感受,还可以通过改写某种文体的方法来实现。例如我们通过将一篇诗歌,改写成一段记叙文,或是将一段平实自然的说明文,改写成一段具体、生动的记叙文。

学习元曲《天净沙·秋思》后,我让学生将之改写成记叙文。其中:"小桥流水人家。"学生改写成记叙文:"一条细水潺潺、清澈见底的小溪。溪上架着一条只有一尺宽的小木桥,溪水哗哗地流着,是那样自由,那样欢畅,那样的无忧无虑。听着流水,惆怅的心情竟有了淡淡的释然。昏黄的天空中飘着几缕袅袅轻烟,带着饭香的气味迎面扑来。我淡黄的窗纸上映着一家三口幸福的笑影。回头看看我自己,孤苦伶仃,孤身只影。我的家人,却在遥远的故乡。"

通过改写,学生会发现诗歌的语言凝练、含蓄,给人留下很大的想象空间,极有张力,意境丰富。而记叙文通过具体的描写,详尽描摹,语言的画面感强,让人产生身临其境之感。

总之,使用"比较法"带领学生阅读、诵读、品味语言,好似给学生搭建了一条思维的阶梯,使他们对语言的理解和感受更上一个层次,让学生发现语言的规律,感受语言的魅力,对于学生的语言运用能力也会有极大的帮助。

(本篇作者:章鸿群)

8. 学生上课专注力培养的策略思考

一、专注力的内涵和特征

专注力，也称"精神集中力"，是指注意力集中的程度，即全部神经心理能量集中在某一目标上，并完全摆脱一切次要的外部的影响。哈佛大学心理学教授埃伦·兰格给"专注力"下的定义是：人们在一个环境中积极留心新事物，积极寻找差异，并迅速分析、归纳、总结直至创新的一种思维能力。当我们把它引伸到教学领域来，我们认为"专注力"就是一种以高度集中的精神积极参与课堂活动的思维活动能力，是一种高度集中的注意力。保持良好的专注力，是大脑进行感知、记忆、分析、理解等认识活动的必要基础，也是保证提高学生课堂学习效率的最重要因素之一。

课堂中学生拥有专注力的思维有以下几个特征。

1. 思维能较快进入角色

初中生的思维相比小学有了更大的发展，他们不仅能注意那些明显的、易见的、作用于感官的属性，而且注意那些隐蔽的、不易觉察的属性。课堂中，专注力高的表现之一便是学生的思维能够主动注意后一种属性，对抽象的语言能够主动提取、辨别、分析、总结归纳，自主自动地建构新的知识。

2. 思维能与教学目标融通

课堂上的专注力还表现在学生的思维与教学目标是融通的，学生的思考不会旁逸斜出，不会离题万里。他们专注于教师引导的教学内容，能够快速抓住重点，在主要问题上集中思维，紧跟课堂的教学步骤，在课堂中能达成与教师教学要求的共振，能快速整理、归纳、分析问题，并解决问题，以达到教师预设的教学目标。

3. 思维能与教学现场应和

所谓"应和"，即教师的教学投射到学生的思维中，学生思维能够积极响应，能理解教学内容，快速吸纳、掌握和反馈，并且积极应和教学现场的每一项元素，如教师、其他同学、多媒体、课本、笔记等。

4. 思维能形成独到创见

课堂中学生具有专注力还表现为能够对所学的内容有自己的见解,能够主动进行比较、分析、抽象、概括,并较快形成自己的感悟和见解,能做到举一反三,有较强的迁移能力。

学生上课的专注力直接影响着他们的学习成效,研究学生专注力有其重要的价值和现实意义。

二、课堂中学生缺乏专注力的具体表现和原因

缺乏专注力通常表现在以下几个方面:其一是维持热度时间短,目标经常转移,很容易半途而废;其二是心不在焉,常沉浸于白日梦中,企图以虚构的方式应付挫折获得满足;其三是习惯成自然,往往会不加思考地选择按照惯例办事;其四是丢三落四,容易健忘;其五是抗干扰能力低下,容易受外界影响。

缺乏专注力的学生表面上在听课,不扰乱课堂,但是,细究他们的学习效果,便会发现他们的学习成效差强人意,课堂知识记忆不深刻,对课堂所授内容一知半解,不常思考并主动发问,他们往往等着老师提问,甚至等着老师报出答案,然后再机械地记忆,常常需要通过多次的反复操练巩固才能完全掌握。

课堂中,造成学生注意力不集中的原因有教师客观方面和学生主观方面的原因,在教师方面,体现为:

1. 教学手段不丰富,学生兴趣未调动

没有一个学生天生不爱学习,关键是他们只爱他们感兴趣的事物。同样的教学内容,用不同的教学设计和教学方法,会收获不同的教学效果。而老师们常常只习惯用他们所习惯的方法教学,缺乏创意,较难调动学生的对新事物的积极注意。

2. 教学过程不科学,学生精神易疲劳

如果老师安排的教学内容不科学,例如一节课只做单项训练,或者较长时间只做一种形式的训练,也会导致学生的专注力的流失。

在学生主观方面,学生在课堂上专注力不够,也与学生个人的意志品质、情绪状态、当前的需要、兴趣、知识能力等有关。

(1) 兴趣需要不满足。学生往往会对自己感兴趣的课堂更加专注,遇到不对自己"胃口"的教学内容,便不愿积极主动地投入其中。

(2) 情绪控制不稳定。专注力与学生当时的情绪状态相关,情绪过于低沉或亢奋,也不利于他们以高度集中的注意力参与课堂活动。

(3) 知识能力不匹配。如果学生已有知识能力远远高于当前所学内容,则教师讲授的内容不能满足其求知欲;如果远远低于当前所学内容,跳起来也够不着桃子,那么,他在学习中就会感到困难重重,对当前所学知识失去信心。这两种情况都易造成学生不能投入地学习,缺乏专注力。

(4) 意志品质不坚定。学习过程是一项需要付出艰辛劳动的过程。如果学生没有坚定的意志品质,学习目的不明确,自控能力差,在学习中一遇到困难就会退缩不前,其专心投入的程度自然不够。

三、课堂中提高学生专注力的策略

教学的阵地在课堂,课堂效果的保证在于学生学习的专注,只有学生全身心地投入学习,全神贯注地参与学习,真正成为课堂的主人,才能谈得上向四十分钟要效率。

那么如何才能提高学生课堂的专注力呢?苏霍姆林斯基说:"要能把握儿童的专注力,只有一条途径,这就是要形成、确立并且保持学生的这种内心状态——即情绪高涨、智力振奋的状态,使儿童体验到自己在追求真理,进行脑力活动的自豪感。"

因此,在教学内容既定的情况下,教师应以学生为主体,充分发挥教师课堂中主导的地位,从关注学生的心理和思维特点出发,发挥教师的教学智慧,运用较理想的策略来达到培养学生专注力的目的。

1. 以丰富的教学形式增加学生参与的兴趣

王荣生教授在《营造以"学的活动"为基点的课堂教学》中说:"语文课堂教学流弊甚深,语文课堂教学的改善,很大程度上是语文课堂的重建。语文课堂重建的关键,是将课堂教学从以'教的活动'为基点逐步转变到以'学的活动'为基点。"这里所谈到的"学的活动",我的理解不仅仅是学生倾听老师的灌输,更多的是设计一些适宜的活动让学生参与进来,也不仅仅局限于讨论、交流、问答,还可以是一些生动的表演、辩论、游戏、场景再现等等,多一些适合孩子天性的带有趣味性的教学活动。

例如我在教学《社戏》一文时,关于文章的主旨这一问题,我撇开了常规的按部就班的教学方法,而是采用辩论的形式,辩题围绕最后一句:"真的,我再也没有看过那夜似的好戏,也再没有吃过那夜似的好豆了。"中的"真的"展开,我将班级学生分成两组,以抽签的形式决定正反两方,正方辩题是"真的",反方辩题为"不是真的"。所有辩论依据都要从文中找,然后分析阐释。学生热情倍增,带着竞争的热情走进文本,比任何一次都专注,比任何一课老师生硬地要求读课文更深入,他们翻遍了整篇课文的字字句句,竭力地从文中找出哪怕是蛛丝马迹的根据为各自的立场辩论。教室里每一个孩子都在动脑筋,每一个学生都能全身心投入。

2. 以有节奏的教学设计调节学生的情绪

心理学中说,人的神经中枢有兴奋和抑制两种状态,两种状态总是有起有伏、交替出现,当人的神经中枢的某个区域处于兴奋状态时,他的注意力就会高度集中在某一点,对某项任务就会完成得好;反之,人的中枢神经处于抑制状态,他对某项任务就会出现疲倦、甚至厌倦感,精力就不能集中到某一点上来。心理学研究证明,中学生关注一件事情的持续时间大约是 15 分钟。

也就是说,在一堂课的单位时间里,如果教师设计、实施的某一个学习段落超过学生的有效注意力持续时间,学生在这个时间段后期的注意力就不能高度集中,从而影响教学效果。

那么,根据初中生注意力的特点,我们的教学应该讲究一点节奏,教学内容的安排应该做到有张有弛、有强有弱、有高有低,让教学过程无形中形成一种节奏感。有节奏的课堂会让学生觉得过得很快,因为他们注意力全部被吸引,忘记了时间的存在。

教师在设计教学内容的时候,可以把一节课的教学过程分成几个相对独立的板块,并配合教师不同的表达语速,采用不同的学习方式、不同的教学活动,来局部地改变学习形态,使学生不断地获得新的感受,不断地刺激他们神经中枢的兴奋,从而对一堂课的全部学习内容保持持续的兴趣,从始至终保持精神的集中状态。

语文教学对学生能力训练的目标是:听、说、读、写能力的提高。那么我们在设计教学环节时,不妨可以将这些训练穿插进行。

3. 以有次序的教学引领匹配学生的知识

根据苏联教育家维果茨基提出的"最近发展区"理论，即教师的引领内容要略高于学生原有的知识水平，但又是他们"跳一跳"能够得着的知识。根据"建构主义学习观"的理论：学习不是被动接收信息刺激，而是主动地建构意义，是根据自己的经验背景，对外部信息进行主动的选择、加工和处理，从而获得自己的意义。因此，教师在引领教学内容时，能与学生已有的知识匹配尤为重要。

教学中，我们要为学生搭建思维的平台，提问和设置的思考内容有坡度，对学生思维的引领有一定的顺序，能够以"从简单到复杂、从具体到抽象、从浅到深"等顺序引领学生思考问题。前后的问题有潜在的联系，前一个问题能为后一个问题提供线索和思考的阶梯。这也有助于学生在课堂中保持专注。

4. 以有目标的规范要求培养学生的意志

面对学生上课专注不够的时候，还需要我们老师有意识地培养学生专注力的意志品质。

（1）强化需要。要将专注力转化为学生的内化需求，那就要教师在课前、课中、课后反复强调专注力的重要性。我曾经通过开展班会、同学自己写感受、学生写反思等等方法，让学生讨论专注力对学习的重要性以及如何才能提高自己的专注力的话题，强化他们对专注力的主动重视，以期他们能形成一种对课堂专注的自主要求，从而养成较坚定的意志力品质。

（2）及时提醒。有时，当大部分同学能够专心投入而个别同学不能做到时，教师可以做一些看似无意实则有心的提醒，例如叫他站起来回答问题；或者故意走到那个学生身边讲课；抑或是语速或语音语调发生变化等方法提醒学生专注。

法国生物学家乔治·居维叶说："天才，首先是专注力。"台湾著名教授曹云昌说："学生学习成绩的优劣，不取决于他的智商，根本的区别在于他在课堂上是否专心听讲，要想提高学生的学习成绩，必须从专注力抓起。"专注力是一个孩子自信心、责任心的基础，拥有专注力对一个人的成长乃至一生都有极其重要的作用。我们教师在日常教学中，若能有心培养学生的专注力，也将对我们教学效果产生根本的影响。

（本篇作者：章鸿群）

9. 小小笔记本发挥大作用——心理课活动笔记的应用探索

开学伊始，我就在心理课堂上要求每个人准备一本笔记本，首先是由于学校每学年只采购一套教材，6个班级流动用，这样可避免在书上随意图画，给后面同学的使用造成困难。其次在上课时我会安排一些小测试，写下一些自己的思考和感想，用图画等多种形式表达自己的情绪，如果按照预期合理使用笔记本，不仅能让学生们更加了解自己，还可以记录下课堂活动的点点滴滴，以后回顾的时候也是对心理课学习的一种纪念。

开学第一节课，我就把这个任务布置下去。心理活动笔记本？同学们充满着疑惑。面对同学们的疑问，我解释道："心理课上会做一些让你们更了解自己的小测试，也会有很多体验活动，需要一本活动的笔记本是指在心理课堂中能及时捕捉活动中的瞬间印象，记录下自己即时体验到的感悟。"一听到有趣的心理测验和体验式的游戏活动，同学们都很兴奋，满口答应我的请求，大多数同学都从自己的橱柜中拿出一本新的作业本作为心理课堂活动笔记，有的女生还从书包中掏出一本很精致的日记本。看到这样的情景，我也感到很欣慰，盘算着学期结束可以收上几本记录得很整齐的笔记本，拍几张照片，作为资料累计，以后心理达标校复评时，还可以作为汇报时PPT的素材。

可是好景不长，一个月以后，同学们对自己活动笔记的使用出现了松懈的现象，有的同学上课前不放在桌子上，等到要用的时候，才埋头从书包中找出来；有的同学会从草稿本中撕一页纸，在纸上记录今天的心理课活动；还有的同学会离开座位，到后面的橱柜直接拿一本新本子。询问他们理由，有的回答放在家里了，有的回答找不到了，态度好点的，会说回家后会粘在笔记本上，态度不好的，那张薄薄的纸就随着下课铃声飘落到垃圾桶里。看着同学们满不在乎的态度，老师的心情也跌入冰窖，为什么老师用心良苦设计的活动笔记本，没有成为学生喜爱的工具？这其中的问题引发了我的深思。

对此我访谈了一些学生，发现大致有以下几点原因：

其一，笔记本的使用方式未必得到学生们的认可。笔记本在学生的刻板印象中是老师要求学生对课堂上所讲公式、语法、重点、难点做笔记，方便回家复习课程内容的一种学习工具。而我设置活动笔记的原因只是希望记录下参与心理活动时的感悟和体验，让同学们更加了解自己，日后成为自己成长经历的一种纪念。这两者之间有着显著差异，如果只是带着任务式的思维来做，则内部动机不足，没有外界压力的影响使用活动笔记是很难持续下去的。

其二，现在学生面临信息爆炸的时代，较多地关注外部世界，对自己内心世界的审视关注较少。很多学生并不是不想参与心理活动，他们在一些体验活动中都很积极地参加，常常爆发出阵阵笑声，然而一到要写自己感受，活动体验时，就抓耳挠腮，苦思冥想也蹦不出几个字来。往往自己的感受只有"好"与"不好"，无法察觉到自己内心的真正需要。所以对他们而言，要在笔记本上写自己的感悟，实在是一件痛苦的工作，这些情绪也迁移到对笔记本的态度上来，所以活动笔记才不受学生重视。

其三，老师在第一节课没有对活动笔记本的使用要求进行规范。老师在一开始对活动笔记的使用基本是放任学生自由，学生自由记录自己的活动体验、思考和感想，没有对笔记本使用的格式、规范、评价做一个统一的标准。这本来是考虑到心理这门学科注重学生个性化发展，但是没有规矩的自由最后只会成为一盘散沙，无法真正为学生发展提供帮助，学生对笔记本的态度也变得散漫，认为可有可无，不认真对待，自然也无法体会笔记本中蕴含的记录自己成长的价值。

针对以上的问题及学生需要，我不禁陷入沉思，究竟如何使用活动笔记才能够既能让学生喜爱乐于记录自己的想法，又能有所收获，感受到自己心灵上的成长，真正发挥出大作用。我思考的对策如下。

一、与学校过程性评价手册相结合，规范笔记本的使用情况

过程性评价是近年来我校为了打破传统学生学业"结果性评价"，从多元的角度对学生进行评价，突出评价发展性功能的一种教育实践尝试。为了做好过程性评价工作，我在学期初就对心理学科的评价操作细则上作了梳理，主要着重于对学生倾听、参与团体活动、小组讨论方面进行评价，而对活动笔记的使用上，没有提出任何评价标准。

为了提高学生在笔记本上的使用效率，我调整了自己原来的评价框架，将笔记本

的使用纳入过程性评价的实施细则中。对笔记本的记录格式、如何记录、准备工作做了明确的规范。并要求定期上交,作为过程性评价的评价依据,对于笔记本完成度不同的学生,撰写不同的评语,鼓励学生多记录自己的感受,使活动笔记有利于学生主体作用的发挥。

二、运用沟通四要素,解决无话可写的困境

沟通四要素指得是观察、感受、需要、请求。我们的日常对话一般较少从这四个方面来进行沟通,多为评论对方,或是说自己的想法,这就会造成很多争论,让双方心情不悦。在我们的心理课上如果也是如此的话,不仅会把分享的氛围变差,使同学不能放开分享,而且那些脱口而出的想法,一旦要在笔记本上记录,就会语无伦次或是无话可写。

所以我从沟通的四个要素入手,对观察、感受、需要、请求应该怎么样表达做了专门的辅导,将我们日常对话中的评论、想法及自己感受归因等行为作了区分。并且在课堂上每个出示的问题中都标注了需要学生写下的是观察到的现象,或者是对情景中人物的认识和感受,分析背后隐含着的需要,提出一个具体合理的请求。通过课堂上对问题进行细分,使学生的讨论活动更加具有针对性,笔记本上的活动记录也能够有话可说,有感受可写。

三、课堂活动设计贴近学情,让学生乐于记录并分享自己的感受

心理活动课的重点在于学生之间的体验与分享,而没有材料的分享,就会显得空洞和乏味,心理健康自助手册中对于材料的解决方式多为:"回忆一下自己过去经历","结合日常生活经验"……旨在让同学分享自己自身的经验。但是我观察到学生们对于空谈自身的经历,常常是无话可说,但是对于别人的事情,却很喜欢评头论足。这可能是源于初中年龄阶段已有一定的隐私观念,也可能是在一个人数相对较多的班级中进行分享有种不安全感。

所以我在课堂的活动设计中,会照顾到这些同学的感受,进行一些替代性学习,以视频、故事、绘本中的人物作为基础,在笔记本中分析他们的感受、需要。得到学生的

共鸣之后,再迁移到学生自己身上。在设计表达自己感受活动时,不仅是将自己的感受、想法写下,而且应该融入心理元素,通过在漫画中填上台词,画一画人生的曲线等带有隐喻兼趣味性的心理活动来进行自我表达,从而让学生更加愿意在笔记本上记录自己的心理状态及活动过程。

这样的实践活动和举措使活动笔记成为学生的心灵氧吧。因为格式上作了规范,同学们的笔记本看起来就具有一种整齐划一的美感,而多样的活动设计,让笔记本的内容也变得丰富多彩。一学期后,同学们浏览着笔记本,充满着回忆,看看自己成长的记录,有着小小的成就感,对笔记本的热情也一下子被点燃了。七(4)中队张懿婷同学的课堂活动记录《友谊小船》还登上了校报,看见自己的作品登上报纸,同学们的积极性更高了。

在有了活动笔记之后,学生的自我意识得到了发展。通过笔记本中的活动记录对自己的人际关系、人格特点、兴趣爱好、成就动机、生涯规划做了详细的剖析,同学们变得更加了解自己,对自我有一个更加清晰的认识。行为处事上也慢慢倾向于基于自己的性格特征、优势劣势,努力运用自己手中的资源做到最好,把损失控制在最小。这正符合马斯洛健康人格所提到的了解自己、悦纳自我的要求:"既能了解自己,又能接受自己,有自知之明,对自己的能力、性格和长短处都能做出恰当的、客观的评价。"

笔记本除了能让学生更加了解自己以外,还能引导学生自助地克服各种困难和疑问。同学们在人际交往上遇到难以克服的苦恼时,在学习中遇到瓶颈时,情绪爆发无法控制时,可以翻看一下自己的活动笔记,就能使学生重拾心情,更加有自信地面对困难和挑战。

学校的心理教育应着重于授人以渔,而不是授人以鱼,活动笔记本伴随着学生成长,活动笔记本的使用提高了学生自我教育能力,达成心理健康教育中助人自助的教育目标,小小活动笔记本真正发挥出了它的大作用。

(本篇作者:周西翔)

10. 漏洞在哪儿?——预备年级数学解题规范的思考

预备年级的一次数学期中考试结束了,忙忙碌碌的工作后,我开始做试卷分析。

一份一份地翻看学生的试卷,发现了一个令我吃惊的奇怪现象,一些题目难度不大但失分却很严重,这引起了我的警觉。那么失分的漏洞在哪儿呢?

于是,我把每道题目每位同学的答题情况都进行了一番分析和研究,发现他们不是不会做,多数是因为解题不规范而失分。如小 A 同学,平时解方程并不困难,但在这次解题中 5 分题目未拿到 1 分。那么是什么原因呢?我们来看一下:"解方程 $1-\dfrac{x-1}{6}=\dfrac{x+5}{4}$",第一步去分母,小 A 虽然会做,但是漏掉了"乘分母的最小公倍数"这一步,直接写出了去分母的结果,导致常数项"1"未能乘以 12,出现了失分的漏洞。再比如小 B 同学,对他来说解不等式组并不难,但是 6 分的题目仅仅拿到 1 分。这又是为什么呢?例如,题目"解不等式组 $\begin{cases} 2x-\dfrac{1+3x}{2}<1 \\ x-4\leqslant \dfrac{3}{2}(2x-1) \end{cases}$,并把它的解集表示在数轴上,求出不等式组的整数解",小 B 在求第二个不等式时,最后一步"$-2x\leqslant \dfrac{5}{2}$",漏掉了"系数化为 1"的步骤 $x\geqslant \dfrac{5}{2}\div(-2)$,直接得到了结果"$x\leqslant -5$",想当然得把"$-2$"约去了,又没有变号。于是,一步错步步错,导致后面分数都失掉了。再如小 C 同学,解应用题时步骤都对,答案也对,但为什么也扣分了?原来题目为"羽毛球和乒乓球的单价分别是多少?",小 C 未写明"单价",又硬生生扣了 1 分……

这些漏洞是如此触目惊心,我为他们惋惜的同时,也在思考,这些失分的漏洞该如何补救呢?

仔细分析这部分学生,他们成绩不是很差,题目不是不会做,也不是没有解题能力,为什么在大考时却屡屡失误呢?纵观他们试卷中的漏洞,我觉得有以下几方面原因:

1. 学段衔接不适应

小升初的学生在数学学习上,都会出现或多或少的不适应。小学和中学数学所注重的"点"不同:小学的数学重于数与形,学生在小学阶段的数学学习过程中,接触的基本是具体的数字、式子和数形题等,这些都是由具体的算术数组成;而初中数学则是在小学数学的基础上将数的概念扩大,并且更加抽象化,需要学生有一定的逻辑思维,每一道题的解答都需要严谨的推理和完整的步骤。面对不同学段的要求,刚进入初中的预备年级学生表现出极度不适应。例如学习分数的乘法的时候,学生对分数乘法的意义不能理解,如 2 的 $\frac{2}{5}$ 是多少,不习惯把"2"看做整体,再者"2"后面没有单位,不是具体化的 2 吨,2 米,或 2 升,不能具体化理解,所以至今涉及分数乘法的应用题,还是有部分学生不能理解。

2. 学习态度不端正

他们认为解题就是得出结果,只要试卷上写了答案便是做好题目,不管好与坏,不管完整不完整,心态敷衍。对于答案结果正确的题目,更是忽略过程,不讲究解题规范。态度不够端正,不重视解题步骤,不讲究解题规范性。例如,在学习"求不等式组的解集"时,老师要求学生在求出各个不等式的解集后,把他们都表示在同一个数轴上,通过具体的图形帮助,能快速准确地找到不等式组的解集,而且有时候题目中也要求把不等式组的解集表示在数轴上的。但是有些同学认为这是多此一举,求出解集不就得了吗,我才不要多写呢。等到考试时又不仔细审题,导致应该表示在数轴上的解集被忽视了,带来不必要的失分,甚至有可能在心算或目测解集时就求错,从而引起更严重的失分。

3. 做题规范未养成

由于小学数学的算术较多,有些聪明的、有能力的小孩子基本口算能解决,小学的解题步骤也不多,甚至有些只要答案对了就可以,对解题步骤的规范性没有过多要求,从而养成了做题不规范的坏习惯,少做少写、跳步现象极其严重。进入中学,虽然教师一再强调,但是习惯已经养成,一时难以克服。比如小 A,如果能把解方程去分母的步骤写出来,每一项都乘以 12,就不会少乘,就不会痛失 5 分。

4. 解题思维不严密

如果说小学是趣味数学,中学就是逻辑抽象数学。对一些知识的理解需要严密性。当孩子的思维不严密时,对知识的理解就不够透彻,就表现为做题不规范,表述不完整,容易缺步骤,漏步骤,思维没有逻辑性。比如在学习有理数的绝对值的意义时,明确了 a 的绝对值意义是在数轴上表示 a 的点和原点之间的距离,表现在数轴上就是

从 x 轴的正、负两个方向和原点产生的距离,所以一般来说有两个解。例如题目"在数轴上,与原点 O 相距 5 个单位长度的点所表示的数是＿＿＿＿",有些同学都只考虑正方向的 5,丢掉了负方向的－5,思维不严密。例如,小 A 在解不等式时,根据不等式性质 3,"不等式两边同时除以负数,不等号的方向要改变",由于思维不严密,小 A 往往会忘记变号,同时计算能力又不扎实,跳步后本该做除法却做成了乘法,导致失误接二连三。

5. 突发干扰难排除

除了以上原因,还有一些突发性、暂时性的原因,如做题时的心情,开心和不开心可能会有截然不同的结果;如做题时的环境,如果在嘈杂的环境下,学生的思维无可避免地受到了干扰,思维跳跃,缺步少步完全有可能发生;如做题的场合,有些学生一坐在考场里就高度紧张,不能正常发挥……

由此可见,这些原因都可以归纳为解题不规范。那么,我们可以用什么策略来帮助学生补漏补缺、规范完善呢?

1. 调整步伐,适应节奏

对于小升初的不适应,除了强调学生的自我调节外,我还非常重视课堂板书,尤其是比较重要的知识点的应用,按照评分标准书写板书,甚至让学生讲解为何要这样写步骤,起到再次巩固的作用,从视觉上、思想上让学生潜移默化地领悟数学解题步骤完整规范的重要性。在学生的课堂练习、作业中,对不规范的作业进行面批,当面订正,帮助学生尽快适应初中的学习节奏。同时也注重一些思维题的训练,开阔学生视野,尽量使学生适应严谨的思维,做题的规范。

2. 端正态度,超越自我

对于态度不够端正的学生,我从战术上作调整:充分肯定他们的能力,尤其是一些难题,这些学生是做得来的,当众表扬他们的聪明才智;私下再分析他们的不足之处,交流时有意识地将他们与往届的某些优秀学生比较,用言语激励他们:"你的资质和他差不多,如果你端正态度,规范做题,减少漏洞,就能把不该失的分都找回来,那你也是优秀的,甚至比他们还能考到更好的学校。"从而激发他们的学习热情,使他们正视自己的学习态度,高标准严要求地规范自我学习行为。

3. 潜移默化,形成习惯

对于做题习惯不好的学生,我注重让他们解析板书中的解题步骤,讲讲不能随意省略的原因,并且有意识地把不规范的步骤展示给大家评价,漏洞在哪里,应该怎样改。让学生从给别人"找茬",到自我纠错,最终达到警醒自己、养成规范做题好习惯的目的。

4. 勤思好问,举一反三

对于思维不严密的学生,一方面,在教授知识时,尽量采用从具体到抽象的方式引入,这样比较符合他们的认知,也易于理解,用具体化的数字、图形帮助理解文字,多举例,多辨析,提高学生对知识的理解能力,同时鼓励他们多提问,提问的过程也是锻炼思维的过程。另一方面,建议他们适当做些课外题,再次巩固,也可以个别辅导,特别是在一些难点、重要知识的理解上,可以多采用这种办法。最后,对一些易错题,强调用多种形式举一反三,从而提高学生的思维严密性。

5. 自我调节,排除干扰

对于一些突发性、暂时性的原因,指导学生逐渐自我调节,不要被心情左右,不以物喜不以己悲;不要把考试结果看得太重,学会给自己减压;以正确的学习目标督促自己,平时认真考试轻松……

经过一段时间的训练和培养,成效颇为明显。例如同类易错问题,上一次在学习"画线段的和、差、倍"时,学生由于不规范作图一塌糊涂,错误率很高;现在,经过了规范训练,学生解题格式好,思维缜密,正确率提高。小A做题不再粗心了,小B思维严密多了,小C养成了做题好习惯,学会检查了;班级问问题的学生增多了……我们的课堂更健康了,班级学生对数学的热情高涨了,对数学越来越有自信了,我感到很欣慰。

中国有句古训:小洞不补,大洞吃苦。事物的变化都是从小到大,由少到多,由量变到质变,日积月累,逐渐形成的。因此及时分析试卷中的问题,找到学习中的漏洞,帮助学生查漏补缺,予以纠正,功莫大焉。

漏洞虽小,却能折射教育的大理念。所谓"细节决定成败",在数学中就是"规范影响质量"。所以在数学教学中,重视学生的日常解题规范性,提高学生的逻辑思维严谨性,培养学生良好的素养,这对我们教师来讲是责无旁贷、十分重要的。

(本篇作者:郭丽娜)

11. 好难的自编操怎么得了一等奖呢?

我第一次担任班主任时,带的是体育特色班。学生们活跃好动,各有特色,乐于展现才能。开学后,恰逢上海市中学生自编操大赛在即,给了我们班一个展示自我的平台。

午自修时,我走进教室说:"同学们,我们班被选中参加上海市中学生自编操大赛啦!长宁区的初中只有我们一支队伍哦!""哇!"他们发出了一声惊叹,转而又追问:"老师,什么是自编操呀?难不难啊?"我解释道:"自编操类似于广播操,但却是我们自己编排的、独一无二的。你们愿意代表学校、代表长宁区参加比赛吗?""愿意呀!"同学们欢呼起来,脸上充满了兴奋,我也为他们的积极表现深感欣慰,心想他们这么热情,好好练一定没问题。

第一次训练,同学们很快到达舞蹈房,教练郭老师先把同学们集中起来,介绍了自编操的特点,并表示由于时间紧张,训练一定要守时守纪,不能无故请假,老师严肃的表情,让原本欢腾的场面瞬间安静了下来,有人小声嘀咕:"这个老师有点凶哎!"接下来的训练让气氛更加沉闷,复杂的动作、紧凑的节奏,让这群六年级的孩子手忙脚乱,除了有舞蹈基础的几位女生之外,大部分同学都乱作一团,有的同手同脚,有的方向错乱,有的甚至跟左右同学撞在一起,简直洋相百出。训练结束,他们无精打采地离开舞蹈房,跟来时兴奋的样子截然相反,我也有些暗暗担心,但想到毕竟是第一次训练,可能学生们还不太适应,等多练几次,动作熟练了,应该会好一点吧。

可两天后的第二次训练,状况更加糟糕,同学之间出现了更大的差异,甚至有些同学还在忙于背书、订正作业,根本抽不出时间来练习。我赶紧和教练商量,先不教新动作了,让他们回去一对一巩固复习。学生们三三两两地离开舞蹈房,个个都耷拉着脑袋,边走边互相抱怨:"怎么这么难啊?我还要赶回家做作业呢!"看着眼前的一幕,我也非常焦急,心想还有一个月就要比赛了,动作才刚开始学,音乐没配、队形没变,孩子们又有这么大的差异,还来得及吗?我这才意识到训练遇到的困难超出了我的想象,学生们都被各种困难吓到了,有的甚至跟我提出要退出队伍,说自己学不会动作、跟不上进度,怕影响到班级整体;也有的同学说学习的时间受到了影响,能不能不参加比赛了……那么,自编操真的有这么"难"吗?

我根据这几天观察到的情况,认真反思,分析了原因如下:

首先,是学生对自编操大赛的认识不足。他们可能认为自编操就跟广播操一样简单,又可以利用课余时间一起训练,而且只有我们班级才有这个机会,是一件很好玩的事情,而一旦训练情况与他们的预期不符,就会产生畏难情绪,由"好玩"变成了"好难"。

其次,自编操作为操化类项目,对动作的整齐度和力度都有较高的要求,而他们毕竟是一群六年级的孩子,身体素质有好有坏,肢体协调性有强有弱,学习能力有快有慢,学生也的确需要有一个适应过程。

还有很关键的一点,就是我把自编操训练这件事情想得太轻松、太简单,对可能会发生的情况预估不够,只看到了学生们兴奋和积极的态度,但却没有预设到可能会发生的困难,而当孩子们出现情绪波动时,也没能很好地关注到他们的心理变化,错失了解决问题的最好时机。

如何转变学生的训练态度,进而顺利完成比赛任务呢?我认为可以从以下几个方面加以改进。

1. 努力提高学生的自信心。

自信心是在周围人们的态度和评价中逐渐形成的一种心理结构。它可以使人产生积极的自我暗示,从而激发人的自尊自爱、自强之心,从而获得成功。

为了提高学生们的自信心,我主要做了以下几点:

(1)用学生的感悟来改变他们。只有让学生充分享受到自编操的乐趣和成就感,意识到自己的进步,才能更好地激发他们的练习积极性。通过观看视频,可以很明显地发现学生已经由最初的手忙脚乱渐渐变得越来越协调,通过勤奋的练习,他们已在原有基础上取得了很大的进步,这对六年级的同学来说是很不容易的。学生们也从视频中的变化,认识到训练是一个循序渐进的过程,肯定会遇到这样那样、或大或小的困难,但如果我们就此退缩和逃避,那我们为之努力的事情就会半途而废,甚至前功尽弃,反之相信自己,并持之以恒地付出努力,就一定会有进步。

(2)用老师的表扬来鼓励他们。初中学生表现欲望强烈,他们期待自己的才能得到展示,同时也更渴望得到同学们尤其是老师的激励和赞扬,成就感是他们实现持续自主学习、提高学习效率和学习兴趣的有效保证。课间学生们会一对一地学习动作，他们互相鼓励、不厌其烦地反复练习，这种意志品质也受到年级组其他老师的好评，每当有老师路过时都会表扬他们的互助与友爱，也对他们积极训练、不放弃任何一个人的团结精神大为赞叹。老师们的表扬与鼓励，极大地鼓舞了孩子们的自信心，让他们的顾虑更少了，一门心思只想证明自己的能力。

（3）用学生的进步来激励他们。教师的赏识、表扬对于学生固然重要，同伴的欣赏、鼓励同样缺一不可，而在使学生学会自信的过程中，最重要的是孩子的自我承认、自我激励。如开学初我们班的广播操做得并不整齐，力度和规范度都不是很到位，但是现在却做得越来越规范优美。分析下来，学生们都认为这与参加自编操训练是分不开的，反复的训练让他们对肢体的控制能力更好了，体力也不知不觉增强了很多，自然广播操也变得整齐划一了。这些进步都让学生学会了自我肯定，自我鼓励，自信心也逐步得到了加强。

2. 努力提高"学、练"中的韵律感。

自编操对动作的要求是准确、规范、整齐、到位，特别强调动作的连贯性、整体性及韵律感，在训练过程中可以分别从"学"与"练"两个方面来着手。

学要循序渐进，既要面向全体学生，又要做到因人而异，区别对待，使全体学生都能学会、学好。在具体的教学过程中，要注意教法的灵活运用，教法要多样而有趣味，避免枯燥的训练式学习，以维持学生学习的主动性和兴趣。在与教练沟通交流后，教学中主要采用游戏教学与分层教学相结合的方法进行，先教会学得快的学生，再让优秀生担任小组长帮助学得慢的学生，让每一个人都能够掌握好。再比如，让学生跟老师学一学、练一练、比一比，请优秀学生进行展示，让他们在对比观察中自我纠正，对难度较大的动作，采用完整法和分解法交叉运用、摆动作造型的方法等，这样既调动了学生的积极性，也较好地解决了教学的难点。经过几次的磨合，学生也能够在原有基础上有所提高，有能力的同学承担了劈叉、托举等难度动作，其他同学以难度较低的集体展示为主，这种结合学生能力进行的动作调整也让他们训练的积极性和效率得到了提高。

练是巩固提高的关键，是提高自编操动作质量的保证。在学的基本任务完成以后，首先，组织学生反复听自编操的音乐，让他们熟悉音乐节奏，明确队形变化与音乐变化的内在联系;其次要充分利用每一次的教学时间,合理、有针对性地对学生进行系统的强化训练,在面向全体学生的同时要特别注意动作的连贯性、熟练性、整体效果以及错误动作的纠正,以期让学生形成正确的动力定型。最后,充分利用课外时间对学生进行延伸性教学,如课间、课外活动、校外时间等,鼓励学生自觉地进行练习。

3. 努力提高教师的过程引导性。

自编操作为一项集体活动为学生架起了桥梁,密切了师生关系和生生关系,因此老师的引导作用不容忽视。

(1)每一次的训练我都全程参与,陪在孩子们身边,甚至陪着他们一起跳。在学习新动作阶段,我有组织地带领学生模仿教练的动作,与他们一起练习,进一步巩固学生动作的规范性;课间我也会经常参与学生的训练,适度提出一些简单的要求,让他们从单纯的模仿逐渐过渡到系统的学习。这样的行动也了感染孩子们,让他们感觉到老师"在和我们一起辛苦",训练时也更加投入。

(2)我还想法设法为学生搭建平台,让他们互相鼓励、互相帮助。针对有些同学学习效率不高,无法很好地处理学习与活动的关系这一难题,我结合主题班会"你会复习吗"对学生进行学习方法的指导;在班级树立了小榜样,让学生之间互相分享好的学习方法和学习经验,课间孩子们除了会互相指导动作,还会相互讨论学习上的难题。学生们也在这些互动中增加了交流的机会,他们由相识到相知,到互相理解、互相合作,学生的参与意识、主人公意识得到加强,班级的凝聚力也在无形中增强了。

在带领学生参加自编操比赛的过程中,我深刻意识到作为班主任应成为班级的组织者、引导者。正如清朝的彭端淑在《为学》中所说:"天下事有难易乎?为之,则难者亦易矣;不为,则易者亦难矣。"在班主任的工作中有些事情看似容易,做起来难,但难易之间是可以转化的,只要我们立足学生,用心思索,方法得当,很多"难题"不仅可以迎刃而解,还能给学生带来有意义的收获和体验,成为人生的美好回忆!

(本篇作者:李　清)

12. 初中生命科学教材中插图资源的有效利用

初中生命科学教材的一个特点是编排了大量的教学插图,这些插图使得教材图文并茂,增强了可读性和说明力,其用意自然是帮助学生更好地理解知识点。在近几年的学业会考中,对图的认识和运用越来越受到重视了,出现了大量的读图、析图题,以考察学生从图中提取相关信息、分析和处理问题的能力。因此,让学生能读图、会用图,对学生理解和运用生命科学知识有着重要的意义。可如何有效地运用插图、优化插图,却是我们每个生物老师值得探讨的重要话题之一。

"尿液的形成过程"是一堂内容非常有趣的课,为了让学生能清楚地看到我们喝下的水是如何从血液流经肾脏,最后变成尿液进入膀胱的整个过程,我搜寻了相关的视频制作了课件,并以教材插图"尿形成过程示意图",来构成这节课的学案。

上课一开始,我在讲授知识点的同时,播放了"尿液形成过程"的视频,同学们对这一奇特的生理现象看得津津有味,连平时班里的"皮大王"此刻都安安静静地盯着大屏幕。

课堂如我预期般平稳地进行着,在讲解完肾单位结构及尿液形成的步骤之后,我要求学生自主学习书上的示意图并尝试完成学案。"这是什么鬼?密密麻麻的!"才一分钟不到,就有同学发出了叫嚷,话音未落,全班已是哄堂大笑。这一声好比是"震源",瞬间炸开了平静的课堂。"老师,我有密集恐惧症","老师,这简直就是一团乱麻嘛,嘻嘻"。"震源"不断波及四周,三三两两的同学开始左顾右盼,继而交头接耳,最终演变成笑语喧哗。十分钟过去了,再去看看他们的学案,有的同学对图发呆,有的同学抓耳挠腮。还有一部分学生根本没有在看图,并对此不屑一顾,"老师,图有什么好看的,你讲的内容我背下来就好了"。

真是这样吗?随即,我拿出一道题目,"请将下列各种物质成分填入到相应的正常'血浆'、'原尿'、'尿液'的表格中"。结果,三个空格的正确率分别仅有14%、25%和36%。超低的正确率,引得我与同学们面面相觑。

这样的结果,我始料未及。一堂原本可以使学生们"兴趣盎然"的课硬是被我上成了"愁眉苦脸",我内疚、自责、心中五味杂陈。课后,我不禁反思:是我讲解不够到位吗?是教材的插图太难吗?还是别的什么原因?按理说,生物教材一定是依据初中学生身心发展特点来编写的,但为什么学生们看不懂、吃不透,也不喜欢看书中的插图呢?

经过对学生学习态度、能力水平等方面的了解与调查,引发了我的思考:

第二章 教学研究

1. 学生对插图不够重视

在教学过程中,我发现大部分学生对中考学科相当重视,反观生命科学等部分非中考学科,他们则表现出不太感兴趣或者不重视的态度,以至于对书内的插图也不够重视。学生可能觉得插图并不重要,只要考前背背知识点就行了,导致在学习过程中,不认真识图,对图的认识也仅仅停留在浅层和感性认识上,缺乏深层和理性思考。

2. 学生识图能力欠缺

学生的识图能力欠缺主要是体现在以下几个方面:(1)图文转换能力不足;(2)无法利用图像构建概念;(3)不能有效提取图中信息以分析和解决问题。

学生识图能力不足的根源在于,有一部分同学有认真学习插图的意识,但由于基础知识欠缺,使他们对插图"一知半解"。一部分学生,利用插图构建概念的能力不足,而构建概念不仅是要求学生能够通过图片阐述或者解释一个概念,也要求学生初步养成一种以图将知识以及知识之间的关系结构化、图形化表征的能力。从图文到结构化的概念图,考察的就是学生对插图的理解和概念的掌握。还有更多的同学,是未掌握正确的识图方法,既看不懂图,也无法在图中提取重要信息。学生识图能力不足,足以让学生对读图活动失去兴致,从而导致他们对插图的理解和对教材知识点的整体把握出现偏差或者遗漏。

3. 教学形式不够丰富

教师本身可能缺乏一种引导学生将知识点结合图片学习的意识,为了能将教材知识点讲授到位,甚至为了表现自己的专业能力,往往会侃侃而谈。看似教师在台前神采飞扬,但事实却是知识"满堂灌",以致学生可能没有足够的时间、机会结合图来学习并理解知识点。另外,教师在课堂上也会呈现图或者视频资料,但常规的课堂教学所带来的组织形式的单一,同样会使学生的探究意愿不足,不利于学生对知识点的理解与内化。

其实,读懂生命科学教材插图对学生掌握知识点有着至关重要的作用。插图具有高度概括、直观呈现的特点,"读图"可将生命科学课程的学习成为具有一定难度但更有收获,有知识积累但更有思维过程的自主、合作、探究的学习过程。但是,从学生在读图中存在的问题来看,读懂插图的关键在于老师采取何种教学方法,如何对教材插图进行有效利用,以改变学生对识图、读图所持的态度。为了使学生更愿意去认识插图、读懂插图，真正发挥教材中插图资源的重要作用，我认为可以就以下几个方面加以改进。

1. 让学生乐用图——重兴趣培养

就目前学生学习的现状而言，学生对本学科及识图学习不够重视，缺乏深入识图学习的兴趣。因此，培养学生对插图学习的兴趣不容忽视。在课堂上老师可以将知识和生活实际联系起来，利用插图直观性、形象性等特点，来引导学生提出问题，比如，观察小肠结构模式图，引导学生提出他们感兴趣的问题，诸如：人的小肠有多长等。这种带着问题的插图学习，做到了以图带学、以图促学，可以激发学生的学习兴趣；另一方面，在识图过程中，老师还需及时认可学生，多鼓励他们带着问题，结合知识点看图，让学生在鼓励中拥有学习生命科学的信心，进而提高对识图学习的意愿。

2. 让学生会用图——重方法指导

在生命科学插图教学过程，学生往往不得要领，以至于对学习识图的兴趣日趋减少。因此，老师要有意识地引导学生去看图，并教会学生识图、读图的方法。

（1）提示识图关键点：教师在学生进行识图时，需要明确观察目的，提出读图要求，识图初期可以提示识图关键点，此后逐渐让学生自己提炼出关键点。此方法可以让学生将注意力集中于观察对象，避免学生只看插图外表而看不到实质，只看局部而忽略整体。

（2）读图顺序指导：教师可以在课堂中利用现有插图资源渗透读图顺序指导，可以针对某一类型的图或者学生难以独立看懂的插图，提示读图顺序，比如：观察"小肠结构模式图"，引导学生先从观察小肠横截面入手，小肠黏膜皱襞突起，再到观察局部，重点观察小肠绒毛的内部结构。通过提示观察顺序，使学生在识图时更为全面而且重点突出。

（3）设计专题训练：为使学生能够独立地进行识图并根据从图中获取关键信息进行分析、解决问题。老师可以设计精选典型例题进行专门训练，一图多变，以提高学生的识图能力。比如，针对一些简单、学生较为容易理解的插图，可以开展"看图说话"的说图活动，让学生观察分析后直接用语言表达，通过叙述，学生可以着重理解与记忆，老师可以考察学生对插图的认知情况。比如"花结构模式图"等，可以引导学生通过看图，将知识点表述出来。而对于一些较为复杂，学生可能难以理解的图，老师可以开展"图文转换"练习,将这些插图,化解为一系列问题链,以图导练。比如:观察"尿液形成过程"时,可以提出以下问题:(1)尿液形成的第一步是:_____,(2)血液中的小分子物质如_____、_____、_____、_____等可以滤过到达_____(肾单位的哪个结构),形成了_____;(3)不能滤过的是_____、_____等大分子物质,如果这些大分子物质也被滤过,可能存在什么问题?这种以图导练的方式,有利于化解学生对理解"尿液形成过程"的难度,引导学生联系教材知识点看图,从而更容易掌握该知识点。

3. 让学生活用图——重体验感受

八年级的学生好奇心强,具有一定的探究意识,他们参与学习活动具有一定的行为特征和发展规律,教师应该根据这种特征与规律,改变原有的教学方式,从"重知识"讲述拓展至"重体验"感受,开展"立体式"活动读图或者模型探究活动。比如,在教授"血液循环系统"时,可以开展"角色扮演"等体验活动,通过识图、读图指导后,让学生扮演"一滴血",其他学生扮演不同的物质成分,小 A 是尿素,小 B 是氧气,小 C 是二氧化碳,小 D 是一系列营养物质等,当这滴"血"经过身体的各个系统时,每个角色随着这滴血的循环过程,移动至不同位置。经过这种形式的活动,不仅寓教于乐,更使整个比较抽象的知识点变得更加生动而具体。在教学中,让学生体验生命科学活动,带动学生观察和学习插图,真正做到活用插图。

插图虽小,作用却不容忽视,而插图的作用是否能得以有效发挥,关键在于老师如何用好这些插图资源。首先,"授人以鱼,不如授人以渔",教会学生识图方法,让他们体会到读图的乐趣和意义所在,更有助于他们对于插图的理解和教材知识点的整体把握。其次,教师自身要熟识教材插图资源并明确其重要性,对于不同的插图采取精心导读还是略加指点,引导观察还是开展"立体式"活动读图,这些均可以结合班级情况综合考虑。最后,老师依据教材插图所具有的科学性与严谨性,挖掘其功能并有效运用,从而优化课堂、活化课堂,提升教学效率。

总而言之,有效运用教材插图资源,既能提升学生的学习兴趣,又能丰富课堂教学组织形式,更可为教学活动"锦上添花",于教师、于学生而言,均大有裨益。

(本篇作者:戴爱华)

13. 浅谈初中语文学科学生参与品质的提升

面对时代的发展及实施素质教育的要求,我国语文教育的观念、内容和方法正在发生着深刻的变化:教学逐渐转向以学生为主,课堂教学中以学生参与为主要形式,这是一种十分可喜的课堂新气象。但是,在这热闹的背后,我们也发现学生之间的参与情况差异很大:一些学生只是被动参与,不主动发表任何意见;也有一些学生参与的目的不明确,思维跟不上,参与没有达到课标的指向,课堂教学也就难以达到预期效果。美国著名心理学家布鲁纳说:"学习者不应是信息的被动接受者,而应该是知识获取过程的主动参与者。"学生只有通过亲身的主动参与、自主探索,与同伴交流沟通,才能获取新知识,培养能力。正因如此,如何培养学生的参与品质已成为当今教育研究的重点之一,提升学生参与品质势在必行。

一、参与品质的内涵

所谓"参与品质"是学生参与意识、参与程度和参与行为的组合。即全员参与(不是个别尖子生的参与),全程参与(不是暂时片刻的参与),有效参与(不是形式主义的参与),个性参与(不是集体的整齐参与)。初中生正处于儿童期向青年期过渡的阶段,他们有旺盛的求知欲,希望表现出自己的成熟,有强烈的独立、尊重的需要,自我表现的需要。针对初中生的这些特点,我们认为初中学生的参与品质主要应该是主体的参与意识、积极思维的程度、主动参与的行为。

(1) 学生主体参与意识

人的主体性素质是现代社会人的核心素质,在教育中应注重培养和发展人的主体性。一般认为,主体参与意识是指认识和实践活动主体的人对自己的主体地位、主体能力和主体价值的一种自觉意识。主体意识强的学生学习有计划,参与实践的意识强。现代教育最重要的特征就是激发人的主体性。课堂教学是最生动的实践,所谓学生主体参与意识就是指学生在课堂中自主、自由参与课堂教学活动的心理倾向性。它包括自我意识、问题意识和参与意识,即学生全身心投入并参与教学活动的自觉意识。

(2) 学生思维参与程度

学生的课堂参与程度已经成为新课程标准下课堂评价的一个重要指标。课堂教学中,学生的主体地位主要是通过学生的参与程度来体现的。传统课堂上的一问一答、全体朗读等学习行为多是学生被动服从,忽视了学生思维的深层参与。这种价值把握导致"热闹"的课堂背后是一种浅层次的思考和学习上的浮躁,势必会影响学生思维水平的提升和学习能力的提高。

思考应该是学生参与教学过程最本质的特征。因为学生学习本身就是把吸收到的信息内化,经过思维的验证、鉴别、评价,达到将知识巩固内化的过程,其中思维是核心因素,因此课堂教学中必须实现学生思维的参与。唯有真正实现学生思维的积极参与,学生的潜能、个性才能得到显现,才能真正提高教学效率。

(3) 学生主动参与行为

课堂是学生学习行为和教师教学行为互动构成的一种情景。学生对教育活动的参与行为在一定程度上决定了教育活动成效的大小。从学生的学习行为看,学生课堂参与大致可以划分为三类:一类是非投入状态,主要表现为:做小动作、说话、开小差、做其他与学习不相干的事;二是一般性的投入状态,以一般性倾听为主;三是非常投入状态,这样的学生能够做到深入倾听、积极举手回答问题、勇于质疑、有良好的合作意识。

新课程改革强调教学过程是师生交往、共同发展的互动过程。学生的主动投入促使彼此之间成为一个真正的"学习共同体",形成师生互动、生生互动的局面。这样既有利于教师通过集体的智慧形成开发整合课程的能力,也有利于学生在独立探索的基础上,互通见解,吸纳反思,从而实现教学相长。

二、提升学生参与品质的策略

那么,初中语文教学中,如何真正让学生"动起来"、如何真正提升学生的参与品质呢?实践探索告诉我们,可以有这样的一些策略:

1. 激发兴趣,培养学生参与意识

学生没有参与意识,便不可能有参与行为;参与意识越强,参与行为越主动。从心理学角度看,参与意识即角色意识。

首先,培养学生的参与意识要教师关注学生个体差异。整齐划一、齐步走是传统教学的一大弊端。由于学习对象是活生生的具体的人,彼此之间知识基础、兴趣爱好、学习能力必然会有所差别。为此,《基础教育课程改革纲要(试行)》指出:"教师应尊重学生的人格,关注个体差异,满足不同学生的学习需求,创设能引导学生主动参与的教育环境,激发学生的学习积极性,培养学生掌握和运用知识的态度和能力,使每个学生都能得到充分的发展。"因此,要培养学生参与意识,强调学生的全体参与,首先就要承认个体的差异,这样才能保证每一项课堂活动都能收到积极效果。

其次,培养学生的参与意识要唤起学生对新知识的兴趣,努力激发学生的求知欲。课堂教学中,教师对学生学习兴趣的唤起,最重要的是新课导言的设计和浓烈学习氛围的创设。为学生创设良好的学习氛围,学生当然会兴趣盎然地投入探究的学习活动之中。比如:在学习《罗布泊,消逝的仙湖》一文时,我由课题中的"泊"和"仙湖"导入,让学生了解罗布泊原来是个水草丰茂,景色宜人的地方。然后我出示了一些过去与现在罗布泊的照片,学生一下子被强烈的景色对比给震撼了,此时我让学生阅读课文,找出罗布泊变化的原因,学生的主体参与意识被充分调动起来,一致响应,他们认真地看,仔细思考揣摩,争先恐后地抢着发言……由此可见,以恰当的导入和教学环节的设置,激发起学生兴趣,促使他们产生求知欲,这也是培养学生主体参与意识的好方法。

课程标准中指出:语文学习应该是学生自己的生活实践活动,语文教学应该与学生的生活充分地融合起来,从学生的生活经验和已有的知识背景出发,向他们提供充分的活动和交流的机会,从而增强学习的动力,产生积极的情感。

2. 创设条件,促进学生积极思维

思维参与是学习新知的核心。思维参与是各种参与活动的最高层次,是参与品质得以体现的最主要的途径。没有思维的参与,只能是流于形式的无效参与。一堂好课的标准重点应该是学生积极主动参与的程度,如果学生都以主人翁的姿态,积极主动地参与学习的全过程,就可以说是一堂高效率的课。

在语文学习过程中,教师首先要有强烈的问题意识,引导学生提出高水平的、有价值的问题,同时引导学生积极思维,进行分析、比较、归纳、判断、推理等思维活动,参与以求知为中心的学习活动,促进学生的知识建构。教师也应有意识地创设教学情境,创造条件让学生进行各种实践活动,使学生能把握知识的来龙去脉,受到恰当的思维训练,完成知识的"发现"和"获取"过程。

如:讲《凡卡》时,设计这样的问题:(1)凡卡在莫斯科过着怎样的悲惨生活?(2)文中几次出现回忆与爷爷的往事,表现的是一种怎样的思想感情?(3)作者说:"凡卡怀着甜蜜的希望睡熟了",你觉得凡卡能梦想成真吗?这样的问题既能使学生深入了解课文,又能引发学生自身的探索意识。此外,教师要注重科学方法培养。只有掌握了科学方法,学生的思维参与才能得以深入。

3. 加强引导,形成学生主动行为

学生在教学活动中的参与行为是极其重要的,它是价值观的显现。如学生是否善于倾听,理解他人的发言,并能及时抓住要点;学生能否很好地与他人沟通;能否质疑发问,发表不同意见等。这些都需要我们教师去关注、去引导。尤其是语文课堂,因其理解表达的多样性,更应该是交流、质疑、头脑风暴的场所。但在活动中参与的学生,由于存在着能力、个性及其他因素的差异,这种差异直接影响学生参与品质。因此,教师可以引导学生之间的合作,实现"兵教兵",避免个别尖子生的过度参与,使每一个学生都成为教学活动的积极参与者。

如:《陈太丘与友期》一文中,对最后"元方入门不顾"的理解就没有标准答案。有的同学会觉得在友人已经有改过表现时,元方仍这么做是不礼貌的;有同学觉得对一个小孩子来说,更应该关注元方在与友人对话时的表现,不要苛求他最后的行为。此时,教师就可以采用分组讨论、交流质疑的方法,在课堂教学中引导师生交流、生生交流,让每一个学生充分发表自己的观点。这样有利于师生间、生生间的情感沟通和信息互动;有利于思维的撞击和智慧火花的迸发。

学生的参与行为除了交流质疑外,还包括反思。课堂教学中让学生参与反思,让学生评价别人对问题的回答以及评价自己的学习情况,寻找自己学习成功与失败的原因,能让学生体会到自我满足感,这种满足感给予学生的不仅仅是一时的心情愉悦,还有对自我的信心和强烈而持久的学习动机。因此学生反思是学生学习过程中不可或缺的成长阶梯,对培养学生参与品质也是极为必要的。

《义务教育语文课程标准(2011版)》提出,要求学生在课堂上"对课文的内容和表达有自己的心得,能提出自己的看法和问题,并能运用合作的方式,共同探讨疑难问题"。确实,从"大语文"的角度看,学生参与品质的提升不仅能提高学习兴趣和学习效率,而且也有利于培养学生善于思考的学习态度、交流倾听的交际能力和包容大度的人格特点。当然,提升学生参与品质决不是一朝一夕的,它需要我们长期不懈的努力。

(本篇作者:方　珉)

14. 整本书阅读的指导策略与研究

一、整本书阅读的现状

阅读是美妙的。回顾自己青少年时期的阅读经历,爱上阅读是一件很自然的事,然而当我多年后做了初中语文教师,站在教育者的视角,却看到了当下整本书阅读的现实困境。

进入了初中,学生的阅读境遇通常会发生较大变化。初中生的自我意识增强,社会属性增强,亲子陪伴式阅读逐渐淡出;与此同时,大部分初中生还没有养成良好的阅读习惯,学生缺乏对整本书阅读的兴趣和热情,缺乏整本书阅读的有效方法,于是,我们的学生面对整本书阅读深感困难重重。

二、整本书阅读的指导策略

(一) 游戏活动激发整本书阅读的兴趣

整本书阅读的活动设计不仅仅是问题对话交流,它可以用更生动的方式去进行。借鉴游戏化思维,将整本书阅读活动设计游戏化,站在学生的角度去面对阅读,会让整本书阅读更为好玩,更具吸引力。那么,基于游戏化思维的整本书阅读活动应该如何设计?这里以"西游阅读积分与排行"的整本书阅读活动设计为例。

放假最开心的事莫过于追剧了,语文老师特别了解学生的心思,给学生一个可以正大光明追剧的理由,于是,我们的读书作业就是——看电视剧!每天一集《西游记》,让孙悟空陪你过大年!看完电视剧,再看原著——"so easy,老师再也不用担心我的阅读了。"

1. 每日追剧：点播 86 版《西游记》，每天一集，25 集剧情等你感受，不见不散。

2. 阅读打卡：根据剧情，从原著中找到相关故事阅读，对比原著和电视剧的异同。读完记得写下文字交流打卡哦！

3. 作品积分：画图描摹人物故事；制作妖怪战斗力和十大兵器排行榜；《西游记》中的地理学知识和名胜景点；《西游记》里不容小觑的几位配角；《西游记》里的 bug……

打卡记录和作品积分将产生西游阅读排行榜，TOP10 等你来战！

积分、排行、特权是三个最重要的游戏元素，会很好地刺激玩家的状态和持续性。西游作品积分和排行榜巧妙借鉴这些元素实现阅读活动持续的外在激励，一系列的活动创造了孩子与作品接触、沟通和参与的过程，给孩子提供了一种更具激励性的体验。

(二) 恰当方法引导整本书阅读的能力

1. 图文结合

图文结合的阅读方法，非常贴近初中生的阅读心理：以中外文学经典为主题的绘画作品是经典文学的衍生，既可以丰富文学经典的内容，又可以避免那种单一的读图文化。

七年级语文课本中将要学习《鲁滨逊漂流记》，而大部分同学在小学阶段都阅读过青少年版《鲁滨逊漂流记》。于是，我把重读这本书作为回家作业，在熟悉和陌生之间，唤醒同学们对过往阅读的回忆，进而打消对整本书的畏惧。我选择了汪家明先生《难忘的书和插图》一书中关于《鲁滨逊漂流记》的十二幅插图。

首先，我布置了阅读作业——翻看《鲁滨逊漂流记》，找出与这十二幅图相关的故事，准备在课堂上朗读相关情节。在这一环节中，这些图和学生们在小学阶段的阅读经验发生了关联，生发出了不曾预设的发现："老师，画中鲁滨逊的头发和胡子每一张都不一样呢！"

于是，大家在这位同学的引导下仔细看了这十二幅图，发现画家很好地抓住了鲁滨逊的年龄特点和性格特点，把二十八年的岁月变迁通过人的外在形象和内在精神体现出来。

第二次作业设计为：请参考原著，为十二幅图中的鲁滨逊配上肖像描写。

同学们还发现，这十二幅图，恰恰是鲁滨逊荒野生存的十二个阶段，困难一个接着一个,办法也是一个接着一个。看来,鲁滨逊就是一个荒野求生的高手。

于是第三次作业就应运而生:概括鲁滨逊荒野求生的十二个阶段,说说最喜欢哪个阶段。

这种"图画和书"的整本书阅读经验连接,是"儿童阅读"迈向"少年阅读"的重要之路,因而,以图文结合的方式引领学生进行整本书阅读,对学生而言非常有意义。

2. 语言实践

对这个年龄阶段的学生来说,新鲜活泼的语言实践活动能够极大地化解经典阅读中可能存在的隔膜和乏味感,语言学习也能在阅读经典中有所实现和达成。

曾与一名男生沟通,他说他并不讨厌语文,而且非常喜欢阅读,尤其喜欢四大名著中的《三国演义》,然而看得多却拙于写,为此也深感困惑和苦恼。

于是我对这位男生说,像《三国演义》这样好看好玩的作品,我们除了关注故事的情节,其实也可以关注一下作者的语言,除了"好看"、"好玩"之外,作者也是竭尽语言运用之妙的,你可以通过整本书阅读,尝试学习文本语言运用的范例,提高自己的语言运用能力。

在后来的接触中,这位男生对我说:"老师我以前喜欢阅读,只是喜爱情节,当我看完一本书后,我好像只能回忆起某些情节,过段时间,甚至连情节都模糊了。而现在,经过一段时间的摘抄背诵,我发现文言文用语既有内涵又有美感,除了情节之外,我还积累了很多文言文用语,我可以在随笔中尝试一下这样的语言吗?"后来在他的随笔中,我确实看到了他写得颇有三国韵味,文采飞扬的词句。比如他写他的同班同学,有过这样的段落:"某某同学不好体育,每逢体育课,必垂头丧气,叹曰:'天丧我也!'然至下课铃声方起,其返回教室之神速,令人瞠目,所到处飞沙走石,草木皆拜服于地。"他也模仿这样的语言写过老师:"一日测验,班中甚静,各皆奋笔疾书,忽觉身边有一身影,仰头视之,乃吾师也。吾师金口出声:'尔需快快做题!'其声虽小,然穿透力极强,吾无言以对,以手掩面,作痛苦状。"

学生在阅读完整本书后,常常只会记住一部分情节,甚至很多时候连情节都记忆不清,于是便觉得整本书阅读收效甚微,兴趣骤减。如果能将阅读的关注点放在生动有趣的语言积累上,加以模仿实践,假以时日,当学生看到自己日渐成熟的写作时,必将大大激发学生对整本书阅读的热情。

综上所述,整本书阅读,重在一个"改变",改变常规的阅读思路:从学生的已有兴趣出发,为他们提出更高层次的要求;图文结合,由"儿童阅读"迈向"青少年阅读";不仅关注生动有趣的故事情节,也需积累模仿书中的语言。在阅读指导中,激发学生的阅读兴趣,提高学生的阅读能力,能够让学生在整本书阅读中有所获,有所悟,或许就是最好的方法。

(本篇作者:叶晓云)

15. 她为什么能名列前茅——激发学生地理学科学习兴趣的探索

上完了当天的最后一节课,正走出教室回办公室,突然飞奔过来一个女孩,"周老师!"随着清脆的喊声,我怀中撞进了一个穿着职校校服的女孩,猛然给我来了一个熊抱。原来是我曾经的课代表小 W 回来看我了。两年多没见,现在小 W 和我越发亲热了。当我与她聊起当时她做地理课代表的情情,话匣子一下子就打开了,小 W 说:"当时我们好多同学都说地理难学,尤其是经纬网啦、地球的自传公转啦,脑子一团浆糊……可我觉得很简单呀。周老师,我告诉你,我是怎么越来越喜欢地理的……"是呀,回想在六、七年级地理学科的学习过程中,小 W 这个基础比较差的学生,在这门学科上竟然名列前茅。这是为什么呢?

小 W 当时担任地理课代表,我俩接触较多,关系很好,这个契机使小 W 注意了地理,进而对地理学科也激发了兴趣,在内心深处迸发出积极要学的能量。那么其他学生呢?从学业考的质量分析中可以看出,有一部分学生的学习基础和小 W 相仿,有的还要更好一些,却考得不如人意,我为他们惋惜的同时,也在思考,这是什么原因呢?该怎么帮助更多学生顺利完成初中地理课程的学习呢?

我进行了分析,发现存在问题的大致原因有:

1. 兴趣没有激发

地理不属于中考学科,学生在初中阶段六、七年级学习地理,一周也只有两节地理课,而地理老师往往任教多个班级,师生接触时间较少,而有些学生本来在学业上就应接不暇,也就不可能投入太多时间和精力在地理学科上,对这门学科不重视,就难以激发起学习的兴趣。

2. 基础比较薄弱

有些学生没能学好,其基础较差也是一个重要原因。一种是一开始没学好,继而产生了害怕、厌恶等不良情绪,甚至有人产生"反正学不会,干脆不学"的心态,自暴自弃。另一种是学习方法的错误,导致基础薄弱。他(她)可能不是所有知识点都不会,只是被一两个知识难点卡住后,没有及时解决,接着又要学习后续知识,形成恶性循环,陷在错误的学习状态之中,导致越学越差。

3. 情绪没有调动

六、七年级学生正处于儿童期向青年期过渡的一个阶段,身心急剧地发生着变化,情感上波动较大,他们在课堂上的表现常会随着情绪的变化而变化。老师如果不是特别仔细、小心处理的话,学生容易产生讨厌、对抗的不良情绪,对老师所讲的知识听而不进,这样就会影响学生的学习效率。

可见,如果学生在地理学习上的兴趣没激发,就会缺乏自我追求,缺乏努力学习的动力。

小W给了我们一个重要的启示,那就是:就算基础比较差,只要兴趣激发了,积极性调动了,同样能够后来居上的。

尽管地理教学存在着一定客观条件上的困难,但重要的是我们老师可以从自己的主观方面入手,找寻方法,以期在有限的时间内、有限的课时中,唤起学生学习地理的兴趣,激发学生融入地理学科学习的情感,在内驱力的作用下,促使学生挖掘潜力,从内心深处迸发出学习能量,从而提升成效。

我想是否可以有以下策略。

一、从地理课程目标中寻找引领点

1. 贴近学生认知体验

地理课程标准有四个关注,其中第二点是——关注贴近学生生活的地理。基于此,老师在备课时应整合教学目标,钻研教材,在教学内容中找寻与学生生活相近的、易引起学生共鸣的点来培养学生学习相关知识的兴趣。

例如:学习中国气候中降水空间分布特点前,老师可以同时出示两张景观图——

上海周围江南古镇的传统民居和新疆的传统民居,学生们基本上都去过上海周围的古镇,对这种青瓦斜顶的民居很熟悉,所以对老师出示的这张景观图很亲切,而新疆民居图中的土砌平顶民居与江南古镇的民居又存在着很大的反差,这引起了学生的兴趣,然后老师再开展"中国降水空间分布特点"这一知识的学习就比较流畅了,最后学生们都能顺利描述两种房顶的作用——新疆所处的西北地区降水稀少且光照强,土砌平顶有利于晾晒;上海所处的南方地区降水多,青瓦斜顶有利于迅速排除屋顶积水。

2. 创设悬疑吸引学生

"学起于思,思源于疑",老师可采用生活的实例并创设悬念,学生有了困惑感、好奇感后,就会产生很想知道的欲望,从而激发起学习地理的兴趣。

例如:在学习我国气候特点前,老师以中国是美食王国为话题切入,出示各地的美食照片,提问"为什么有炖在东北、麻辣川菜、广东生猛海鲜等不同的烹饪方式呢?"问题一提出来就引起了学生强烈的好奇心,进而积极主动地去探求问题的答案。经过学习,学生知道了不同的烹饪方式是为了适应不同的气候条件,并推断出——我国气候复杂多样这一特点。

孔子认为:"知之者不如好知者,好知者不如乐知者。"这些来自生活的例子很好地串起了相关地理知识的学习。学生兴趣盎然,积极主动,就不再把地理学习当成负担。

二、从地理教材内容中发现兴趣点

地理是一门综合性很强的学科,这种特质正好提供了更多角度来吸引不同特长的学生。老师应该潜心学习,广泛涉猎,做个杂家,挖掘与众学科的交叉点,备课时注重穿插各类知识,讲课做到旁征博引,信手拈来。

例如:在学习中国地形时,可以穿插古诗词开展教学。以南北朝时北朝民歌《敕勒歌》为载体,"敕勒川,阴山下。"老师在引用这句诗后,请学生在中国地形图中找到阴山山脉,提问阴山下的敕勒川在哪个高原上,引入对内蒙古高原的学习;用"天苍苍,野茫茫,风吹草低见牛羊。"这句诗来归纳出内蒙古高原的特点——平坦开阔。中间有句"天似穹庐,笼盖四野。"又可以在学习地球的形状时使用,用来介绍古人探索地球形状过程中曾经有过的"天圆地方"观点。一首古民歌,吸引了擅长文科的学生。

例如：学习时区知识时，老师在黑板上写出时差推算口诀——"东东相减,西西相减，东西相加。"请学生们从数学口诀中找灵感，讨论分析如何使用。有擅长理科的学生结合相关地理知识做出了解释——意思是两个东时区差几小时就是将它们的时区数减一下，两个西时区亦然，而一东一西两个时区差几小时就是将它们的时区数加一下。一个口诀的推算讨论，将全班学生的思维调动起来了。

在地理课堂上，这些结合着其他学科知识的地理内容，容易激发了不同学生的学习兴趣，促使学生融入情感，学生学习地理就会感到有滋有味。

三、从地理教学方法中寻找共鸣点

首先，老师要吃透教材，对有关的环节作深入具体的分析，精心设计生动、有效的教学方法。

例如：为了让学生在短时间内掌握34个行政区划的名称和相对位置，尤其是相对位置这个重难点的学习，老师可以用几种方法一步步由浅到深地开展学习。第一步采取的方法比较简单——形象记忆省区轮廓，想象各个省区的形状，比如青海省像兔子，湖南省、江西省像兄妹俩，云南省像孔雀……第二步增加难度，老师让学生在图上一一指出老家相邻的省区，进行相对位置的训练。接下来再和学生一起整理更多的方法——按方位记忆省区、沿一些线（比如海岸线、陆上边境线、铁路线等）穿过的省区记忆等等。"条条道路通罗马"，几种方法训练下来，学生基本上有效地掌握了这个知识重难点。

其次，老师可将评价引入地理教学，营造乐学、好学的氛围。地理教学中的评价方式，我主要用两种：即过程性评价和结果性评价。过程性评价是老师可根据这个年龄学生特点，让他们在学期开始时自组小组，进行积分制度。以竞赛贯穿教学的全过程，竞赛从两方面进行积分：单个学生得分以及团队得分。前者就是小组单个成员在课堂回答问题中得分计入小组总分中；后者就是有些课堂活动需要讨论集体完成的，小组成员一起商量，推选代表交流得分。有分有合，既有单独思考，也有共同合作。这就有利于生生互动，积极参与。

过程性评价则包括课外的参与，老师对配套练习册进行筛选，分层布置，对完成带星号题给予肯定;并设置多种作业,如收集资料、绘制平面图、小制作、小报等,让学生自愿参加,参加者给予肯定。

这样一来,课内课外活动都与积分评价相结合,让学生在学中玩、玩中学,学生学习兴趣受到激发,热情高涨,学得轻松而愉快。

四、从教学的师生关系中培育融洽点

苏霍姆林斯基说:"在每个孩子的心中最隐秘的一角,都有一根独特的琴弦,拨动它,就会发生特有音响,要使孩子的心同我的话发生共鸣,我自身就需要同孩子的心弦对准音调。"

老师该如何对准音调呢?那就应该注意平等、公正。

平等就是老师重视每一位学生,尽可能地给每位学生相等的机会,让课堂里的每个人都有主人翁的感觉。比如课堂上,如果有成绩不好的学生举手发言,明知他会回答得一塌糊涂,老师也会鼓励和支持他,甚至主动创设机会让他参与,让每位学生体会到学习的进步和学习的乐趣很重要。

公正就是老师不给学生特权,不以成绩来评论学生的好坏。无论是学科成绩还是性格,老师都得承认学生个体间存在差异。老师面对学习能力稍弱者或者性格内向者"不放弃,不抛弃",给予更多的关爱,唤起其信心,还可以在课堂竞赛环节给予更多机会;面对本学科的学有余力者则是另一种方法,老师应采取高标准、严要求,鼓励其参加生教生活动,争当教学小能手,推动其更加优秀。

亲其师,才能信其道。师生关系融洽,学生自然而然会把这种情感融入地理学科,更容易提高地理学科的学习成效。

基础较差的小 W 同学能够在地理学科中名列前茅,这也就告诉了我,激发学生学习兴趣,在学科教学中融入情感,那么学习效果一定会凸显出来的,这也告诉我们老师,一定要投身课改,努力改进自身的教法,促使我们的课堂更加健康,我们的学生才能更快成长。

(本篇作者:周伊明)

第二节　学习策略研究

1. 初中历史教学中学生证据意识的培养

"求真"是历史学科的第一属性。希腊史学家波里比阿曾说过："'真实'之于历史，犹如双目之于人身。"有效的历史教学就是要尽可能地还原历史，再现历史。要做到这一点，就是要让学生从入门学习开始就知道凡事要凭证据说话，所谓"史由证来、证史一致"，因此在初中历史教学中培养学生的证据意识尤为重要。

一、历史教学中培养学生证据意识的重要性

1. 学史需要"证据意识"

英国历史学家柯林伍德在《历史的观念》中说："历史学是一种研究或探讨。……是通过对证据的解释而进行的。"

我们的中学历史是一门借助教学材料阐释重要的历史现象、历史概念、历史人物以及历史发展阶段特征的人文基础学科。其承担着探讨人类社会历史发展特殊规律，总结研究历史方法和理论的学科任务。而这种实证性又是通过收集、整理、解说、连缀证据、寻求确定性来赋予的。

基于历史学科的这一特性，需要我们在历史教学中加强对学生证据意识的培养。

2. 育人需要"证据意识"

《义务教育历史课程标准(2011年版)》在三维目标的知识与能力部分指出："要学会从多种渠道获取历史信息，理解以历史材料为依据来解释历史的重要性，初步形成重证据的历史意识。"历史课程标准对培养学生重证据的历史意识的强调，既体现了历

史学科思维的基本特征,同时对于提高学生的历史分析能力、形成严谨的思辨意识和思维品质、养成"求真"的科学精神和态度尤为重要。

我们的历史教学要让学生在"求真"中认识历史、感受历史,以此形成正确的人生观和价值观,学做一名"真人"。

因此,培养学生的"证据意识"也是现代教育育人的需要。

二、历史教学中培养学生证据意识的策略

1. 利用"证据互证"培养学生的证据意识

众所周知,历史是人类过去的记录,要还原历史的原貌,只能对留存的证据进行整理、研究、分析。所谓"孤证不立",要证明历史现象的真实性,就要加强证据之间的互证,即引入多种证据来论证,否则就如胡适先生所言:"证据不充分,不能使人信仰。"因此在教学中可以通过出示多种证据互证来培养学生的证据意识。

例如:在教学《两宋新格局》——"陈桥兵变"一课内容时,教师从唐朝灭亡后的五代十国的更替直接引出了五代的后周王朝,并指出在960年发生了"陈桥兵变"的事件,随即让学生上台来讲这个故事,学生讲完后,紧接着,教师出示了《宋史》卷一《太祖纪》中的一段史料:

"七年春,北汉结契丹入寇,命出师御之。次陈桥驿……有以黄衣加太祖身,众皆罗拜,呼万岁,即掖太祖乘马。"

接着又出示了《河南封丘陈桥镇陈桥村的"系马槐"》的图片资料。

老师在教学"陈桥兵变"这个环节中,虽然前后只用了短短的3、4分钟的时间,但在这个过程中,教师让学生认识历史知识的同时也教会了学生学史的方法,即同一历史事件可以用多种史料来论证它的真实性,既有文字史料,也有图片史料,通过图文之间的互证来追求历史的真相,而这个过程也潜移默化地培养了学生的"证据意识"。

判断历史真伪的依据在于让证据说话,当所有的证据都指向同一个结论时,那基本就可以断定为历史的"真实面貌"了,而我们的历史教学的任务也就是要让学生知道历史的"真实面貌",所以在平时就是要不断训练学生在"证据"的基础上寻求历史的"真实面貌"。

又如:《两宋新格局》一课中,关于"手工业的发展"问题,教师在讲"经济重心南移"时介绍完农业的发展后用一句话过渡到了手工业的发展:"除了农业的发展外,宋代的手工业也有了长足的进步。请同学们在书上找出相关资料加以证明。"

第一位学生找到了课本中的一段文字资料:"北宋时,南方的丝织品不仅产量大,……仅临安(今浙江杭州)一地,就有锦、缎、绢等二三十种品种。"通过这段文字他得出了宋代丝织品不仅产量大、品种多,而且花型图案、艺术风格有创新,尤其是南方的临安地区更为突出的结论。

第二位学生找到了陆游《老学庵笔记》中"亳州出轻纱,举之若无,裁以为衣,真如烟雾……"这段史料,并说明从这段资料中也能看出丝织品制作技艺的高超。

第三位学生找到了朱克柔的《茶花图》,并指出通过图中叶面上被虫蚀过的瘢痕,可以充分说明了其工艺的精湛。

同学们通过相关的文字资料、文学作品、图片资料等多种证据的出示,通过一连串的"证据链",证明了宋代丝织业的发展情况,了解到宋代的丝织品不仅产量大,品种多,而且工艺精,南方甚于北方。老师在最后总结时再强调丝织业发展水平的高超也是从侧面反映出宋代手工业水平的高超。

这个例子强调的是证据的多样性,教师要善于引导学生使用教材中不同类型的证据来说明问题。俗话说:有一分证据就说一分话。"史由证来"、"论从史出"是我们历史研究的基本原则。在课堂教学中,如果能运用典型史料充实教材,帮助学生"在证据中追求历史的真相",不但能有效解决教学的重难点,还能培养学生的"求真"精神,树立证据意识。

2. 在"质证"中培养学生的证据意识

所谓"质证",它包含两层意思,即"质疑"与"求证",就是对证据提出"质疑",再通过一定的方法、手段进行求证,最后得出证据是否"真实"的判断。历史学科的"求真"不仅在于让"证据"说话,更在于对"证据"进行"真伪判断"。所谓"学贵有思,思源于疑"讲的就是这个。长期以来,限于教学方式等多种原因的影响,学生对权威、对教材、对老师的怀疑并不多。因此在教学中鼓励学生敢于大胆质疑、小心求证,也是培养学生证据意识的积极表现。

例如:在讲授《生产技术的进步》的内容时,出示《牛形尊》的图片资料,图下有这样一段说明：图为春秋时期的牛形尊，牛鼻上穿有鼻环，说明当时牛已被牵引从事耕作。教学时老师先请学生阅读教材让学生在书上找出"春秋战国时期出现牛耕"的证据，学生自然找到了《牛形尊》这张图片资料来证明牛耕的出现。老师接着问学生：这张图片是否真的能证明？全班几乎异口同声地回答：可以。于是老师反问了一句：牛鼻上穿有鼻环，就一定说明牛是被牵引从事耕作的吗？经老师这么一问，学生们顿时傻了眼，半天才反应过来，有一位学生站起来说：老师，仔细想想似乎只能证明牛已被牵引驯服，但不能证明一定是被牵着去耕地的。这位学生的回答得到了大家的认可，同学们纷纷点头表示赞成。这节课后老师留了一个拓展作业给学生：既然《牛形尊》一图不能确切证明牛一定是被牵着去耕地的，那么请同学们在课外找找有关"春秋战国时期出现牛耕"的证据。

经过课外的收集、查找，有的同学查到了《山海经·海内经》中的记载："后稷是播百谷。稷之孙曰叔均，始作牛耕。"也有的找到了《易传》中的记载："农功既毕，始牵牛车，载其所有，求易所无，远行可买卖。"有的则说从孔子学生起名叫"冉耕"，字"伯牛"也可以反映出这一时期已出现了牛耕的情况；更有同学找来了商鞅变法时的《奖励耕织图》进行说明。

教师通过引导学生对于教科书内容的"质疑"引发学生的思考，从而带领学生在课外探究查找"春秋战国时期出现牛耕"的史实。同学们通过文字史料和图片史料的探究，进一步巩固掌握了春秋战国时期牛耕的知识，这是在课本教学基础上的延伸和拓展，也是学生们在学习"牛耕"知识时从最初的《牛形尊》图到最后的《奖励耕织图》图的提升。因此作为历史教师大可以鼓励学生大胆质疑，小心求证，不能不"唯书"，但也不可只"唯书"，包括也可以挑战老师的权威，因为只有"疑"了，才会究其"真"。

又如：在教授现当代史时，照片作为一种史料有什么作用呢？在教授《现代化的曲折道路》一课时，教师出示照片《坐在稻穗上的姑娘》，并提问：这张照片反映的情况是真实的吗？学生观看并回答。对于学生的回答老师给予了充分的肯定，随即也表扬了学生们的"质疑"精神，同时也指出了照片的证史价值，并告诉学生们"虽然照片不会撒谎，但撒谎者却可能去拍照"的道理，所以对于照片所提供的证词一定要放在时代历史"背景"中进行考察才能确定。

本教学环节通过教师"示证"和学生"质证"的过程，让学生用经过证明是伪造的或不真实的史实去探索拍照者的动机,由此使学生更好地理解当时大跃进时期"浮夸风"盛行的历史真相。学生在"质证"中不断探索,渐渐接近历史,认清历史,这样学生的证据意识也就一步步培养起来了。

总之,历史教学是寻求历史"真相"的过程,在新课程改革和素质教育的大背景下,我们的历史教学也要与时俱进,在告诉学生"历史是什么?"的同时,也要教会学生探究"为什么是这样的?"。我们在教学中要积极培养学生的证据意识,使他们认识到:要想获得对历史的正确认识就必须尊重客观的历史证据。我们要将证据意识传递给学生,因为这不仅体现了历史学科的基本特性,同时也是历史学科育人价值的体现。

(本篇作者:朱 萍)

2. 中学美术课堂教学中的视觉读写能力培养初探

从20世纪80年代起,生活中的图像、视觉对象日益丰富,并通过网络实现了全球化、即时性的文化传播,视觉文化正在演变为各种文化的主流。当它不断潜移默化地渗透于人类生活各个角落的时候,我们已不知不觉地步入了视觉文化时代。

那么,面对视觉文化时代的演进,中学生会面临何种影响呢?中学美术教育该注重何种能力培养呢?中学美术课堂教学该如何来适应新时代呢?

一、"视觉文化时代"对中学生产生的影响

生活在视觉文化时代的中学生,每天都会接触到大量的商品包装、广告、动漫、游戏、电影等各种视觉文化产物,这些视觉信息中又夹杂和充斥着各类良莠不齐的文化,使学生们迷失其中,难以自拔。

笔者曾在自己所任教的学校中对六、七两个年级将近四百名学生进行问卷调查。调查结果显示,学生课外阅读的书籍中,排在前三位的分别是连载漫画、游戏杂志与偶像集,而纯文字类的书籍,例如小说、文学类杂志等只排到了第四和第五位。它们各自所占的比例分别是连载漫画(83%)、游戏杂志(47%)、偶像集(38%)、小说(36%)、文学类杂志(19%)。关于学生上网获取信息的习惯,调查显示有48%的学生只看图片

和视频,43%的学生图文兼看,但只有9%的学生是注重文字阅读的。

这也从一个侧面反映出"视觉文化时代"正在改变学生的阅读方式、娱乐方式和认知方式。

二、"视觉读写能力"的重要性

由调查可见,视觉文化时代下的中学生比以往任何时代更加倚赖视觉去认知外在世界。同时,传递中的视觉信息必然夹带着各种形态的文化,这其中难免会裹挟着文化入侵与文化殖民的影子,例如冲击全球的好莱坞电影与日本动漫。

处于这种纷繁的社会视觉环境中,如果缺乏正确的引导,很容易迷失方向。对成人尚且如此,它对中学生的影响则更像是一把双刃剑。如果疏于关注,甚至还会形成偏颇的价值观。

在各种价值相悖、形态多元、编码繁复的视觉信息中,我们急需一种能力,帮助我们去分辨其优劣善恶。澳大利亚乌龙冈大学英·布朗(Ian Brown)教授提出了"视觉读写能力"这个概念,并呼吁必须加强对学生"视觉读写能力"的培养,这项能力已成为全球的教育趋势。一方面,我们需要更好地解读沉淀在各种视觉信息背后的价值与深层意义,从而不被外来文化误导。另一方面,我们又应以理性的、负责任的态度去创造各种视觉信息,从而避免为后代留下过多的视觉文化垃圾。可见,这种基于视觉的阅读与表达能力在某种程度上甚至会影响文化的交流与传承。

因此,如何立足一线美术课堂教学,更好地培养中学生的视觉读写能力,将逐渐成为一种迫切的时代需求,同时也是一个非常值得探索与研究的长期课题。

三、何谓"视觉读写能力"

我国学者王大根在题为《美术是一种重要的学习方式》的文章中将"视觉读写能力"归纳为由"视觉识读能力"(包括视觉感受能力、视觉审美能力与视觉解读能力)与"视觉表达能力"(包括视觉感知能力与视觉思维能力)共同构成的综合读写能力。

这也可以理解为:如何阅读视觉图像信息的"读图能力"与如何利用视觉图像表达信息的"图说能力",一读一写两个行为,综合起来就构成了"视觉读写能力"。(如图)

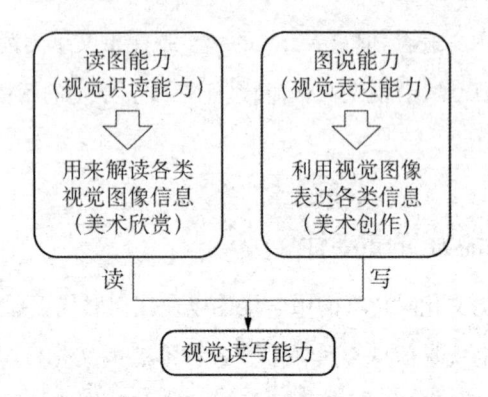

```
┌─────────────┐      ┌─────────────┐
│  读图能力    │      │  图说能力    │
│(视觉识读能力)│      │(视觉表达能力)│
└──────┬──────┘      └──────┬──────┘
       ▼                    ▼
┌─────────────┐      ┌─────────────┐
│用来解读各类  │      │利用视觉图像  │
│视觉图像信息  │      │表达各类信息  │
│ (美术欣赏)  │      │ (美术创作)  │
└──────┬──────┘      └──────┬──────┘
       读                   写
         └────────┬─────────┘
                  ▼
           ┌─────────────┐
           │ 视觉读写能力 │
           └─────────────┘
```

在视觉文化时代，美术欣赏成为了一种"读图能力"，侧重于学习人类文化和了解生活中的视觉文化信息；美术创作成为了一种"图说能力"，侧重于用视觉化的形式表达自己的思想和情感。从这个意义上说，"视觉读写能力"既是一种重要的美术素养，又是视觉文化时代的一种重要的学习方式。

四、"视觉读写能力"培养的课堂实践

新课标已经对美术教育提出了新的要求，我们的课堂教学同样应该以"视觉读写能力"的培养为目的，做一些新的尝试与设计。

以下，笔者就自己的教学实践，探索了如何从"读图"与"图说"以及两者兼顾的角度切入，来培养中学生的"视觉读写能力"。

1. 从培养"读图能力"入手

视觉文化时代的"读图能力"，就是要让学生学会完全自主的、客观的、全面的，甚至依托于外部资料的查阅去解读各类美术作品。

美术课培养"读图能力"，欣赏课自然是最好的载体，但以往的模式都是教师讲学生听，学生学习自主性不能发挥，更谈不上什么自主、客观、全面的"读图能力"了。但如果我们按照建构主义理论，结合学生现有的认知结构，用适切的方法激发其自主性，并通过科学引导融入新时代的"读图能力"，就能使其通过协作与会话自行建构出符合时代的全新认知结构。基于这样的想法，笔者设计了"旷世杰作评论"课程。

课程中，教师请学生观看BBC《旷世杰作的秘密》纪录片，并要求学生记录片中评价作品时的各种不同角度，然后自由分组，选择绘画史上的一幅旷世杰作进行评论，完

成一次为时15分钟左右的公开演讲。

在这里,先前纪录片中的"读图"方式已经帮助学生搭建好了支架,同时,在小组合作模式下,学生的自主性被完全调动,他们按照组员特长自行分工,利用课余时间去图书馆和网络上搜索各类资料与图片来完成PPT。中途不时会有学生来向教师咨询,教师则适当引导,在这个完全自主的过程中,学生开始慢慢地建构出了一种多元的、富有个性的、专属于他们自己的"读图能力"。

从演讲中可以看出,学生对于美术作品的解读已不再像以往那样不着边际,而是合理有序,各有侧重,其出示的资料不仅适切而且佐证有力,展现出一种意想不到的专业性。学生从不喜欢、看不懂到尝试着接受、理解和分析,最终侃侃而谈,深有心得,这难道不就是一种顺应时代的"读图能力"吗?

2. 从培养"图说能力"入手

视觉文化时代中的"图说能力",就是要培养学生通过绘画清晰准确地传达信息。它不再是自我中心式的情感宣泄,而是一种试图让他人理解的交流请求。

日常生活中,越来越多的说明书开始采用连续图像的形式出现,其最终目的就是要更直观地传达信息。如果将这个资源融入美术课堂,是一个非常好的"图说能力"培养载体,既可以提升用图像传达信息的能力,还能锻炼组合多幅图像的连续思维。

于是,笔者设计了一系列关于"手绘说明书"的绘制课程。教学上仍然依托建构主义,充分发挥学生主动性。例如,鼓励学生分小组创造新颖的鞋带穿法,再通过手绘说明书的形式呈现出来,还要让家人依据它掌握该种鞋带穿法。过程中,笔者简单讲解了绘画技法上的一些要点,比如要用双线条表现鞋带,上下空间位置要通过线条的显与隐来体现,善用方向指示箭头等等技巧,并做了示范。其余时间都是小组式的自主讨论、不断尝试与反复绘制。课程中,学生慢慢地学会了如何站在观者的角度去布局画面,上呈的作业图示明确,条理清晰,直观易懂,效果令教师颇感惊喜。学生的"图说能力"得到了明显的提升。

在随后的几堂课中,教师又用相同的方法组织学生绘制外国人也能看懂的"番茄炒蛋手绘说明书"以及弟弟妹妹也能明白的"折纸飞机手绘说明书"。为了使说明书更生动,学生们在家中亲自体验烹饪过程,反复摆弄纸飞机的折叠过程,还主动查阅相关的绘本资料来补充自己的技法缺失,不断斟酌画面元素的安排和空间关系的表达,力求使图像更准确地传递信息。这种逐步建构而出的"图说能力"帮助学生创造出了大量精彩作品,出乎教师的意料。

3."读图"与"图说"两者要兼顾

归根到底,只有当"读图"与"图说"二者合一才能构成完整的"视觉读写能力"。上文中笔者的实践大都单独针对其中一项能力进行培养,总感觉美中不足。因此,笔者一直在寻找一种资源,能同时兼顾"读图"与"图说"能力的培养。

这就要求有某种艺术形式,既能在解读过程中提供多元文化体验,提升"读图能力",又要在创作形式上方便学生进入,同时融入解读体验,从而提升"图说能力"。这才是一个完整的"视觉读写能力"培养课程。

基于以上,笔者的视线落在了艺术家徐冰的身上。他的"新英文书法"用汉字的结构写出了英文的二十六个字母,是一种同时拥有汉字与英文两种意向且东西方人都能看懂的新书法,预示着文化的交融。他的"地书"是由生活中的常见图示,例如化妆间标识、交通标识、商场标识等组成,任何人都能读懂并且书写的无差别文字系统,预示着文化的同一。

徐冰——"新英文书法"——"Art For The People"

徐冰——"地书"

于是,笔者在课堂上让学生大胆地猜测这些文字的涵义,并分组讨论艺术家的创作初衷,引导学生从文化冲突与文化融合上对作品进行解读,其间还对各类视觉文化现象进行辨析,如"麦当劳"、"迪士尼"、"日本的三国志游戏"等等,潜移默化地帮助学生建构基于多元文化心态的高层次"读图能力"。同时,又要求学生运用"地书"这套极易掌握的图像文字系统以文化为题,书写一段自己的亲身经历,完成一幅作品。过程中,学生热情高涨,作品趣味横生,甚至还能隐约感受到先前学生运用"读图能力"解读作品后的各种独到见解,"图说能力"也得到了相应提升。一"读"一"写",相得益彰,综合地培养了学生的"视觉读写能力"。

作为一名美术教师,我们向学生传授美术知识的同时,其实更重要的是培养他们的能力,而"视觉读写能力"的习得与运用就是在视觉文化时代背景下的一种重要学习能力。笔者将继续致力于"视觉读写能力"培养的课堂实践与研究。

(本篇作者:何晓骏)

3. 开放式思维训练促英语阅读能力的提高

《义务教育英语课程标准(2011年版)》(以下简称《课程标准》)指出,英语课程承担着培养学生基本英语素养和发展学生思维能力的任务,即学生通过英语课程的学习,不仅要掌握基本的英语语言知识,发展语言技能,初步形成用英语与他人交流的能力,还要进一步促进思维能力的发展。2016年发布的《中国学生发展核心素养》总体框架以及2017年版的《普通高中英语课程标准》中,英语课程的总目标从培养学生的综合语言运用能力转向英语学科核心素养,其中的思维品质、语言能力、文化品格和学习能力被列为英语学科核心素养的四个维度。这就意味着,思维品质的培养不再是特优学生的发展目标,而是对基础教育阶段所有学生的普适性要求。

阅读是学生积累语言知识,提高学习兴趣的主要途径之一。阅读教学在初中英语教学中占有重要地位。《课程标准》对读的能力的五级要求是:能根据上下文和构词法推断、理解生词的含义;能理解段落中各句子之间的逻辑关系;能找出文章中的主题,理解故事情节,预测故事情节的发展和可能的结局;能读懂相应水平的常见体裁的读物;能根据不同的阅读目的运用简单的阅读策略获取信息……纵观近三年英语中考卷可以发现,阅读理解分值均为30分,且难度逐年递增,大部分题目需要学生在理解文本表层信息的基础上进行分析、归纳、综合、判断,对学生的思维水平要求较高,能有效考查学生的阅读素养。

可见,无论是课程改革还是中考要求,初中英语阅读教学不能只关注对学生听、说、读、写四项基本技能的训练,更应注重对学生思维品质的培养。

然而,长期以来,初中英语阅读课堂教学把训练学生的阅读技巧和语言技能作为阅读课的主要目标,教师在课堂上更多关注学生对语言知识的掌握,而忽视对学生思维品质等基本素养的培养。现状是:课堂上学生还是处在被动的学习状态,思维参与度不够。在惯性思维影响下,当学生观察和思考一个事物的时候,难免会顾此失彼。这种封闭式的状态导致"久会而成习,久合而成惯,久应而成习惯思维"。其结果造成学生的思维是惯性的、定性的、线性的。遇到问题时难以用发散的思维来思考,难以适应社会的发展。因此,探讨如何利用英语阅读教学来培养学生思维品质是很有必要的。

一、英语阅读中思维品质培养的思考

(一) 思维品质的概念

思维品质是指人的思维个性特征,反映其在思维的逻辑性、批判性、创造性等方面所表现的水平和特点。作为核心素养的思维品质,既不同于一般意义的思维能力,又不同于语言能力核心素养中的理解能力和表达能力,而是与英语学习紧密相关的一些思维品质。基础性的思维品质包括思维的准确性、深刻性、灵活性、批判性、开放性、创造性等。

(二) 思维品质的特点

思维品质具有以下特点:一是"多端"——对一个问题,可以多开端,产生许多联想,获得各种各样的结论。二是"灵活"——对一个问题能根据客观情况的变化而变化,也就是说,能根据所发现的新事物,及时修改原来的想法。三是"精细"——不仅考虑到问题的全体,而且要考虑到问题的细节;不仅考虑到问题的本身,而且考虑到与问题有关的其他条件。四是"新颖"——答案可以有个体差异,各不相同,新颖不俗。

(三) 英语阅读与思维品质训练的关系

思维品质训练是英语阅读本身的需要：阅读材料是思维品质训练的有效载体。阅读过程本身是一个教师、学生、文本之间对话的过程，在阅读中进行思维训练，是使学生更加积极主动地思考、理解和接受信息的有效途径。

思维品质训练是学生思维发展的需要：学生在这种积极的、能动的思维碰撞中不断得到训练、提高、升华。长此以往，学生的思维会得到长足的进步，对事物的认知更加全面，更具有创造力。

二、英语阅读教学中培养学生思维品质的内容

课程标准把思维品质列入英语学科核心素养，并将其界定为：一个人的"思维个性特征，反映其在思维的逻辑性、批判性、创造力等方面所表现的能力和水平"。因此，我们在英语阅读教学中要注重对逻辑思维、批判性思维、创新性思维能力的培养，使学生掌握思维的规则和规律，能够通过正确的途径，求证事物的真假，能提出有别于常规或常人思路的见解和方法，不墨守成规，敢于想象，善于改变，推陈出新。

三、在英语阅读教学中培养学生思维品质的策略

以思维品质训练为目标的英语阅读教学需要听说读写活动的多维度参与，而且这几方面能力的形成是相辅相成，互相促进的。学生们的共同参与才会使语言思维进入自然、深层次、多维度的状态。

为适应学生、教材和阅读拓展的需求，在英语阅读中可以根据思维发展的规律采用多种方法对学生进行有计划、有目的、有系统的思维品质训练，从而通过英语阅读教学的开发来培养学生的思维方法、思维能力和品质，使我们的英语阅读课更加生动、有效，从而使学生的思维得到系统有效的培养和全面的提升。

(一) 贴近学生发展需求进行思维品质训练

新课标强调要以学生为中心并且注重学生的持续发展。要做到这一点，就要在他们原有的认知中，不断激活、完善和更新他们的内在实际发展需求。

1. 运用"头脑风暴法"培养创新性思维。

语言学习本身就是一种创新,一个人用于表达自己观点和想法的语言不会是来自教科书或教师教的。因此,教师在英语教学中要多创设条件、多鼓励学生创造性地使用语言,促进他们的语言水平得到提高,也促进他们的创新思维能力获得发展。教师根据事先准备好的内容,设置一个问题,在指定的时间内,集体思考,互相激发,构想大量意念,引发新颖构思,主意越多越好,教师不加以评价,学生在大脑中会搜寻以前习得的知识,有可能是单词、词组,也可能是对问题的观点或看法。例如,在上海牛津英语七下 U5"The happy farmer and his wife"(《幸福的农夫与他的妻子》)一课时,幸运女神提出要给农夫和他的妻子三个愿望,笔者就设置了这样的一个问题:What would be the three wishes? Why? 问题一出,学生们就开动大脑,答案各种各样:"a lot of money","a big house with a beautiful garden","a country, some fields"……学生大脑中会涌现大量的英语词汇,学生的思维不但能得以充分调动、保护、训练和发展,更可以激励他们下次更开放的思维爆发的速度,使思维更加活跃、开放、多端。

头脑风暴法也是一种非常有效的导入课堂形式,如在讲八上 U3 More practice 的"The funny side of police work"(《警察工作有趣的一面》)时,根据学生头脑中已知对警察工作的了解,提出了 What do you think of police work? 这一问题,学生给出了许许多多的答案,如:"important","dangerous","tiring","helpful","necessary"……进而引导学生通过阅读来认知 police work 不为人知的其他方面,非常自然流畅,课堂因此也活跃、生动。

2. 运用"设想思考法"培养批判性思维。

假设是批判性思维必须学会的策略。要想突破思维定势,就需要我们从不同的角度看问题。当事情处在不同的情境、不同的人物、不同的时间和不同的场合下,会有不同的思维方式与结局。而善于运用假设的条件、假设的问题不断加以论证、不断进行观念的转换,就会成为合理的思想。例如,在八上 U3"Dealing with trouble"(《处理麻烦》)一文中,我引导学生设想如果 Paul 的爸爸不过问这件事情,事情会怎样发展;如果你以小偷、女游客、警察、Paul 的父亲等不同的身份来叙述事件的发展又会是如何的? 教会学生用开放式的思考方式来多维度地、灵活地观察问题、考虑问题、解决问题。学生的思维也会变得越来越客观,逐渐全面、灵活、多维度。

(二) 贴近教材内容进行思维品质训练

思维品质训练还体现在课堂的巧妙提问中。课程新理念指导下的英语课堂教学，强调了趣味性、探索性。因此，教师应在备课时因生、因时、因材，仔细琢磨，创设贴近学生实际生活，发人深思的情景或话题。课堂提问是培养学生开放式思维的重要组成部分，是教学过程中教师和学生之间常用的一种相互交流的教学技能，它能把学生引入"问题情境"，使他们的注意力迅速集中到特定的事物上，使他们的好奇心与学习愿望获得满足，从而体验到学习的快乐。出色的提问能够引导学生去探索问题，激发学习动机，调动学生积极性，促进学生思维。可见，在阅读教学过程中，提出能引起学生思考的，能激发学生思维的问题，对培养学生的深度思考能力，对提高教学效率有着重要的意义。

1. 5W6H 法

5W 指的是：what（什么）、why（为什么）、where（哪里）、which（哪一个）、who（谁）；6H 指的是：How（怎样）、How many/much（多少）、How often（多长时间一次）、How long（多长时间）、How soon（多久）、How heavy/big/fast/tall（多重/大/快/高）。这些都是特殊疑问句。课堂上多提问特殊疑问句等有层次的问题，使学生不断寻找细节，引起学生对文本的精细而有深度的探究思考。

2. 追问法

例如，在九上 U3 More practice"The fisherman and the fish"（《渔夫和鱼》）一文中，有这样的一次次的深度追问：

（1）渔夫的妻子对鱼的四次索取和四次天气描写中，你认为哪一次最为无理？鱼的心情是怎样变换的，哪一次最为强烈，你怎样知道的？

（2）如果你获得了像渔夫这样的机会，你会感觉如何？为什么？

（3）如果你是鱼，这一切发生在你身上，你会感觉如何？为什么？

又如：最后深度解读文本中，在人物性格的分析上，我的追问是"你喜欢哪个人物？——你认为他是什么性格？——为怎么你会最喜欢这个人物？"课堂中问的最多的是"为什么？""怎么样？"。学生的思维始终处在开放状态，他们不断用英语进行深入思考，产生创新的欲望。

（三）在阅读拓展中进行思维品质训练

1. 创设开放式情景

营造一种开放式情境，激活学生已有认知，让学生在轻松活跃中体会英语阅读，感受语言，激发学生的求知欲及表现欲，这样就能为英语阅读做好铺垫。

2. 设置开放式问题

开放式思维应体现在课堂任务设计中，如：在九上 U1 "The night of the horse"（《木马之夜》）一文中我设置的开放式问题是：What would happen outside the city of Troy when the captain couldn't wait to go upstairs without hearing reports of soldiers? Why? —— What would you think of the Greeks when you saw they had disappeared if you were the captain. —— What made the city of Troy be captured? Why?（首领在未听完士兵的报告，就迫不及待地跑上城楼，会有什么军情发生？为什么？——如果你是首领，当你看到围城的守兵已撤，你会作何感想？为什么？——是什么导致了特洛伊城失守？）学生要在文本中自己寻找、提炼、总结，完全是开放性的。学生们在这个过程中思维不断向纵深发展，这为他们在阅读中养成深度思维的习惯奠定了基础。

3. 进行开放式活动

课堂讨论是开放式活动一个重要的形式。它是一种多向的交流活动，是一种拓展开放式思维的有效手段，它使每个学生的思维更加新颖、独特。有以下几种方法：

三三两两讨论法：三三两两讨论法是指每两人或三人自由组成一组，针对一个问题展开讨论，集思广益，归纳总结。在九上《木马之夜》一文中我让学生就 What would happen outside the city of Troy when the captain couldn't wait to go upstairs without hearing reports of soldiers? Why?（首领在未听完士兵的报告，就迫不及待地跑上城楼，会有什么军情发生？为什么？）这一问题上展开小范围的讨论。这种活动能让学生就开放式的问题，进行较深入的讨论、分析及分享；可以让学生在团队中各抒己见，发挥积极作用；可以让害羞的、无法用英语表达的同学在小范围的讨论中，有向其他同学请教的机会，增加了他们的词汇量，学会用英语表达，可以更大胆地在班级中发表自己的想法，锻炼自己的思维。

采访式小组讨论法：这种方法就是利用采访式进行小组讨论，从而形成学生积极发现问题，积极探究问题的心理趋向。在八下的 U5 "Blind man and eyes in fire drama"

《在火灾中的盲人与眼睛》)中我让学生举行一个记者招待会,让班里的其他学生扮演记者,对 John 进行提问,让 John 介绍火灾发生时的情况。通过这种开放式的讨论,学生们不仅轻松安闲地参与其中的英语语言学习过程,同时通过亲自参与,也体会到成功的喜悦。学生们在合作时的思维是开放式的状态,他们需要在诸多思维中倾听、交流、达成共识,这种思维与思维的碰撞本身就是一个思维品质形成的过程。

辩论式小组讨论法:首先确定甲乙双方辩题,然后把学生分成两组,先是组内讨论,然后每组各选出 3 名同学,代表本组阐述选择的理由,看哪组更有说服力,找到的理由更充分。我让学生讨论开放式的问题:To be a good student, what do you think is the most important? (作为一个好学生,你认为什么是最重要的?) 我先把学生分成两组,组内讨论,通过这种形式的辩论,大大地提高了学生主动参与学习的热情,他们在倾听与辩论中不但锻炼了听力,提高了语言组织与语言表达能力,英语词汇的应用也相应地大大提高,思维也处于最佳状态,英语阅读效果达到最大化。

戏剧演出法:可以让学生看图编故事,或者根据已有的文本进行情节补充,把课文改变成戏剧,并进行分角色的扮演进行再创作。如在讲八上 U7 的 "Escaping from Gork"时,文本的旁白最后有这样的一段话:Just then, a huge figure was moving silently towards the captain's house…(恰恰在那时,一个巨大的人影悄无声息地朝着上尉的住宅移动……)给读者留下了一个扣人心弦的悬念。"那个巨大的身影是不是 Gork?""如果是 Gork,他来地球干什么?"这一系列的疑问,引发了学生的思维碰撞,于是让学生以小组为单位续文字文本,续彩绘文本,编故事,都非常精彩,并排演成戏剧,效果非常好。

思维品质是英语学科核心素养的重要表征,思维品质的提升有助于提高学生分析问题和解决问题的能力。初中英语阅读教学是培养学生思维品质的重要渠道之一,教师要转变观念,把阅读教学的重点从语言知识转移到文本的理解和思维品质上来,要充分认识培养思维品质对促进学生的终身发展的重要意义。实践证明,英语教师若能在阅读教学中坚持不懈、持之以恒地对学生的思维品质加以培养,一定能有助于打开思维的这扇门,真正提升学生的思维品质。

(本篇作者:武秀梅)

4. 初中生数学学习中自我调控及其培养初探

学生的自我调控是指学生能有效进行学习,对自己的学习活动能自觉地计划、控制和调节的过程。要使学生能养成自觉主动的学习习惯,培养学生的自我调控能力十分重要。我曾有意识就任教学生数学学习的自我调控进行调查,结果却不容乐观,主要有以下几种表现:

表现一:课前,没有预习习惯。学生不能自觉预习,如对学习哪些内容、如何学以及学习时间安排都很少考虑,有效的预习则少之甚少。

表现二:课中,不能或被动接受。在课堂学习中弄不清学习目标、任务,在学习活动中不能很好地排除干扰,自觉执行计划。

表现三:课后,反思能力不强。在课堂学习活动后,少有学生有意识去自我反思,不会采用补救措施,总结学习经验。

针对以上情况,我认为可以采取以下策略:

策略一:课前预习习惯的养成

1. 培养学生学会把握预习规律,做好预习三部曲。预习是学生学习知识、培养能力十分重要的环节。就数学预习而言,我总结出"一读、二练、三筛选"的预习三部曲。期望学生通过预习,能够达到"基本的内容能初步领会,重点内容尚能理解,疑难问题以备解决"的效果。可以按照以下三步指导学生预习:

(1)读。在预习时,边阅读边用特定的符号做出标记,把自己认为重要的概念、结论画一画,圈一圈,使新课中的主要内容显现出来,并在书上空白处提疑问,写心得,为理解和掌握知识做准备,做到"基本的内容能初步领会"。

(2)练。在预习时,先将例题答案遮住,自己尝试审题、解答。解答后与课本上的方法对照,不会解答的再对照例题;会解答的,可以与例题中的解答方法加以比较,做到"重点内容尚能理解"。

(3)筛选。把预习中遇到的,经过思考仍不能解决的疑难问题记录下来,以备在课堂中能有的放矢地听课。必要时,向老师提出问题,做到"疑难问题以备解决"。

2. 针对数学课的不同课型,指导学生采取相应的预习方法。通过任务落实数学课型通常分为概念课、公式定理课、习题课、复习课。不同的课型,预习方法也有所不同。

例如:"概念课"的预习可以通过以下几个方面进行:

(1) 概念是如何得来的,有何实际背景?
(2) 它有什么作用?
(3) 该概念的定义是否有其他等价形式?
(4) 运用概念时要注意哪些问题?
(5) 能不能用自己的语言将概念表述出来?

又如:"公式定理课"的预习可以通过以下几个方面进行:

(1) 思考定理的条件是什么,结论是什么?
(2) 可用来解决什么问题?
(3) 推导的总体思路是什么,是否还有其他推导方法?
(4) 条件是否可以减弱,结论是否可以推广?
(5) 条件和结论是否可以对调?
(6) 对于公式的推导等操作性较强的知识,在预习过程中亲自动手去实践,通过剪、拼、折、移、摆、画、量、观察、比较等活动,体验、感悟新知识。

策略二:在预习的基础上,实现课堂学习的自我调控

通过预习,学生做到"基本的内容能初步领会,重点内容尚能理解,疑难问题以备解决"。在此基础上,教师在备课过程中也针对以上三点,进行教学设计,从而实现课堂学习的自我调控。

1. 提出问题。让学生提出预习中了解的疑惑,关注全体学生预习后对知识理解的不同程度,教学设计也就有的放矢,点面兼顾,让学生觉得"预"有所值,才能"学"有所得。如果没有同学提问,教师可以抛出预设的问题,引发大家思考。

2. 师生共同解决。一般问题可让已经理解并掌握的同学来分析,大家都还有疑问的由教师带领学生,围绕教学内容组织课堂讨论,共同分析,这样既不会让一般的学生觉得没什么挑战,也让两头的学生各有得益,这样有助于他们保持并且发展已有概念。学生通过参与这种讨论,可以强化和交流对所学内容的理解。在此过程中,他们可以逐步舍弃不切实际的、错误的观念,吸收教学目标所确定的更为理性化的概念。

3. 验证效果。学生经过自己的努力初步理解和掌握了新的数学知识,接着通过做练习或解决简单的问题来检验自己预习的效果。

例如:在讲解《科学计数法》中,学生通过预习后完成课后练习,检查作业发现在用科学记数法表示数时,表示的数为正整数时没有引起错误,但是在用科学记数法表示-400300出现错误。所以在讲课时,重点突出,学生也由于预习过,对其中的错误也能真正识别,所以在讲解中也有一种恍然大悟的感觉,很快写出正确答案。这样既能让学生反思预习过程中的漏洞,又能让老师发现学生学习新知识时较集中的问题,以便课堂教学时抓住重、难点。

4. 布置新问题。教师目光既要落在本课,也要放眼在课后的学生自我调控,同时也需做好学生对下节课的预习指导。

策略三:课堂学习后的自我调控

学生对自己在学习过程中的状态、效果,积极地进行自我检查、反思、及时反馈、正确评价。

1. 归纳整理。要求把在复习中发现的尚未明白的地方,以及通过查阅资料、参加讨论所解决问题的答案以至心得体会等,都可摘录、记下来。

2. 作业反馈。在评议学生作业,引导学生进行改进的活动中,教师可以借助精心设计的问题或评语,促使学生对自身的学习进行调控和反思。这类调控反思不应仅仅着眼于所学内容,还应着眼于学生学习过程中所采用的方法,从而帮助他们不断完善学习方法,更为有序地安排自身学习。

3. 总结反思。根据反馈结果,对自己某些学习环节没有掌握好的,采取补救性措施,再多想一些办法或多花一些时间去做好它。借鉴别人或书本上好的学习经验与方法,总结自己经验教训,不断改进自己的学习方法。必要时,可与学生个别沟通,了解学生的学习状况,促使学生掌握自我、调控知识。

通过一段时间的训练,原来"课前没有预习习惯,课中不能或被动接受,课后反思能力不强"有所改善,达到"基本的内容能初步领会,重点内容尚能理解,疑难问题以备解决"的预习效果,在课堂上能有的放矢地集中精神听讲,上课效率提高,学生的自我调控能力也有较大的提高,整个班级的班风、学风明显改善。

(本篇作者:余　青)

5. 浅谈反思在初中物理复习中的应用

华师大叶澜教授曾说过:"一个教师写一辈子教案不一定成为名师,如果一个教师写三年反思则可能成为名师。"在物理复习中,一旦教师熟悉教材,就特别容易陷入机械重复的教学,会出现经验性的思维定势、书本定势或权威定势的惰性教学情况。

事实证明,在教学实践中不断进行自我反思,尤其是在物理复习课中,通过反思,改进设计,合理教学,这样的课堂复习,容易形成"谐振",课堂教学会达到最佳效果,教学质量能得到进一步的提升。以我开设的一堂区级教学实践课"串联电路的计算复习专题"为例,就是在反思中实践,在反思中改进,这样的教学给了我很大的帮助。

初中物理中考复习长达四个月,如果在这四个月的时间里,每个单元的基础知识复习仅仅是已教过知识的重复,专题复习仅仅是习题的"做——讲——做"的炒冷饭,那么这样的机械重复,就会没有任何新意,犹如一潭死水,无法引起学生学习的欲望。就会出现这样的情况:掌握的同学已经没有问题,但也没有提高;不会的同学还是不会,该知识点会成为他们永远的疑难,学生的学习激情将逐渐消退,学习效果也逐渐下降,无法实现学生能力的可持续发展。

但是,如果在物理复习中,能积极反思教学目标,梳理章节知识点,细化重点难点;能反思教学内容的设计,归类和整合热点知识;能反思教学方式,寻找最佳的能力训练和培养方式;能反思作业的设计,精学精练,那就会使复习课富有实效。下面就那节公开课中反思的应用谈谈自己的思考和实践。

第一,反思教学目标的达成。教学目标是复习教学的前提,是实施具体教学的重要环节,它决定着"教什么"和"怎么教"。老师的知识目标理解是否透彻,直接影响学生知识的扎实程度。在复习中,明确教学目标,不仅仅是教学活动的依据,也是教学活动的中心和方向。

初中物理中考复习是夯实基础的重要环节,但是在复习中把所有知识点过一遍,平均用力,平等对待,是无法真正解决学生存在的问题,是得不偿失的。在基础知识复习时,应着重对照教学目标,来发现学生存在的问题:如哪些知识点理解不到位,哪些考点对学生有难度,学生哪些能力有欠缺等等。

如在"串联电路的计算复习专题"中,我认识到滑动变阻器的阻值变化范围问题的解题,对学生的思维要求较高,是学生在总复习阶段学习的难点。而学生通过初三的第一轮复习,已较好地掌握了串联电路识别、电表的正确使用等基础知识和能力,同时具备了一定的整合与重新构建动态电路的解题技能。但在尝试解答滑动变阻器的阻值变化范围涉及的相关问题时,还是会思路不清,顾此失彼。经过反思,为避免在复习中就题讲题,让学生学会分析归纳,进一步提升学生解决问题的能力,做到"授之以渔"而非"授之以鱼",所以我设定了本节的教学目标,通过串联电路动态分析的计算,理解串联电路特点,形成基本的解题思路。在学生基本解题思路形成的同时,教学难点也水到渠成地解决了。反思教学目标,突出重点,选择学生存在的问题作为专题重点复习,就能做到"旧"中有"新",实现知识点的突破。

第二,反思教学内容的设计。教学目标的实现依赖于教学内容的设计。在物理复习中,教学内容的设计不仅是培养学生的解题能力,更重要的是培养学生的自主学习、合作和探究能力,实现课堂的合理化。

在一堂课或一个单元的复习过程中,往往会出现教学内容深度与浅度相差悬殊,教法与学法相脱节的情况。尤其在复习课中,如果仅仅注重对所学课本知识进行回忆、再现、简单重复,就会使复习成为温故有余而知新不足,也无法实现利用复习帮助学生夯实基础。实践中发现,课堂中还是存在这样或那样的一些不足与薄弱之处:急于赶教学进度而忽视学生的思考;将几节课的复习内容浓缩在一课时完成,蜻蜓点水,忽视了学生对知识的真正理解;在课堂教学中对部分知识无限制地予以拓展,造成偏难、所选例题起点偏高、综合性过强等忽视学生能力层次的情况。

如,在"串联电路的计算复习专题"中,经过反思,我的方法是利用动态电路分析和演示实验视频,为学生解答相关问题做好铺垫;采用"一题多变"的方式,选择由简单到复杂的例题,利用小组合作学习教学模式,在教师适时指导下提炼出较为简便的解题方法,初步形成解题思路;利用第二个例题进一步探究解题的基本思路,让学生体会滑动变阻器阻值范围的求解过程,层层递进,逐步完善解题思路。在整堂课内容的设计过程中,借助学科知识、实验,促进学生思维、巩固基础知识的同时,进一步提高学生的综合运用能力。反思中的这些改进,有利于查漏补缺,完善教学内容的设计,优化课堂内容,构建出低起步、慢坡度、高收尾、留思考的课堂,使学生的学习能力也在潜移默化中得到提升。

　　第三,反思教学方式的合理。教学方式是复习教学实施中的重要环节,课堂教学组织得如何,在很大程度上取决于教学方式是否科学、合理、有效。在物理复习中,有效的教学方式是达成高效课堂的关键。内容的处理,顺序的调节,语言的运用,教学手段的利用,课堂结构的布局,学生兴趣的激发,师生互动交流平台的构建等都将影响到课堂效果。

　　在专题复习中,应该注重学生解题思路的形成,让学生经历完整的学习分析过程,体验获得成功的喜悦。但现在的复习中还是存在着这样或那样的一些问题:师生互动交流不融洽;急于赶教学进度而忽视学生的思考;例题分析中选择切入点不合适,无法引起学生的兴趣;分析问题的方法过程不恰当;整堂课满堂灌,忽视师生互动,学生被动接受等等。

　　如,在"串联电路的计算复习专题"反思中,我发现直接借助动态电路来分析解题思路,结果中等学生就开始出现困难,没有清晰的领悟,不能顺利完成本节课的教学目标。为了让学生收益最大化,于是我就尝试动态分析与实验相结合,归纳出串联电路的动态规律。以往学生根据电表确定滑动变阻器的使用范围,对于这种题的出现,学生就会望而生畏,首先从心理上就想放弃,前面的归纳学生未必能够活用,效果就等于零,所以我反思后的方法是尝试将这道例题肢解,化整为零,采用堆积木的方式,条件逐步加进,这样不仅顺利达成目标,也让学生从心理上得到释放。通过这样边反思边改进,促进了师生互动,总结了解题的基本思路,使师生思维拉近或者同步,达成有效的复习。

　　第四,反思作业分层的效能。作业是师生联系的重要纽带,是检验学生课堂效果的重要途径,也是实现高效课堂的保证。再顺利的课堂,如果出现家庭作业效果不理想,那也会说明课堂练习的不充分、新知巩固的有效性不够。

　　在教学环节中,我们既然知道学生的差异,就要尊重学生的个性,在练习的设计上,我们应该承认学生基础的差别。那么在作业的设计中就更应该反思我们存在的这些问题:每天布置大量的习题,而作业布置的内容不加选择,题海战术让学生兴趣全无,身心疲惫不堪;作业的针对性不强,分层的缺乏让部分学生望而生畏,无法收获成功的喜悦,更无法实现课堂的延续提升。

如在"串联电路的计算复习专题"作业设计中,我的方法是根据学生的能力水平,进行作业的分层设计,精选和设计一些由浅入深、有梯度的练习,每道题都有能兼顾所有学生的问题设计,第一题的设计类似于上课例题,第二题的设计加强了思维要求,形成课后有思考,使各个层次的学生有收获,以适应不同水平的学生,帮助学生对这些内容的再次理解和灵活应用,充分发挥习题的基础性与导向性的功能,让不同层次的学生在练习中体验成功的喜悦,得到应有的发展。

有句话说得好:"课堂是学生表现的地方,不是老师表演的地方。"在初中物理复习中更要注意"保鲜",激发学生的复习热情;疏理知识的内在脉络,形成学生的复习能力,实现真正的"温故而知新"。在物理复习中,教师有反思,才能有突破,才能有发展。教师在课堂教学中应用反思、改进教学,才能让学生告别平淡无味、枯燥的书本复习,而让学生学得生动活泼,促进学生的个性发展。才能使初中物理复习课堂真正成为健康课堂,高效课堂。

(本篇作者:邬伟红)

6. 古文翻译那么难吗?

《义务教育语文课程标准(2011年版)》中明确指出:"学生要做到能借助注释、工具书和有关资料,独立正确地理解浅易的文言短文;要做到能正确地理解古诗文中词句的含义;要了解文言虚词的基本用法。"翻开七年级上半学期的语文教材,铺天盖地的古文课文让我顿感压力。其中不少还是中考篇目,我暗暗下定决心:这学期要好好培养学生古文学习的能力,帮助学生逐步达到语文课标中提出的要求。

为了实现我的目标,我事先也是做了一番安排的。工欲善其事必先利其器,一开学,我便让学生去购买《古汉语常用字字典》,并准备了专门的古文预习本,让他们把自己查找的字词记录下来。学生们极为配合,很快就都准备就绪了。这使我信心大增,对即将开始的古文教学充满了期待:他们一定能在接下来的古文学习中披荆斩棘、无往不胜!

那日,我要上《周处》这篇古文。我一边设想着课堂上百花齐放、小手林立的盛况,一边面带微笑兴冲冲地进了教室。我充满期待地提问:"有谁能起来翻译'且人患志之不立,何忧令名不彰邪?'这句句子?"教室里显得异常安静,我期盼的目光扫过一张又一张茫然又无动于衷的脸庞。竟然没有一个学生举手!他们甚至害怕与我的眼光接触。我的目光扫到哪儿,哪儿的学生就都低下头去。有的摆弄摆弄本子捋捋书角,有的皱着眉头看着课本,更有的像犯了错误似的就差把头埋进书本里……我等了良久,实在是按耐不住了,就点了一名语文成绩不错的学生起来回答,希望他能救救场。可他对我提问句子的翻译竟然是:"而且人担心志向,为什么担心出名呢?"他的回答让我大跌眼镜,我再次环顾四周,其余学生仍就默不作声,对于这个回答也毫无反应。面对这种情景,我所有的期待都破灭了。原本的设想如此美好,而课堂的反响却让我如此所望。

　　古文《周处》这节课,引发了我的深思:教师到底要怎么做才能提高学生的古文学习能力呢?

一、学生古文翻译疑难困惑的原因何在?

　　通过批改学生的预习记录,与学生沟通,结合课堂教学学生的反应,我发现造成学生古文学习能力弱的原因主要有四点。

　　(一)古文学习态度不端正

　　有些学生觉得古文学习学无所用。有学生直言不讳地告诉我:"老师,现代人说现代话。古文都作古了,学它干嘛!"

　　更多的学生对古文学习不感兴趣。大部分学生觉得古文学习枯燥乏味,再加上许多字词生僻晦涩,让人望而生畏,怎么也提不起劲头来。

　　(二)古文学习预习不到位

　　对于字词的预习大而化之。学生课前的字词预习做得很马虎,预习本上记录的内容很少。把他们叫来询问。他们的回答往往是"我都看懂了,没有什么不会的"。可是,随便找一两个字出来让他们说说意思,十之八九他们都答不上来。有些学习程度较差的同学,他们的预习作业就是把书本中提及的注释抄一遍,完全不运用字典,不开动脑筋。对于相关文学常识的预习几乎没有。学生在课前不会主动去查找与文章相关的文学常识,这样自然不能很好地领悟文章的内容和情感。

（三）古文学习方法不恰当

课后学生的翻译作业常让我啼笑皆非。奇奇怪怪，似懂非懂的译句比比皆是。我问学生："你们的句子翻译是怎么复习的？是靠背的吗？""对啊！"学生们各个瞪大了眼睛，仿佛我问了一个很多余的问题。从中可以看出，学生的古文学习方法存在很大问题。他们认为学习古文的方法就是老师讲，他们记，回去背。这种死记硬背、生搬硬套的方法就使得他们在翻译古文时常常断章取义、似懂非懂。

（四）古文学习能力有欠缺

学生古文学习能力的欠缺，主要表现在两个方面：一是对文章内容情感理解能力的欠缺，二是对句子翻译能力的欠缺。这两种能力是相辅相成的。学生往往因为不理解文章的内容情感所以不会翻译，又往往因为不会翻译关键的语句而不能理解文章的内容情感。

二、学生古文学习能力提高的实践探索

针对导致学生古文学习能力弱的四点原因，我在实践中尝试了以下方法：

（一）明确古文学习的意义，激发学习兴趣

1. 明确古文学习的意义

中国五千年的文化博大精深、内涵丰富。不少文言作品经历时代风雨留存至今，他们都是我们民族文化中的精华。通过学习古文，我们可以了解古人的生活状态，了解中国的传统文化，培养自己高雅的审美情趣，更可以明白许多深刻又恒古不变的道理。

2. 激发古文学习的兴趣

兴趣是最好的老师。为了激发学生古文学习的兴趣，我做了以下两点尝试：

（1）结合古文文本激发学习兴趣

例如《白洋潮》一文，我运用多媒体向学生展示了一段江水涨潮的视频，让学生直观地感受江水涨潮的气势，并思考如何将这种壮阔的场景转变成文字。学生们都觉得感受容易，但真要描写出来困难重重。这时他们已经对古文文本本身产生了兴趣，我再引导学生去细读文章的第三段，看看作者是怎样用短短的133个字将涨潮之势写得

淋漓尽致的,这样学生自然会自发地去仔细研读课文。

又如《小石潭记》一文,可以在课前布置学生查找整理柳宗元生平中与本文创作相关的内容,在此基础上让学生在课前针对文章的思想情感进行提问。这样他们带着疑问来学习古文,自然更感兴趣。

(2)结合生活语言激发学习兴趣

如《石壕吏》中"听妇前致词"中的"致词"是对人说话的意思,其实我们现在也沿用了这种说法,譬如,请某人上台致辞中的"致辞"就是从"致词"一次演变而来的。再如现代汉语中的"自信"就是沿用了古人将"自"字放在动词前,形成倒装的用法。如果老师能在授课时将现代生活语言中的文言痕迹挖掘出来,与古文字词的意思或用法形成勾连并分享给学生,那学生对于古文字词的解释会更感兴趣,记忆也会更长久。

(二)细化古文学习的预习,提高预习效果

针对学生古文学习课前准备不充足,预习不到位的问题,我制定了更为细致的导学作业来提升预习效果。导学作业分为以下四个部分:

1. 教材中已提及的注释部分。将这些注释中重要的字词罗列出来,请学生抄写一遍,加深记忆。

2. 教材中未提及的补充字词部分。有些字词是包含在中考实词范围内的,有些字词是有特殊用法的,有些字词是理解整句句子的关键。我将这类字词罗列出来,让学生查找工具书结合语境进行解释,并记录下来。例如,《周处》一文中"古人贵朝闻夕死"的"贵"字既有意动用法,又涉及文章中心思想,不可不知。但是教材中的注释部分并没有涉及,我便在这个部分让学生自己查找预习。

3. 文学常识部分。选入初中课文的古文往往是名家名篇,作者的字、号、世称、作品集、文学地位等让学生自己去查找并记录在这部分的导学作业中。

4. 相关写作背景部分。很多古文传达的思想情感都和作者的际遇经历、当时的社会环境有关。因此在课前去了解相关的写作背景是很必要的,这能帮助学生更好地理解古文。例如《小石潭记》一文,我可以请学生去查找柳宗元的仕途浮沉并记录下来。这样他们在翻译"寂寥无人,凄神寒骨、悄怆幽邃""以其境过清,不可久居,乃记之而去"这些语句的时候必能更好地体会作者的思想情感。

(三) 改革古文学习的方法，激发学生思维

为了纠正学生古文翻译死记硬背的错误方法，我在课上做了三点尝试。

1. 增设字词当堂检测环节

在交流讲解完学生的导学作业后，给学生一点记忆的时间，然后当堂检测课下注释和补充字词。以此来加强学生的记忆，为后面的翻译环节打好基础。

2. 设计关键句翻译任务单

哪些句子的翻译要牢牢地抓在手里？我认为有两类。一类是句中有特殊用法和关键字词的句子。另一类是涉及文章中心主旨的句子。我将这两类句子挑选出来，放在课堂翻译任务单内，在检测好字词后，给学生一些时间，自己进行笔头翻译。这是学生自己思考的过程。

3. 小组合作组间交流讨论

首先，让学生在自己所在的小组内彼此交流，取长补短，重新整合出组内最佳关键句翻译任务单。然后，组间交流，说说本组这样翻译的依据和理由。他组可质疑提问让本组成员回答。在交流讨论的过程中，如出现字词解释不准确、句子成分缺失、句子语序不恰当等学生不能解决的问题，教师再进行统一点拨讲解。

这种先思考、后交流、再点拨的学习翻译过程，可以改变学生古文学习"老师讲，学生背"的传统模式，让古文的翻译成为学生自己思维交流碰撞后的成果。

（四）搭建古文学习的平台，提升学习能力

古文学习涉及多种能力：翻译能力、诵读能力、理解能力、应用能力等。这些能力不能单独割裂开来看，它们是相辅相成的。教师要让学生试着融会贯通。在提升学生的古文学习能力上我做了以下两点尝试：

1. 体味情感，增强诵读

当学生疏通了古文的字词句之后，诵读是体味理解古文情感有效的方式。相反，如果一个学生能将一篇古文读得声情并茂，那他必定对文章的字面内容和思想情感都有了比较全面的了解和掌握。

小组内部互相诵读，小组之间展示诵读，不仅可以帮助学生提高古文诵读的能力，还能帮助学生更好地理解古文。

2. 展开想象，拓展写作

拓展写作可以为理解古文服务。初中很多古文篇目都带有一些故事情节，许多地方是可以让学生展开合理想象进行写作的。这样做可以深化学生对于古文的理解。例如，《伤仲永》一文中，仲永的父亲"日扳仲永环谒于邑人，不使学"这句，就可以让学生进行拓展写作：仲永会不会心生不满？他的父亲又是怎样说服他去以诗换钱的？仲永又是如何在万般无奈中最终失去了成才的机会？学生在写作的过程中，对于"即使天资聪颖，也要后天学习"这个道理会有更深刻的体会和理解。

对于个别古文学习能力很强的学生，老师可以对他们提出更高的要求：应用古文。让他们运用古文来进行拓展写作。在写作的过程中，优等生为了能写出像样的古文，必定会将已学的古文知识全部调动起来，并且自发地通过网络和字典去学习新的古文知识。这不失为培养学生古文应用能力的好方法！

"教师讲，学生记，回家背"，这种传统的古文翻译教授方法很省时省力，但是对于提高学生的古文学习能力帮助有限。久而久之，学生成了课堂里的记录员而非参与者。通过一段时间的课堂实践，学生们不再害怕上古文课。古文课堂也充满了生机。以学生为主的健康课堂氛围逐步形成，学生的古文学习能力有了长足的进步。

由此我们认为，要提高学生的古文学习能力，就应构建和谐健康的课堂。在这样的课堂里，教师的教应起到引领作用，学生的学应能够提高能力。课前预习、课堂交流、质疑提问、当堂巩固这些环节都应成为学生古文翻译能力和思想情感养成的重要方面。长期坚持，学生的古文学习能力一定能养成，综合素养也能得到提升。

（本篇作者：肖辰晨）

德育篇

第三章

学校德育建设

第三章　学校德育建设

第一节　班集体建设

1. 班级评优风波——对尊重学生、发现学生闪光点的思考

那是开学不久的一节班会课。我按照学校评优课程计划，落实班级个人评优课程方案：要在班级里选出2名三好学生，3名三好积极分子，6名德、智、体单项积极分子。我将评选要求一一向学生们说明，然后在班长的主持下，开展班级评优活动。三好学生、三好积极分子两项评优开展得非常顺利。但是在进行第三项"德、智、体单项积极分子"评选时，班委唱票唱到了一位我无论如何都意想不到的同学小H。小H同学在我们班级是一名学困生，语、数、外三门学科期末考试总分不超过100分，这样的一名学生怎么能成为我们班级的德、智、体单项积极分子呢？我顿时有一种莫名的恼怒！是否有学生故意捣乱？这不是颠倒是非、混淆黑白吗！

是同学们没有听清楚我提出的评选要求？不会呀！前面两项不是选举得非常顺利吗？怎么会这样？肯定有学生故意捣蛋！想到这里，我非常生气地在班级里批评了这一现象，甚至批评了同学们的是非观。班级里顿时鸦雀无声，只有我激情高昂的说教声。当然，小H同学最终也没有能评上班级德、智、体单项积极分子。这件事仿佛顺理顺章地过去了！

晚上，我反思今天一天的工作时，又回想到了今天的班会课，总觉得好像有什么不妥，同学们被我压下去的平静反倒让我感到一丝丝的不安，这是我在以往的工作中没有过的感受。是不是我今天的批评、教育有什么不妥？带着这样的不安，第二天一早，我走进班级，与往常一样，同学们有的在交作业，有的在早读，教室里并无异样。我找到了班长，向他了解班级情况。我问道："你认为昨天的评优有问题吗？""没有啊！"班

长不经思考就回答了我的问题。"那怎么会有同学选小 H 的呢？是老师的评选要求没有说清楚吗？"我继续问道。"不是，老师，你讲得很清楚，我想同学们只是觉得小 H 同学虽然成绩不是很好，但是在为班级服务、劳动方面还是很积极的！你平时不是说德智体，德在先吗，一位同学的优秀与否，品行是最重要的！"班长向我解释道，"所以，有同学选了小 H 并不奇怪。"听了班长的话，我顿时思绪万千。是呀，在这件事的处理上，作为班主任的我的确存在一定的问题。经过反思，我总结出以下几点：

一、学困生不是一无是处，他也有闪光点。作为班主任的我应该怎样正确认识学困生呢？小 H 同学在我们班级作为一名学困生，我在面对他时更多的是批评和指责，以及不断地数落他的一系列错误，这样使学生越来越不自信，而我对他们也是越来越失望。其实对于学困生班主任要做到不能以知识本位、成绩的好坏来简单地衡量、评判一个学生的好坏，不能站在成绩好坏的高度来俯瞰学生、评价学生。学困生也是活生生的人，在他身上也隐藏着亮点和闪光点，也需要得到我们老师的尊重。对于学困生来说，问题不在于身上有没有长处，而在于老师长期以来缺乏发现他们长处的眼光。每位学生身上都有几个闪光点，只有找到了长处，才算是找到了错误的克星，才能帮他们找到战胜错误的信心和勇气。一位教育工作者说道："错误也是闪光点，这个闪光点就需要看教育者如何捕捉，善于发现错误中隐藏的教育价值，并引导孩子从错中求知、从错中探究，这才是孩子可贵的品质。"更何况学困生身上也并非都是缺点，在他们身上也是有闪光点的，小 H 不同样就有好的一面吗？

二、班主任不能满足于面上工作的完成，更要做好每一个学生的细致工作。反观班级评优工作的细节，虽然工作顺利完成了，但回味整个事件，不难看出班级中问题的存在。在多年的教育教学工作中我形成了教学育人的思维定势，这一方面可以说是经验，但另一方面又成为制约自己做好工作的桎梏。老师不能平等对待每一位学生，往往认为只有学习好的学生才是优秀的，对他们总是高看一眼，对他们的态度和评价也是较为积极的，而对那些学习有困难的学生则认为他们根本不是读书的材料，将来不会有太大出息，对他们的评价总是消极的居多。我深切感受到作为班主任，如果以一成不变的思维或经验来对待今天的班主任工作，如果不进行细致个别的思想教育和心理疏导，是难以取得良好的教育效果的。因此，我们不仅要关爱那些天赋较好的学生，也要对那些缺少天赋而自卑的"有困难"学生予以理解和尊重，要处处关心他们，多和他们谈心,多倾听他们的心声。处事公道、奖惩得当,学生才会信任,教师才有威信和工作成就感。

三、班主任不能束缚于传统观念,更需更新教育理念。我们是教育工作者,在进行教书育人的过程中,还需不断地更新自己的教育理念来适应当今的学生。一个最基本的理念就是要以人为本,要相信每个学生都有可以成材的潜质;要善于发现并欣赏每个人的优势;更重要的是要平等对待每一位学生。作为教育者既要培养优秀人才,又要面向全体学生,一视同仁,平等对待,这才是正确的教育。同时,在教育教学工作中还要将教育理念切实地转化到自己的工作实际中去!

通过反思,我理清了思路,认识了问题,这也给了我勇气。下午,放学的时间到了,我走进了教室,同以往一样,由值日班长对班级的一天情况进行总结,最后由我进行点评。当我说完了今天点评的话语后,我又对全班同学说:"今天,陈老师在放学前,还有一件事要向班级同学说明,那就是在昨天的班会课上,我们进行了评优活动,其中在进行德、智、体单项积极分子的评选时,我们有同学选了小H同学,老师不分青红皂白,批评了这样的一个行为,老师认为我在处理这件事情上的做法是片面的、错误的,小H同学虽然在学习上还需要努力、加油,但小H同学平时在班级中的劳动、服务工作,老师和同学们还是认可的,希望小H同学把自己在劳动中的劲头带到学习中去,使自己在学习上能更上一层楼,争取在下一次评选中有更多的同学来选举你!另外,老师在没有了解同学们想法的情况下,批评了班级中的同学,这样一个错误发生在老师的身上,我无法原谅我自己,就昨天的态度、话语我向同学们赔礼道歉,请同学们原谅老师,也请同学们给老师一个改正错误的机会,对不起!"教室里一片寂静,过了二三秒钟的时间,顿时响起了一片掌声。我知道,这是学生们原谅我的掌声!

这次的班级评优事件中,我认识到教书育人任重道远。每一位学生家庭条件、生活环境、本人努力程度以及身心状况不同,造成了学生之间的差异。他们不可能是"齐步走"或是"齐头并进"的。一名优秀的班主任,首先需要不断地更新理念,以学生发展为本,尊重每一位学生,平等对待班级中的每一位学生,了解每一位学生,让每一位学生都有一片属于自己的舞台。每一个孩子都是一块"金子",只是"金子"上面蒙了一些灰,有些"金子"上面的灰厚一些,这就需要我们做老师的用心去擦拭这块"金子",让他闪闪发光!其次,在工作中要不断提高自己的思想认识,改进教育行为。教育是一项用心来经营的事业,需要的是较强的育德能力,作为教师,就应该边工作边学习,不断改进,这样才能使自己的工作更加出色!

(本篇作者:陈秀娟)

2. 浅谈班集体建设无小事

在班级的日常生活中,每天都会发生各种各样的小事,孩子们在学校里学习、作业、劳动、锻炼、交往……然而,在现实中,不是每个班主任都能关注到班级中的这些"小事",有的班主任忽视了这些"小事",认为这些"小事"学生应该懂、应该会做,无需小题大做,根本没有意识到这些所谓的"小事"中蕴含着对学生健康成长的重要因素;也有一些班主任无暇做这些"小事",认为只要学生成绩好,可以"一俊遮百丑",把单纯培养学生的智力作为自己工作的全部,忽视"小事"在育人过程中的作用;也有一些班主任不愿做"小事",总感觉工作辛苦,千头万绪,不知何下手,只是简单地重复着"过去的故事"。

其实,班集体中的很多事情都是可大可小。"可小"指的是这些事情几乎每天都会发生,有的根本不会被别人注意到,实在太"小"了;"可大"指的是这些事情其实是从各个方面体现一个班级的精神风貌,体现着这个班级的向心力,小小的细节却往往有着不容忽视的班集体建设的内容。作为班级管理的核心角色班主任,如果有一颗会发现的心,仔细留意,认真观察,很多"小事"都可以成为教育的契机。如学生打扫清洁、讲究卫生;爱护公物;不迟到早退;独立认真完成作业;礼貌待人;互相帮助;服饰整洁……这些"小事"中,都蕴含着对学生团结合作、遵守规则、吃苦耐劳、积极向上、拼搏奋斗、尊重他人、责任意识、坚持执着、遵守公德等优秀品质的培养。"小事"虽小,却蕴含着班级管理的大智慧,关系着班级的发展和学生的成长,也体现着班主任的个人修养、工作艺术和思想境界。

下面,以几件"小事"为例,谈谈班级中"小事"的管理。

一、规范课桌椅摆放,培养良好精神面貌

我们每个人从上学的第一天起,我们学习的第一件事大概就是坐,上课听讲时如

何保持正确的坐姿？读书、写字时如何保持正确姿势？近年来,由于坐姿不正而导致的近视眼、脊柱弯曲的未成年人人数一直在增加,坐姿不正确是造成未成年人视力缺陷及脊柱发育不良的主要原因之一。在当前的中学生中,有同学上课托腮、趴桌子听讲的,更有甚者仰在椅子靠背上,就像躺在床上一样;有同学在写字时恨不得扎进作业本里,握笔的手离笔尖很近,经常和作业本摩擦;还有学生喜欢侧身坐着,这样的坐姿还会养成随意回头的坏习惯。老师们在上课的时候就会发觉有的学生总能端正坐姿,有的学生就比较随便,趴着、歪着坐。这些不良坐姿,不仅影响学生的身体和视力健康,还不利于培养良好的学习习惯,更不利于形成良好的班级精神面貌。

我细细观察,寻找原因,发觉诀窍在课桌椅的摆放上！从表面上看,大家都一样,细看却有差别。有的班级,桌椅整整齐齐,有的班级却不那么整齐……有班主任认为,由于学生在教室内走动,想要维持整齐有些难,而且,也没有必要那么整齐,对于这件"小事",不必太过较真……

常言道,坐要有坐相、站要有站相。其实,纠正学生坐姿的一个好方法就是规范座椅的摆放。我们学校每个教室地面上有纵横的分割线（我们称为经线和纬线）,这些分割线把地面分成整齐的正方形,学校曾经建议班主任可以以地面上的经线和纬线为参考来对齐课桌椅,保持桌椅整齐。当所有的课桌椅按照规定的位置摆好之后,学生就受到一定的约束：必须腰板挺直,坐端正,背部不能弯,胸部稍稍挺起,大腿平放椅面,腰部靠在椅背,小腿直立地面,或稍向前伸一些。特别注意胸部和桌面,要保持一拳距离,让呼吸和血液流动都很自然。书本平放在桌上,眼睛与书本可以保持合理的距离。课桌椅如果按照地面的经线和纬线排列的话,每个学生就约束在一个不算宽敞的范围内。当大家都坐端正的时候,不仅教室里的课桌椅整整齐齐,整个班级的学生的精神状态就容易变得更好了。

有时班集体良好精神面貌的培养是一个比较抽象的概念,如果只停留在口头的宣讲,很难达到较好的效果。当班主任能够寻找到恰当的教育契机加以引导,难题就可以迎刃而解了,而这样的教育切入点往往就是班集体中一些容易被忽略的"小事",如果班主任能关注到这些小事,就能让这些小事发挥事半功倍的作用。

二、借钱风波与正确舆论导向引领

在当前学生的集体生活中，互相借钱的行为越来越多：忘带公交卡，借钱乘车回家；放学时，借钱买个小点心；买游戏点卡……钱不够用了，忘带钱了，都可以成为借钱的理由，数额从几元到数百元都有。初中学生也懂得"有借有还，再借不难"的道理，多数班主任也不大愿意管学生之间的这类"小事"。可是，一天，我收到一位家长短信，她生气地告诉我同学小李向他的儿子借了100元钱迟迟不还……我一调查情况，才发现事情还不止这些……小李要借钱，这位同学不肯借，小李承诺借100元还150元，留下字据后成功借到100元。类似这样借钱不还的事情在班级中不是个别，只是有时的数额比较少，有的同学懒得计较就不了了之。这个事情当即就引起了我的重视，我觉得这不是一个可以忽视的小事情，这样的事情如果不加以控制和引导，可能会影响到学生之间的信任度和互助精神，还会助长占小便宜的不正之风，长久会影响整个集体的舆论导向。

正确的集体舆论是班主任进行教育和学生自我教育的重要手段，一个班级有了正确的舆论导向，就能明辨是非，使班集体成员的思想和行为有正确的标准，班集体也会更有活力。形成正确的舆论导向的基础是实事求是，事件核心问题的真相一定要了解，做好沟通工作。注意保留学生的隐私，努力化解师生之间、学生之间的矛盾。也可以召开主题班会，让学生懂得什么是美，什么是荣誉，什么是丑，什么是邪恶。

我在了解事情经过后，设计了一节班会课。课堂上我提出了两个问题：第一，同学向你借100元钱，你会借给他吗？为什么？第二，同学向你借100元钱，开始你不愿意，他承诺借100元还150元，你会改变主意吗，为什么？同学们的观点各不相同，很快的就分成两派争辩了起来，我索性就组织他们展开一场辩论。双方热情高涨，各持己见，他们结合自己的亲身体验或者所见所闻争辩"借不借钱"的问题，原因涉及：个人信用、关系亲疏、消费习惯、借钱的原由……对于第二个问题，大家的观点就比较一致了，绝大多数同学都表示要么不借钱，即使借钱也不要对方多还50元，有的同学说不要不属于自己的钱，有的同学说这像高利贷，有的同学说这样太贪心……经过热烈的讨论，同学们达成共识：同学之间应该互相帮助，也要彼此信任，可以借钱，但是必须按时还钱，不贪小便宜，合理使用零花钱，保持良好信誉，不可助长不正之风。说着说着,那两位的同学脸红了,神态不是刚开始上课时的那种无所谓,变得认真起来,似乎在思考着什么,眼神也更加专注了!课后,他们主动来找我,说知道自己做得不对,小李表示尽快还钱,另一同学说会把借据还给小李,并且说还100元就可以了……还有一个学生悄悄地告诉我:某某同学课后还给她拖了很久不还的20元钱。

其实正确舆论的形成,不是自发的,它是在班主任老师的正确引导下,经过老师和全班学生的共同努力而形成的,而班集体中发生的很多小事对形成正确舆论导向有着不可忽略的作用。苏霍姆林斯基阐述了集体能培养"良心约束"能力,使每个人能用别人的眼光看自己,从而理解什么是可以做的,什么是不可以做的,以及什么是必须做的。可见班级的集体舆论导向有着非常重要的作用,它能发扬积极因素,克服消极因素,促使着我们的集体积极向上。

三、值日生的失误和责任意识的培养

值日是学生日常生活中的常规工作,也是班级管理的重要内容之一。但在平时的班主任工作中,由于事务繁杂,很容易忽视值日生工作的细节管理。

我们班级每天由两位同学共同承担值日工作,共同进行午间和放学后两次打扫。一天中午,值日生A在数学老师那里订正作业,没有打扫,而值日生B也只是完成两人之前约定的自己的那一半工作……午间打扫工作根本就没有完成。

怎么办呢?我们班级有个好办法——生生互评!我请全班同学评一评:"今天的值日生可以怎么办?"学生积极响应,有的同学认为A同学可以先打扫教室,晚些去老师那里批改订正,毕竟值日不常有,但是要事先告诉数学老师;有同学认为A同学可以请求B同学的帮助,中午B同学打扫,放学时A同学承担主要工作;有同学认为B同学应该关心A同学的情况,多承担一些劳动也没有关系;还有同学认为当天的值日班长也应该对此事进行协调……更有几个同学表示,他们不是值日生但也可以帮忙……他们说的时候,我看到旁边还有不少同学点头响应。讨论的结果超出了我的预期,不仅涉及如何处理自己的学习和班级工作的关系,尤其强调了个人的责任、奉献精神。我表扬了参与讨论学生为集体解决问题的主动性,特别赞扬了他们的责任心,能以主人翁精神积极面对,妥善处理,有这样的责任心,我们的班集体一定会蒸蒸日上。

后来,我发觉值日生的工作变得有序了,学生们都能认真负责地做好值日生工作,教室卫生状况也大为改观。

从值日这件小事中唤起学生对班级责任心的强烈意识,认识到只有具备责任心的人,才会主动承担起自己的责任,才会为班集体带来正能量。

"生生互评"是我们班集体建设中非常有效的手段,有时讨论班级中发生的一件新事情,议一议同学的做法;有时评一评近期班级中的出现的一个新现象;有时共同探讨,寻求处理班级中的"疑难杂症"的新办法;有时我也把我和其他老师交流的内容分享给他们,听听他们的看法……孩子们的评价,往往更贴近他们的现实生活。更重要的是,当学生们参与这个过程中的时候,更加关心我们的集体,不知不觉地融入了班集体的建设。

班主任工作从表面上看就是这样的点点滴滴,十分琐碎,但实际上,这些小事就是班集体建设的抓手,我们应以小见大、寓理其中,让学生从小事做起,培养他们的良好素养,推进整个集体的建设!

(本篇作者:王 莹)

3. 班主任客串"编剧助理"

"你在抄什么呢?"

"我……我……不是抄的,是我自己写的……"可能是被我突如其来的提问吓到了,我班这个叫茜茜的女孩涨红着脸低声回答道,声音小得连她自己都听不到。

"哦?"我眼睛一亮,"真的是你自己写的吗?这么厉害啊!那让我也拜读一下好不好?"说完,我就拿过她的小花本子,"看完了再还给你可不可以啊?"我做出爱不释手的样子微笑着问。

茜茜有点害羞地笑了笑,点了点头……

原来,茜茜写的是当下在初中女生中最流行的青春言情小说。其实这事我早有耳闻,只是一直苦于无从下手而已。没想到,居然还是"手抄本"啊!面对收来的手抄本,我犯愁了:如果因为这件事情而在班上严厉训话、杀鸡儆猴,不但起不到效果,反而会吸引更多人的好奇,适得其反;茜茜是个内敛胆小的女生,爱面子、学习成绩不错,如果这件事在班级中传出去,可能会造成孩子逆反心理、对立情绪;可这件事不解决也不行,万一这风气蔓延,班级的学习真的就要出问题了。看来问题还得从茜茜这里开始解决,我决定认真研究这个手抄本……

其实,手抄本中展现的是一个青春期女孩的懵懂之心,是一种青涩而又无知的"爱"……我深深陷入沉思:随着当今社会物质生活的日益丰富,孩子的青春期提前了。"堵"显然是不行,应该"疏"。可怎么"疏"呢?对了!平时我与她在周记里交流得不错,看来还是先利用周记交流较妥当。于是,我在茜茜的周记中留了这样一段话:"你的体质不好,经常感冒发烧的,老师很心疼你,希望你能加强体育锻炼和保证充足睡眠,才能更好地保证学习;我很佩服你能写出这么长的小说,而且还用了许多语文的写作技巧,太棒了!你很有做编剧的潜质。老师支持你平时多观察充满阳光和朝气的校园生活,积累素材。这不,艺术节马上就要开始了,老师正在为课本剧发愁呢!现在好了,这个任务就交给你了,具体事宜面谈噢!"

再次拿到周记本的时候,我第一个打开茜茜的周记本,她画了一个大大的笑脸符号:)表示了她的赞同,并给我提了两个请求:让我替她保管那本小说至毕业;邀请我和她共同创作课本剧。紧接着,我看到了一个新的茜茜:在紧张的学习之余,她与几个擅长写作的同学讨论班级的课本剧,还经常跑过来询问我的意见。后来她不但写出了内容向上、生动活泼的表现班级真实情况的剧本,而且每次测验考试成绩都在不同程度地提高……看着她,我心里的那块石头终于落地了。

半年过去了,茜茜仍然是一个爱学习的好孩子,而且性格渐渐活泼阳光。班级风气不错,同学和我相处融洽,他们学习热情高、课堂内外你追我赶,课余时间兴趣广泛,体育文艺样样拿得出手。看到这情景,作为班主任的我由衷地感到高兴:当初自己面对茜茜的问题,幸好没有采取"一刀切"的打压,而是动了脑筋,及时应变,才达到这"柳暗花明"的效果。

这件事引发了我对班主任工作的再思考:每个班主任都希望他的工作最灵活最有成效,但实际工作中花了大力气却往往不尽如人意的情况却很多。这个个案给我很多启示。我想,遇到类似情况,班主任可以从以下三方面着手。

一、因人而异

俗话说"一把钥匙开一把锁"。在班主任工作中,为了打开每个学生的心灵之锁,教师就必须善于找出并运用好"钥匙",也就是要打破思想教育中的传统公式,找到能适合学生身心发展特点的教育契机,创造性地进行教育。

在一个班集体中,学生们的性格和特点往往大相径庭,这就需要教师尤其是班主任关注教育对象的不同,对每个同学的性格和特点要有深入的了解。因为一种教育方法对这个学生有效,对另一个学生可能就不那么有效,对第三个学生可能起反作用。我们经常会遇到这样的例子:同样的表扬,有可能会被理解成是赞赏、激励或不怀好意、讥讽等不同含义。如果在教育中采用一成不变的方法来教育不同的学生,注定是要失败的。只有抓住了每个学生的不同性格和特点,理解学生、宽容学生,做到"因人而异、因材施教",教育才更富个性,也更合理有效。

二、以心换心

班主任要严而不凶,宽而不松。一分严格之水,再掺上九分感情之蜜,才能酿成教育的甘露。作为班主任,要走进孩子的心灵,体贴和关心学生,和他们进行亲密的思想交流,让他们真正感受到老师对他的亲近和爱。

例如,本个案中,老师在周记中的留言首先从关心她的身体出发,来体现老师对她的爱。这样一下子拉近了师生间的距离,让学生有一种亲切感。可见,以心换心就是老师用自己的爱心、关心来换取学生的真心。如果学生认定你是值得信赖的老师,就能把你当作好朋友,做到对你"既亲近又崇拜"。那么,你的教育才可能取得事半功倍的效果。

接近孩子,除了和他们面谈、周记交流外,我们还可以通过一些更新鲜的形式增强和他们的交流,如:QQ聊天、短信、空间、博客交流等。班主任通过"不见面"方式,可以使学生放松心态,更加自然地说出他们的心声。教师通过这样的平台,以包容、接纳的态度来对待学生各类的心声,安慰、沟通、赏识时是朋友;鼓励、帮助、启发时是良师。从"心"开始,以心换心,既做良师,又做益友。

三、变堵为疏

进入青春期,少男少女难免会产生青春的躁动和心灵的震颤,这是这个年龄段孩子能量的自然释放。这种懵懂是美丽的,但又是不成熟的,如果我们教师不能走进学生的世界、不能贴近学生的生活,光靠陈旧的"堵"的方法,那一定会招致"洪水泛滥",使我们的工作举步维艰。所以,这就要求班主任转变传统思维方式,摆脱简单的训斥或惩罚,变"堵"为"疏",使他们富有个性,健康发展。

那么,如何才能做到"变堵为疏"呢?

首先,作为班主任,我们要放下架子,从"了解"学生到"理解"学生。教育家和心理学家把 12—16 岁的年龄段称之为"少年期"。这段时间,孩子的心理和生理变化迅速,独立性增强,总想摆脱老师、家长的管教束缚,性格情绪趋向对立和叛逆。因此疏导教育学生,首先要走进孩子的心灵。正如古人所云:"知其心,然后能救其失也。"

其次,要虚心学习新知识。只有自己多获取新信息、了解热点话题、接触流行文化,我们才能实现与学生的真正交流,才能做到"理解"学生。一个平易近人、追求新知、理解学生的班主任才会受欢迎、受尊敬。在得到认可的基础上,在学生遇到困惑或犯错时"变堵为疏",变教师"说教"为学生"自我教育",往往会取得意想不到的效果。

第三,要转变角色,将自己的角色从"教育者"转变为"引领者"。作为一个班主任,无论你的年纪多大,都应该与时俱进,尊重学生:要学会倾听学生的心声,不得到孩子同意不触及他们的隐私;要给学生话语权,要让学生有发表不同看法的机会;班级的事情让学生自己来做决策。我们教师要淡定从容,要给孩子留有"小秘密"的自留地,让他们在耕作的过程中不断改变自我。

本案例中的茜茜写言情小说无非是这个年龄段的身心变化导致她对"情"、"爱"的好奇,如果我们横加指责,极有可能把她推向教育的对立面,起到相反的效果,并在班级造成极坏的负面影响。而我从"班主任"客串"编剧助理",不仅仅是单纯的客串,更是通过这样的"客串",化堵为疏,从而赢得学生的信任。

为了这份信任,我们需要与时俱进提高自己的专业素养。以学生为本,以学生的发展为主,通过自己不断的角色转变、理论提升,去更好地"春风化雨"、"润物细无声",

做好学生的领航工作,让每一个学生能走好他的青春第一步。

(本篇作者:曹 晖)

4. 班主任老师在与不在为什么大相径庭——班级自主管理的思考

马路上,常有人感叹:警察在与不在大不一样;学校里,也有老师感叹,班主任老师在与不在大相径庭。面对这种情况,面对这样的疑难,施华梅老师经过她的艰苦探索,提出了一套很有见地的班级"自主管理"方式,竟是那样的有序、那样的有效,真值得我们一读!

一天下课后,一位同学告诉我说G同学惹英语老师生气了,我有些奇怪,G同学是小队长,成绩优异,平时积极要求上进,表现很好,今天怎么啦?我连忙找到英语L老师,L开始还不大愿意和我说,在我一再追问下,才吞吞吐吐对我说:"你不知道啊,你们班的学生,你在和不在,简直大相径庭。"旁边的体育老师也连声附和:"男生调皮也就罢了,你们班一群小姑娘也蛮疯的。"作为班主任的我,当时觉得十分尴尬。

我在班级中展开调查,发现英语老师、体育老师说的情况基本属实。可我没想通,自我担任这个班的班主任工作之后,我对班级实施了严格管理,对班级也没少操心,我付出了大量的时间和精力。但是,为什么那些在我面前听话、懂事的学生,会在其他课堂上不和老师配合呢?为什么我在与不在时,学生的表现会大不一样呢?我有些困惑了。

我听说有些经常闯红灯的中国人到了美国以后不再闯红灯,其原因并非是个人素质发生了变化,而是环境发生了变化,那也就告诉我们其中的管理是一个决定性因素。同样道理,学生的表现和班级管理也是密切相关的,学生在不同场合有不同表现,这就启发我要从班级管理中查找原因。

我发现我在班级中实施的是"保姆"式管理,尽管我在班级中花了大量的时间和精力,但这种"保姆"式管理的弊端,往往会表现出在我的"严管"下,学生在我面前的表现是绝对的服从,然而当我一旦走开,就会出现另一种状态,即学生的思想上长期处于被动的被管状态,恰似一个被压缩的弹簧,在我的面前被压住了,但积聚的机械势能就可能转化为同能级的动能,学生就会在其他老师的课堂上进行释放、宣泄情绪。同时,在我的"统管"的班级管理方式下,学生干部明哲保身,变成"挂名干部",缺失主动协助班主任管理班级的意识和动力。看来,这就是当我在与不在时,学生的表现会大不一样的原因。

据此,我想改变这种被动的方式,我对班级自主管理的模式进行了探索和实践。班级自主管理模式就是想在班主任指导下,让学生进行自主管理班级事务,这样让学生从被动、被管理转化为自主、主动管理。探索中我认识到可以这样操作。

一、创设条件,让更多的学生参与管理

班级自主管理要让全体同学共同参与,使全体学生能经历管理者和被管理者的过程,在过程中养成"换位思考"的习惯,自觉参与和配合管理。设立自主管理员岗位让更多的学生参与班级管理,由值日班长组织自主管理员检查另一小队的学规和行规。

自主管理员岗位可以分三步走:首先,各小队民主推选能力强、学规行规好的学生担当,六位自主管理员在班主任的指导下为班级自主管理做表率;其次,各小队成员轮流担当自主管理员,让每位学生参与班级管理,在管理的过程中学会自查自己的各项规范,也在管理的过程中发现同学的优点和不足,学会取长补短;第三,自主管理员可以实行竞争上岗制,在考核过程中管理不负责或者考核不达标者取消管理资格。

轮到管理的学生都自信满满,自我要求高,在自主管理的过程中每位学生都自我完善,形成人人有事做、事事有人做、时时有事做的良好的班级管理局面。全体同学共同参与班级的自主管理,提高了同学们自我规范的内驱力,营造了民主管理的班级气氛。

二、考核机制,激励学生主动管理

在班级日常管理过程中,要建立每个学生的成长档案,记录学生的表现,作为考核的依据。考核分为短期考核、长期考核以及班干部考核。短期考核是对每天的学规行规点评,根据班级公约进行加减分统计,评出"每周之星",每周则对小队作综合评价,用集体荣誉感将小队队员凝聚到一起;长期考核如将"每周之星"得分和每周的总分合计作为学期、学年的评优依据等,促使学生持之以恒保持规范,提高积极性;另外,学生

定期对班干部的工作能力和工作责任心进行评价,班干部考核促使班干部加强工作责任感,提高班干部自主管理的工作能力。

这种人本化考核,一要关注差异,考核应在把握多数学生共性的基础上;二要确保公平公正,在操作过程中减少各类人为因素的干扰;三是激发学生潜能,促进其不断发展;四是强化沟通反馈机制,及时有效地沟通,避免误解和分歧。

三、班务公开,促进学生反思和改进

公开的内容有:一是公开每位同学记录的班级日记。每人写班级日记,记录班级现象并提出自己的想法和建议等,同学间可以自由翻看班级日记;二是公开值日班长的《行规、学规点评》。自主管理员记录行规、学规执行情况,值日班长给予点评;三是公开纪律委员的《课堂情况记录和评价》。记录课堂情况和任课老师对课堂表现的评价;四是公开学习委员的《作业情况和评价》。记录同学完成作业的情况和任课老师对学生作业的质量分析。

推行班务公开,可强化班级内部舆论作用,让同学们及时认识到自己的不足,及时反思并对行为做出自我调整和改进,从而有助于建立一个不断自我完善和积极自主、奋发向上的班集体。

四、职责分明,提高班干部的管理能力

一是成立班级自主管理委员会。每个中队委员分管一个小队,与小队长一起分管优化自己小队,同时队内每周安排一名自主管理员对每天的行规、学规自主检查。

二是班干部分工明确,既相互合作又相互督促。如在学习规范上形成自下而上的检查收交作业规范,科代表间协调安排每天的早自修、午自修。纪律委员请任课老师评价每堂课的纪律、发言等情况,学习委员记录任课老师对学生作业的评价等。

三是值日班长当家制。班干部轮流担当值日班长,推行"今天我当家"制度,组织自主管理员检查、记录、反馈各小队的行规、学规情况,并核对自主管理员检查情况;汇总纪律委员和学习委员的记录,并实时记录各科练习考试等情况。

四是定期开会讨论工作,解决班级存在问题。班主任要引导班委制定近期管理目

标,让学生干部明确眼前任务,自觉、主动地进行宣传和管理。

要放手让班干部开展工作,发现他们的优点和不足,及时给予肯定或指正,树立他们的管理信心,在处理日常事务的过程中提高管理班级的能力。

五、规范制度,为自主管理提供保障

由班委会制定和完善《班级公约》,在班会课上全班讨论通过。班级各项管理制度的制订和执行要达到规范化要求,不能朝令夕改,不能随心所欲。

将制度贴在墙上挂在嘴上是必要的,但将制度落到实处是关键。在规范化的制度下,学生自律、班级制度的规范是学生养成行为规范和学习规范的保证。

实施自主管理后,任课老师反应良好。一次,我外出去参加教研活动,有些不放心,就打电话给英语老师,请她帮我关心一下班级,她说:"你放心吧,你们班很好,你们的班干部现正在组织点评呢。"

围绕着班主任在与不在学生表现不一样的问题进行研究,我很受启发。教育家苏霍姆林斯基说过:"促进自我教育才是真正的教育。"班级管理应是以教师的"师管"为指导,以学生的"自管"为根本,"师管"和"自管"的辩证统一的自主管理才是有效的班级管理。

推行班级"自主管理"模式,学生有了展现并提高自我能力的空间和愿望,而这种模式,践行的是"以德育为核心"的素质教育的理念。学生"自主管理"的过程,也是道德实践和道德认知的过程,侧重的是尊重、信任等道德元素的德育行为锻炼,这是有利于帮助学生建立相互关爱的感情,塑造独立思想、培育工作能力、形成良好思想品德的有效手段。

在班级管理模式的转变过程中,我深刻体会到:班级管理是一门学问。管什么,不管什么,管到什么程度,谁来管,怎么个管法,都是需要认真学习和实践的。在这过程中,班主任也是需要不断思考、不断学习、不断实践和不断总结的。

(本篇作者:施华梅)

5. 让"班级日志"发挥育人作用

一年前,在我刚刚接到任教九(1)班班主任的消息的时候,对于班级情况全然陌生的我显得茫然无措,倍感压力。

尽管冒着酷暑去家访,与同学个别谈心,但很多工作还只是停留在表层。为了建立起与同学沟通的桥梁,更快更好地了解班级情况,经与班委干部商讨决定,由值日班长写下当天班内的纪律表现以及发生的一些事情。于是,班级日志就这样产生了。

开始的几天里,同学们挨着学号依次写下去,还有些内容,可渐渐地,日志内容开始出现雷同,没有新意。有些同学不想得罪大家,只是报报流水账,往往都是"开场白—上课情况—午间情况—口号式"的结束语。这样下去同学就觉得没意思,开始敷衍,老师也很无奈。班级日志就这样成了一种摆设,一种负担。

晚上,我坐在窗前,苦苦地思索着:问题到底出在哪儿了?为何我的满腔热情却招来事与愿违?班级日志还要不要坚持写下去?在这个棘手的问题面前,我苦苦追问……

经过反思,我发现班级日志流于形式的原因大概有三:

1. 内容上过于平凡

班级日志的内容过于简单,形式又十分单调,每天的记录只是停留在对学校课堂的反馈,一天的八节课,从头到尾简单通报一遍,便万事大吉。后面的同学依样画葫芦,炒炒冷饭,从而导致日志内容平淡无趣,提供的信息和范围也非常狭窄。

请看下面一段摘录:

第一节是数学课,某老师写满了一黑板的板书,真可谓辛苦啊;第二节是语文课,某老师教我们修改了作文,然后再重写了一篇;第三节是英语课,某老师深层次分析了课文,总结了语言点;第四节是生物课,某老师给我们分析了人体内部的结构,收益非浅。

……

2. 写法上过于随意

有些学生凭兴趣写,感兴趣的就多写些,反之就少写些;有些学生凭学科而写,哪门学科是他的最爱,也就会写得很多,反之不写;有些学生视作业情况而写,等等,不一而足。

3. 反馈上过于延迟

有时,因为班级出现了琐事,班级日志就延迟了好几天,由于没能得到及时的反馈,导致了一些重要的事件没能得到及时解决。

有一次,我一早走进教室的时候,发现有些同学在"奋笔疾书"抄作业,而有些成绩好的同学的本子则被"劫持"了,一时没了踪影。这种突发事件在日志中却没有反馈,教师就不能及时发现,如果这一现象不能及时得到解决,就可能产生不良后果。

问题的原因找到了,就应该寻求解决的办法。为了让班级日志真正发挥学生、老师和家长之间沟通的桥梁作用,我再一次召开了班委会,并制定了相应的对策。

对策一:解决问题,积累经验

1. 真话诉说,丰富内容

班级日志的内容除了每天的上课情况外,还可以一起和同学们分享学习方法、校园生活等等。比如,小徐同学在班级日志中说出了自己的真心话语:

再过三天就要期中考试了,在这仅剩的三天复习时间中,我认为我们应该做到:

1. 认真听好每一节复习课,掌握每一个重点。

2. 认真分析卷子,自己分析错在哪里,为什么错,如何改正。

3. 认真选做一些课外题,合理安排时间,抓紧每分每秒,尽力复习。

作为班主任老师,我也即刻做出了回复:请同学们一起来分享一下她带给大家的复习策略。

记录在不断改进,同学们大胆吐露自己的真心话,日志内容变得丰富而有趣。如小邹同学有感而发写的一则"打油诗":马上就要期末考,我班的情景真有趣,晃头晃脑背语文,苦思冥想答数学,奋笔疾书做英语,斟酌推敲思物理,急速翻书抄政治,神色淡然考生物。

2. 真诚倾听,及时反馈

同学们在班级日志上诉说真心话,反映班级的好人好事,及时暴露班级问题,那么作为老师,就要真诚倾听,及时反馈。例如,小张同学在日志中记录的一则具体事件:

手机事件本以为已经彻底解决了,没想到今天又闹出新的风波,副课上有人玩手机啊！后果很严重！

课后，我马上找了小张同学，耐心地倾听着他所提到的"手机事件"，还利用课余时间，听取了来自同学、任课老师和家长方方面面对于"手机事件"的各种想法。终于了解到了事件的实情：有些同学不仅上课玩手机，看视频，甚至有些成绩较好的同学还把作业答案用手机拍下后，发在 QQ 群内。

这引起了我的高度重视。手机事件又起风波，说明事情又有反复，有想法，有原因。我做出了及时反馈，就以"手机事件"为切入口，落实在改进行动之中。

3. 真实沟通，增进信任

为了更好地发挥日志的作用，需要学生与学生间的相互探讨，学生与老师间的真心对白，学校与家长间的互动交流。看到学生们记录中的动态，我十分注意及时与他们沟通，并及时写下感悟。

例如，2012 年 12 月 12 日，拜读了同学和家长们记录的日志内容和家长寄语后，我留下一些点滴感受："敬爱的家长们，我们的孩子们渐渐长大了，不仅是个子长高了，性格也慢慢趋于成熟，他们有了自己的想法，会用自己的眼光去诠释世界的真谛。亲爱的同学们，从你们的言语中、记载中渐渐流露出对校园活动的热爱。艺术节、学工活动、军政训练等等都为你们的生活增添了一份充实，一份活泼，同时也看到了你们在种种测试中经受的一份检测，一份考验。真心希望你们能健康、快乐，能经历风雨，见到彩虹。"

因为有了及时沟通的日志平台，老师、学生和家长间的距离拉近了，多了一份信任，少了一份误解；多了一份热情，少了一些冷漠。

对策二：团队建设，凝聚合力

班集体的建设也有班级日志的一份不可磨灭的功劳。它在营造班级团队的积极氛围上发挥了很大的凝聚作用。班级日志，使 30 颗孩子的真心和 30 位家长的热心凝聚在一起去共同打造一个温暖和谐的家，将九(1)中队打造成了一个团结向上、追求卓越的优秀班集体，形成了共同向上的团队。其中家长们的积极参与，为班集体建设出谋划策也功不可没。

例如，在如何面对挫折上，小王家长这样写道："学会把课堂看做成长的操练场，把大大小小的考试看做成长的磨练，把每个烦恼当做生命给予你们的馈赠吧！"

第三章　学校德育建设

在激发学生的学习方面,小张家长这样鼓励着学生们:"孩子们,当你们长大后回望这段校园中的青葱岁月,会很珍惜这份清新的校园生活!好好努力、勤勉、坚持、向上、合作,去翻越一道道山岗,走向成功。"

如何让学生学会自信,小高家长也写下了自己对教育女儿过程中的点滴:"很多人失败的原因就是放弃了学习,放弃了学习你就放弃了机遇,停止了学习就等于停止了进步。所以,你必须要有自己的目标和计划,并一步步地去完成,绝不能半途而废。"

对于成就梦想,小江家长写出了这样的思考:"我知道九(1)班的同学都是有梦想的孩子,有梦想就有希望,无论实现梦想的道路多么艰辛,我相信只要有坚定的信念,梦想一定会实现!"

对策三:悉心指导,形成特色

在同学、老师和家长的共同关注下,我们班的班级日志的生命力日益旺盛,在逐渐的成长过程中,形成了以下的特色:

针对性——发现问题,利用多元手段,找出症结,细化问题,把大问题量化成小问题,针对问题,一一解决。

敏锐性——从日常事件中捕捉到一些大家感兴趣的话题,或具有实效性的问题让大家共同参与讨论,展开微话题一分钟演讲等等方式,争取得以妥善解决。

及时性——不要吝啬及时的表扬,也不要拖延及时的批评。有时会各抒己见,为此我提倡民主讨论。

民主性——由于班级日志有三方的参与,因此不缺民主性。在民主的基础上再予以必要的规范。

一年来的尝试,"班级日志"产生了明显的成效。至今,已整整记录了满满三本,它将是我们九(1)班的一笔宝贵财富。它成了班级成长的见证人,也是我们班取得不断进步的法宝。从刚开始的停留在学习、工作上的交流,逐渐地变成了思想交流。它碰撞出彼此的心灵火花。为此我感悟出一种教育思想:一种无声的心与心之间的教育是多么重要啊!沟通心灵的桥是理解,连接心灵的路是信任!

(本篇作者:黄英姿)

6. 广播操这样做，行吗？ ——试谈班级管理工作的有效性

郭杰老师以班级广播操为抓手，针对三个"偏差"，提出了三个"对策"，使班级广播操从"差等"转化为了"优等"。班主任管理能力的提升，由此可见一斑，这一教育管理智慧，也值得我们参考和借鉴。

体育课刚下课，小A就被几个同学拉到了我面前，同学们告诉我：小A在体育课上发脾气，老师让他练习广播操，他就是不练。小A嘟囔着："我觉得自己做得挺好的呀，有什么好练的。"他似乎看出了我的疑问，又说："郭老师，我做一遍给你看看呗。"小A十分自信，"一二三四……"一边数着节拍，一边麻利地做了起来，可他的操我总觉得哪里不对，仔细观察可以发现，直臂上举变成了屈臂斜上举，体转运动变成了体侧运动，再看看那些课间聚集起来看热闹的同学们，有的笑到捧腹，有的窃窃私语，对于预初年级的学生来说，广播操刚学不久，总是会带着一些问题的，回想起我班在开学初六年级广播操评比中被评作差等，当时我还认为评判标准过于严苛，现在看来，班级的广播操确实存在问题。我班的广播操得了差等，原因又是什么？我认为主要还是集中在三个"偏差"上。

一、对广播操的认识偏差

对于为什么要做广播操，同学们大多认为这是学校规定必须要做的，只要完成就可以了，大多数学生在做广播操时都习以为常，敷衍了事。确实相对于其他学习任务而言，这并不是一件要紧的事，我在和同学们交流这个问题时，也有同学认为广播操是学习过程中一个喘气的机会，应该是休息和调整为主，没必要有太多的要求。

广播操的重要性老师如果不说，会主动去了解的学生少之又少，我试着让大家思考这样一个问题：学校组织学生在大操场，而不是以教室为场地做广播操的原因是什么？同学们认为这就是一项集体活动，在操场上做无非是为了方便指挥和管理。我发现同学们已经把广播操淡化为一件可有可无的事了。

二、对广播操的动作偏差

我尝试着在班级里找广播操"示范员",结果找来的同学动作也是问题连连,同学们动作里演化出来的千姿百态并非偶然,我发现有些学生在日常做操时常常有气无力的,所以他们的动作往往很难到位;还有一部分学生和音乐完全不在一个频道上,有动作与节拍点有出入的;有早早地就完成所有动作,"站"等下一节的;有音乐开始了还愣着,不知道该做什么动作的;若仔细看,整个队伍显得十分混乱。长此以往,错误的动作逐渐替代了正确的动作,更不要说节奏了,由此可见,广播操的动作偏差已经到了必须纠正的时候了。

三、对广播操的管理偏差

从班主任的角度,由于广播操是班级日常管理必须落实的一项工作任务,在工作中也容易产生一定的惰性,所以我对学生的具体要求也简化为安全和整齐两个方面,做广播操的效果看得过去也就不提意见了。经此一事之后,我也尝试整理了在广播操管理中的两点问题:首先我对广播操没有重视,没有认识到广播操对学生具有的重要价值;其次我在评价方式上存在偏差,对学生的要求仅仅停留在完成任务的层面上,而这些偏差都直指我们在广播操管理上的不当。

那么,怎样做才能纠正这些偏差,让学生的广播操重现生机呢?

1. 广播操的价值取向

学校组织了一次足球点射大赛,队员们第一场就输了,比赛的失利给了同学们和我极大的教训和震撼,我在赛后迅速组织学生们讨论,为什么比赛输了,同学们七嘴八舌说了一堆原因:踢球的位置不准;踢球姿势不对;踢出去的球没力气……总结下来,大家觉得:在这个赛场上,我们的队员并不具备足球运动的基本功,比赛拼的是侥幸,输掉比赛自然是正常的。这场比赛给了我很大的启示,于是我就借机引发大家思考:为什么我们的广播操得到了差评?显然问题也是出在基本功上,而且这个问题还造成了班集体形象的影响,所以做好广播操是有积极意义的。

广播操对于正处在成长关键期的青少年相当重要,做广播体操,不仅能使我们通过锻炼而更富有朝气,还能使我们保持良好的身体姿势。然而,广播操的效果不是立竿见影的,所以我在班级里立了一个不成文的规定:只要是我的课,上课之前一定会腾出几分钟的时间,组织同学们做一组拉伸、扩胸和转体运动,一开始同学们不怎么把它当回事,只是应付一下,可是连续做了几天之后,同学们的态度发生了转变,我一进教室就主动站起来做,如果我忘记了,同学们还会提醒我,这段时间上课睡觉的同学少了,坐姿需要纠正的同学也少了,这样的体验使同学们更感受到了广播操的自身价值。

2. 高标准能事半功倍

广播操动作是否到位,引领很重要,为此,我和体育老师协商,在最近一段时间,体育课的准备运动尽可能和广播操相结合,结合分解动作的训练,让学生逐步掌握并适应动作要领,这样如果遇到广播操中的动作难点,除了能及时得到针对性的评价和指导之外,也能让同学们有意识地自我强化练习。与此同时,我和同学们一起对比了纠正广播操动作前后的变化,几乎每个学生都有提高,由此,我和同学们一起总结了两点:一是同学们的表现与体育老师的教学水平正相关。二是体会高标准与每一项运动以及广播操做得好与否正相关。之后的广播操,学生明显有了很大的转变,由原先只有一两个同学能基本到位的情况,到现在的谁都担心自己的动作不到位,可见引入了体育老师的高标准和同学们的自我约束,广播操的动作大有改观。

3. 讲效果要科学管理

期末学校要进行广播操评比,届时也会进行全校的广播操航拍,这一下子给广播操纠偏带来了一丝曙光,如果抓住这个契机,就可以更好地管理和引领学生做好广播操,进而克服以前的种种弊端,所以我设计了以下五个环节。

(1) 激发自觉——这是做好广播操的前提

在班集体活动中班主任是引导者、合作者和组织者,在组织班级活动时首先应该创设一个向上和激励的氛围。所以我在学生做广播操时,一方面反复纠正孩子们的动作,另一方面将每个动作的作用和学生进行强化,在这个过程中,班主任也要注意过程材料的积累,积极引导学生把做好广播操和班集体形象联系起来对待。这样做不仅可以成为班集体成长的过程性资料,而且更好地激发了学生自发做好广播操的动力,增强了学生在解决自身问题时的自信。

(2) "榜样"带领——这是做好广播操的示范

班级的领操员一般都是由班级的体育委员担任,这也会造成学生的审美疲劳,所以我认为班级里的任何一位同学都可以担任领操员,由于领操员不但要具有示范性作用,而且是班集体广播操的代表,在这个位置上的学生行动力相比较在队伍中会大不一样,同时在班级中推行领操员连任制,即得到大家认可的同学可以继续担任,并设定任期,学生们从惧怕和排斥这个岗位,到喜爱和留恋这个岗位,并逐渐迁移到对高标准的认可,这样的做法使得榜样示范起到了更大的作用。

(3) 互帮互学——这能营造广播操的氛围

班级中有这样一些学生,他们的广播操问题特别明显,这些学生在练习广播操时,常常会受到其他同学的嘲笑,这会对他们的广播操学习起到反效果。对此,我在思考对策时也做了一些新的尝试,我将这些孩子归并在不同的小组中,对他们的广播操表现进行量化,并纳入所在小组的操分得分,这样更容易引发学生间的互助,教师再适时引导和鼓励,逐渐形成一种风气,把广播操的纠正融入到小队活动中来,更具操作性,更易于获得体会。

(4) 视频展现——这是提升广播操的手段

提升广播操的质量,学生是主演,观众也必不可少,除了老师以外,家长也是极其重要的资源,互联网时代,我们可以利用网络技术向家长展现学生的广播操,通过展现亦可以实现三个功能:1.沟通:家长可以感受到孩子的成长变化,孩子也可以向家长"炫耀"自己的表现。2.回看:视频可以反复观看,这样更容易看出问题和不足,同时也替代了班主任的说教,找出了一条更有说服力的交流方式。3.留言:对于做广播操的照片和视频,不仅要看还要说,谈感受,说体会,表决心,创设一个大交流平台,这也能促使广播操的质量得到进一步提升。

(5) 竞争激励——这是提升广播操的策略

在广播操纠偏的过程中,最让人担心的就是学生热情的减退,所以我们必须设置一些具有长效性的班级活动,于是我尝试在班级中设置"每月广播操之星"的评选,由班委会具体负责、班主任担任指导,参与学生以自主练习的方式进行准备,并且在定期或不定期的活动中,请家长到校参与指导和评选,让家长也参与其中,这样不仅可以调动学生的积极性,也激发了家长的兴趣,在几次的评选中,我发现参与评选的同学,几乎都是一人参赛,全家总动员的状态,竞赛评优常规化的模式,不仅提升了做好广播操的自觉性,也让班级的广播操质量得到了进一步的加强。

有了明确的方向，有了有效的策略，有了师生的努力，班级的广播操有了明显的变化，更是在评比中获得了优等，得到了老师们的肯定，在班级广播操的演变过程中，我深刻地认识到班级管理并不是搬砖砌墙的机械操作，就如同广播操看似并不复杂的一套动作，想要做好却并非易事，因为它不仅仅是一套动作，还是一种集体行为，更是一种班级文化的体现，所以我们的班级管理，要从学生日常的行为细节入手，通过思考行为标准的重要意义和长远价值，寻找学生行为转变的突破点；同时也要对生成性问题进一步深入思考和探索，打磨成新的行为增长点，从而达成学生想法和行为的转变，并可由此进一步提升班主任的管理水平。

（本篇作者：郭　杰）

第二节　关注心灵

1. 老师的手是热的

一次我像往常一样,打开学生的作文本,突然,一位女生的作文,跃入我的眼帘。这篇作文的题目是《心事》。其中,那位学生写道:"老师,你知道吗?你的那句话'孩子,刀片是冰凉的,老师的手是热的,放下刀片,把你的手给我。'给我的心灵带来多大的震撼,我从心底里感受到温暖,老师,我的心事,你懂!"那是怎么一回事呢?她是一位成绩欠佳的问题学生,因为情感受挫,一时冲动,想要割腕自杀,经过我的劝说,她回心转意,放下刀片,握住了我的手。

每位班主任,都会高度关注家庭特殊、学习不佳的学生,平时的教育也是苦口婆心,孜孜不倦。我同样不厌其烦地找那些学生结对谈话,电访家访,但学生却总"不领情",甚至出现教育无效的情况。为什么这次这么棘手的问题,我能够化解?我讲的那句话为何会发生那么大的作用,足以震撼学生心灵?

其实那句"刀片是冰凉的,老师的手是热的,放下刀片,把你的手给我"的话是我心里最想对她说的话。经过长时间的观察,不间断的家访,我感觉到她是个严重缺乏关爱与自信的学生。由于成绩不佳,同学们都不愿意跟她做朋友;一个连基本的亲情、友情都得不到的学生,她内心该有多么渴望别人关爱、理解、倾听啊?而我的那句"老师的手是热的",恰好传递给她这个意思:不要怕,有老师在,我的手是热的,我的心是真的,让我给你关爱、理解、倾听。

教师工作,总会遇到此类问题学生,如何行之有效地进行教育,我们是否有一些好的方法呢?我想,大概有以下方法:

1. 换位思考。经常问自己,假如我是学生,我会希望老师如何处理?中学生都是未成年人,他们的行为往往是一时的冲动,不成熟的表现;教师,是成年人,思想、行为都已经成熟,教育学生,绝不能忽视师生间认知、行为上的差异,尤其对于特殊学生,更该权衡思考,设身处地地了解他们,进行教育活动,教育的有效性会大大提高。

2. 摆正心态。从心里尊重、爱护学生。学生即使年龄尚小,但对于教师的一言一行,都能敏锐地感受到,因此,老师在教育过程中,应时刻注意自己说话的语气、神态、语言的运用;即使是批评,也是柔中带刚,切不应以伤害学生自尊达到暂时的教育目的;教育是慢的艺术,对于学生的人格的尊重,是教育的起点。

3. 发现亮点。渴望被赏识是人类最本质的需求,而对于成长中的青少年学生,发现他们的亮点尤为重要。施以爱心,期以耐心,持以恒心。给予他们父母般的无微不至的关怀,欣赏他们,信任和鼓励他们,能够帮助他们扬长避短,树立自信。充分调动他们的积极因素,努力使他们相信自己的力量。感动是最好的动力,学生一旦非常感激老师,就会不断地努力完善自己。

4. 加强沟通。现在的学生个性和主体意识越来越强。随着年龄的增长,学生的成长烦恼会伴随着而来;另外由于沉重的学习负担,学生会出现各种各样的心理问题,亟需老师来帮助解决。做学生贴心人,与他们平等、友善相处,让师生明晓共同点和差异性,求同存异,相互理解。多与学生交流,就是要与学生建立亲密的关系,相互信任,坦诚地交换意见,学生能真实地感觉到老师是在关心自己的成长,教育的效果也会相当好。

5. 宽严有度。要做学生良师益友。"不以规矩,不成方圆",说的就是对学生要有严格要求。但严格不是严厉,更不是苛刻,应有一个正确的标准,做到"严之有度"。严格要求学生,指教师在学生面前严格落实为人处事的准则、行为习惯的养成、道德水准的提升,要在第一时间发现学生存在的问题,不折不扣地指出问题、分析问题、解决问题、改正错误。这个过程不会是一帆风顺的,总有学生做不到位,在严格要求的过程中千万不要伤害学生,切忌不能简单粗暴,要让学生感觉到老师在教育和帮助他,在具体的实施中注意调控好自己的心态和行为:变痛恨为痛心,发怒为宽容,责骂为劝慰,训斥为商量,冷漠为热情。学生一旦感到老师对他的尊重,会促使他自我醒悟,那么教育的成效就会良性持久。记得有一句话是这么说的:"不是因为铁锤的敲打,而是因为水的抚摸,石子才变得这般光滑剔透。"因此,老师在对学生严格要求时,不可操之过急,一定要把握尺度,做到"严之有度"。这样,我相信所有的学生都会成为你的朋友,你也是一位让学生爱戴的好老师了。

"老师的手是热的"是对于学生长期观察教育过程中,思考总结的结晶之语。"操千曲而后晓声,观千剑而后识器",教师的教育唯有耐心,才能厚积薄发。"老师的手是热的",婉转表达对问题学生的默默关心,实际是以情感教育为主基调的智慧选择;学生听后默记在心,写入作文。可见教育讲究艺术,有时一句话,一个眼神,却在潜移默化中影响学生以后的人生。苏霍姆林斯基说过:"关心别人的痛苦和欢乐,像关心自己的事情一样关心别人的命运。"教师的任何教育活动都离不开学生,更离不开一颗关爱学生的真心:你的痛苦我来分担,快乐我来共享,愤怒我来安抚,任性我来包容,伤悲我来释怀,你的生命由我来陪伴!

(本篇作者:徐　旻)

2. 为什么学生不说"真心话"
——关于英语"任务型"课堂教学的思考

创建"任务型"课堂是英语"阅读领航"中的一个重要实践探索和改革,但为什么会出现学生不说"真心话"的不协调现象呢?这个问题确实应该引起我们的重视和思考,以便让教学更贴近学生,让"阅读领航"更具实效。阚静老师对这个事件阐释的独到见解,对我们也颇有启发。

通过创建"任务型"课堂促进英语课健康、高效发展,是英语"阅读领航"探索实施过程中达成的认识。在一节以"食物"为主题的公开课上,我设计的"任务"是让学生充当学校食堂的小记者,通过采访身边同学最喜欢的食物,从而帮助学校食堂设计一份"学生们最喜欢的午餐菜单"。

这样的设计一方面考虑到"食物"是学生们较为感兴趣的话题,把它与学校午餐联系起来会更贴近学生的生活。另一方面,我课前在学生中做过调查,发现多数学生都不喜欢学校的午餐。所以我想,如果在英语课上给学生一个机会畅所欲言,他们一定会非常乐意参与其中,发自内心地表达观点。自认为自己设计了一个"知识"与"情感"

结合得相当好的任务,我美滋滋、很得意地走进了课堂。

首先,我展示了一首关于"晚餐"的儿童诗,大家饶有兴致地大声朗读,好像这首诗也说出了他们的心声;接着,我由这首诗引出了各种食物图片,学生们看着诱人可口的食物更加兴奋起来,争先恐后地抢答它们的名字,并说出他们最爱的食物。看着学生的状态渐入佳境,我也越发自信,心想:"更有趣的还在后面呢!"当小组分角色朗读完课文后,我在大屏幕上展示了几张照片。学生们静静地看着照片,不一会儿都会意地笑了出来。没错,这正是他们最近几天在学校吃的午餐。终于,最精彩的部分来了!

"Boys and girls, you have lunch at school every day. Do you like the school lunch(同学们,你们每天都在学校吃午餐。你们喜欢学校的午餐吗)?"我一边提问,一边幻想着学生们摇头晃脑大声说"No",然后迫不及待地开始设计自己最喜欢的午餐的场景。但是,没想到孩子们像商量好了一样,异口同声地说"Yes(喜欢)"。

什么?!Yes?!我目瞪口呆,想象中的画面也应声破裂。眼前这帮微笑地看着我的小鬼到底想干什么?为什么明明有各种不满,此刻却异口同声地说"喜欢"?为什么他们在课堂上的回答与我之前的调查大相径庭?然而有限的课堂时间容不得我多想,只好暂时收起尴尬和困惑,适当调整之前的"精心设计"。既然他们"喜欢",那我只能请他们在现有午餐的基础上,设计一份"更好"的午餐菜单,并由我把大家的建议转交给学校食堂。但是,这样的调整却收效甚微。一些孩子呆呆看着我,有点不知所措;一些则表现出非常不屑的样子,嘴里还嘟嘟囔囔地说:"我们的意见又不会真的给学校,写不写都无所谓。"还有一些则表现出"乖顺"的姿态,拉着同桌轻声嘀咕:"哎呀,反正都是假的,你就随便说两个吧。"如此消极的心态让之前"热烈"起来的课堂一下子冷清了下来。

就这样,一节我臆想中"热烈讨论"、"各抒己见"的课在一连串尴尬和忐忑中结束了。而我的反思却由此开始——在这样贴近生活的"任务型"课堂中,学生们为什么不说真心话?

"冰冻三尺非一日之寒",学生这样的反应绝非偶然现象。其原因可能有以下几点:

首先,公开课上的"真心话太冒险"。每逢公开课,老师必然会格外重视。除了一轮轮备课、试上,甚至在正式开课前还要做好学生的思想工作,提醒他们要遵守纪律,要积极举手发言,不能"乱讲话"等等。如此种种传递给学生一个信号——"公开课"要谨慎。于是,几年书读下来,学生们似乎也都深谙此道了,与其冒着被老师批评的危险说"真话"、表达真实的想法,还不如"配合"老师的意图,说一些"正面"的答案,达到"双赢"。

其次,课堂模式"昙花一现"。在探究"任务型"课堂模式的初期,往往要集合整个备课组、甚至是教研组的集体智慧,精心备课,才能设计出好的"任务"。由于花费的时间和精力较多,这样的"好课"也就成了在"公开课"上才昙花一现的稀罕景象。这对于习惯了传统"家常课"模式和常规练习的学生们来说,即便面对感兴趣的话题、有表达的欲望,也会因为不熟悉、不适应这种全新的课堂模式而产生畏难心理,不敢开口。

第三,课堂"任务"容易成为"烂尾工程"。比较常见的现象是,学生们辛辛苦苦讨论完成的任务,在下课铃响起后便不了了之了。那么,久而久之,学生们自然也就不会认真对待,甚至发出"反正都是假的,我们的意见又不会真的给学校"之类的抱怨,最终导致即便有想法也不愿表达,或是应付着"随便说两个"。

其实,"任务型"英语课堂的目标非常明确,就是通过一条任务主线有效地整合整节课的知识点,并充分激活学生运用知识的潜能,达到"知识"与"情感"目标的融合,充分发挥语言的"功能性",使语言教学更贴近真实生活,具有现实意义。但是,就目前课堂实践中出现的这一问题来看,"任务型"课堂偏离了一个重要的原则——"真实"。如果老师不能呈现一个真实的课堂,学生也不以真实的状态融入课堂,那么所谓的"任务型"课堂最多就是一个公开课的秀场。为了避免这样的情况,真正实现这一课堂模式的优势,我认为可以从以下几个方面加以改进。

一、还原真实。所谓"学情",除了知识背景外,学生的心理状态也是不可忽略的。一方面,老师要淡化"公开课"给学生造成的心理压力,使学生对每一节课都能"一视同仁",从容面对;另一方面,还原一个真实的课堂,其实就是营造一种平等宽容的健康课堂氛围。老师在平时的课堂上就要鼓励学生讲真话,让学生明白他们的真实想法是被"尊重"的。只有当学生拥有足够的安全感时,才会勇于并乐于去表现真实的自己。

二、坚持常态。教师应当有意识地将"任务型"课堂理念运用到平时的"家常课"中,使这种开放性、探索型课堂模式成为常态。所谓"习惯成自然",当学生熟悉了这种"任务型"的课堂模式,配合老师在思考、探讨上给予的一定的方法指导,再加上一个学生喜闻乐见、具有现实意义的话题，一定能有效实现"任务型"课堂在"知识"与"情感"上相融合的目标。

三、有效反馈。开放型的"课堂任务"具有向课外延伸的特性，因此，教师在设计任务时要慎重考虑任务的可行性，以避免任务华而不实、虎头蛇尾的现象。完整的"任务型"课堂是以"任务"能否完成、有何反馈为标准的。因此，一旦教师将任务布置下，就必须重视对任务完成情况的跟踪、反馈和评价。只有当学生感到自己的探究过程、劳动成果是受重视、被尊重的，才会真正积极地投入到每一次课堂任务中，并有始有终地将其完成。

学生在课堂上说"违心话"让我认识到落实"任务型"课堂有效性的重要和紧迫，也引发了我以下思考：

要使课堂教学有效，首先就应当打破形式主义，还原真实课堂。要将"任务型"课堂理念运用到每一节课上，使其从"概念课"转型为"家常课"。只有这样才能让"任务"服务课堂。

其次，要提高课堂教学的有效性，一定要从学生的实际情况出发，做到"以学定教"。只有老师做到在课前知道学生的"知识背景"、了解他们心理状态，才有可能设计出"知识"与"情感"目标高度结合的课，营造出"健康课堂"的氛围，实现预期的教学目标。

再有，要提高课堂教学的有效性，那就要通过合理的任务设计，引导学生将课堂上的所学迁移到日常生活中，从而尝试解决一些比较简单而实际的问题，并给予及时的评价反馈。因为从"阅读领航"的实践与探索来看，学生能否带着所学知识和内容走出课堂、走向生活才是检验课堂有效性的重要标准。

总之，唯有"真实"的课堂，才能是高效、可持续发展的健康课堂，那也就是我们"阅读领航"的课堂改革都必须在实践中不断探索，在真实中力求实效。

(本篇作者：阚　静)

3. 放我的真心在你手心

一天，我班的一位女生靓(化名)哭着跑到办公室告状："老师，昊(化名)把我的铅笔盒摔在地上,铅笔盒中的笔都摔坏了。"我一听,男生竟敢欺负女生,那还了得,于是急忙来到教室,把昊叫到身边,不问原因,就将昊劈头盖脸批了一顿,可昊就是"抱着葫芦不开瓢",死不认错。

我问他为什么,他就说:"我不想承认,可以吗?"我说:"如果你认为你没错,那就得讲明理由。"然后他敷衍地回答说:"好好好,是我错了,行了吗?我走喽……"我看他认错的态度是如此不诚恳,更是火冒三丈:"做错了事还不服理,这还了得?"我的语气更加严厉了,说:"既然你错了,那么就得赔偿人家的东西。"他马上接口说:"要赔东西没门,我的东西也坏了,你赔啊!"我气急了:"我打电话,叫你家长来。""随你。"他不屑地回答。不一会儿,家长来了,我把事情一五一十和家长讲了,家长站在我的立场,训斥了儿子一顿,拿出了赔笔的钱,一场纠纷以我的胜利而告终。我有点得意,心想:"这么点小事都摆不平,还算什么老师。"然而,事情并未真正解决,接下来的昊更是变本加厉,不仅是上课不听影响别人,作业经常不做,弄坏别人的物品,而且只要是遇到一点点小事,就和同学吵起来,甚至打起来……总而言之,他不断制造各种事端,让我头痛不已。

问题的症结到底在哪儿呢?我百思不得其解:他不是在我面前认错了吗?但他又不断制造事端,分明是没有认错!他已经赔了损坏的笔,但他还在继续损坏别人的物品,显然他赔得并不甘心。家长来了,训斥了,他尽管没发声服了,而从他的表现来看,根本就不服!为什么我的努力在不断升级,而他的反感也在不断增强呢?看来仅仅来硬的是不行的。我静下心来,冷静分析:

从昊本身来看:昊对学习没有兴趣,沉迷网络。平时经常惹是生非,自以为是,上课不听,作业不做,总会以各种理由为自己的错误行为辩解;对待老师的提问避重就轻,课堂上老师上面讲,他下面讲,你停他也停,你讲他也讲,逆反心理较严重,常用心理上的逆反、行为上的不羁来发泄自己的不满。

从他的家庭情况来看:母亲比较溺爱,父亲教育方法比较简单粗暴。正由于母亲的溺爱,养成了他以自我为中心,缺乏承担责任的能力。父亲的暴力语言与行为在他心里有深深的烙印,他没有受尊重的感受,也就更不懂得去尊重别人。

再从我自己对这件事的处理来看,也有明显的不足。我急切地想解决问题,急于"摆平"他,因此采取"牛不喝水强按头"的做法,也就没有尊重可言了。由于方法简单,教育不得法,昊当然不可能在受教育后心悦诚服地接受。用这种缺乏尊重的疾风暴雨的方式来解决问题,暴露出我们教育的偏狭和无能。

记得《伊索寓言》里有一则故事:风和太阳比赛,看谁能使披着斗篷的游客脱掉斗篷。冷风拼命地吹,游客反而裹紧了斗篷。太阳出来了,暖洋洋地照耀着那位游客,那游客便自动除去斗篷,并在树底下乘凉。这则寓言给了我教育的灵感:我知道了对昊这样的学生用严厉的措辞或是简单的说教,是没有作用的。作为教师应该放下身价,尊重和了解学生,继而引导学生,我们的教育才可能会有效果。

美国教育家艾玛逊指出:"教育的秘诀在于尊重学生。"中国教育家魏书生也曾说过:"人心与人心之间,就象高山与高山之间一样,你对着对方心灵的大山呼唤:我尊重你……那么,对方心灵高山的回音便是:我尊重你。"在对待昊这件事的处理上,首先,我明显缺乏的是对他的尊重。这种缺乏尊重的"严",是带有强制性的。这样的"严"让他觉得自己处于被动的地位,产生了逆反心理。其次,我对学生的深入了解是不够的,我自认为我对他是了解的,他对我也是了解的,但从实际效果上看,我没有真正做到。再次,我的处理是带有主观情绪,我是在情绪之中处理问题。我认识到作为一名教师,应在尊重、理解的基础上,有目的地教育学生,有针对性地引导学生,帮助他养成良好的习惯,彰显生命的尊严。

又一天,惊人相似的一幕又发生了,学生峰气喘吁吁地叫我说:"老师,不好了,昊和阳打得不可开交,怎么也拉不开,老师,你快去呀。"刚一听,我又气不打一处来,但理智告诫我自己:如果针尖对麦芒,那么下面又将是一种剑拔弩张的局势,又势必把他往老路上推,那该怎么办呢? 我冷静了下来,寻思着我能否在尊重、理解的基础上,有针对性地来引导学生?

于是,我调整了一下情绪,把昊请到身边,先关心他有没有被打疼。他不理会我,低着头仍生着闷气,我呢,也不理会他的这种表现,转而关心他鼻子的出血(他经常鼻子出血),我说:"近来,你的鼻子常常出血,爸爸妈妈是否知道,有没有带你去治疗?"昊微微抬起头,用诧异的眼神看着我,可眼神分明在说:你为什么不批评我呀?我没有理会他,而是又重复了我刚才的话题。他终于搭理我了,小声地说:"没关系,这是经常的事,爸妈都知道。"我接口说:"也不能太不注意,还是去看一下医生才好。"他点了点头。接着是一阵沉默。

第三章　学校德育建设

　　不一会儿,他终忍不住开口了,说:"老师,你怎么不问我为什么打架,而关心起我的身体来了。我觉得怪怪的。"我说:"为什么?"他说:"我平时就是一个行为习惯差的学生,你今天对我的行为既不批评,也不问我为什么要打架,这难道不奇怪吗?"我说:"这有什么奇怪,老师相信你会判断自己行为的对与错。"昊低下了头,轻声地说:"我错了。"见此,我晓之以理,帮助昊了解自身思想品德状况同学校要求之间的差距,启发他认识自己;我动之以情,真诚地尊重、信任,并实现了情感沟通。真不敢想象,以前疾言厉色的批评甚至找家长都不能解决好的事,今天才花了半小时不到就解决好了,从他的表现可以看出,他的确心悦诚服了。

　　这件事能那么比较轻而易举地解决,对我的触动很大。之前我不断努力,解决问题的方法不断升级,但是事情就是得不到解决,而今天,我春风化雨般的教育解决了问题,此时我才真正体会到苏霍姆林斯基说的:"真正的教育者都是情感丰富的人,他对快乐、对忧愁、对令人担心的事,都有深刻的内心体验,如果儿童觉察出教师的感情是真诚的,他们就会信任你。"

　　这件事的解决也让我有了更新的感悟:

　　1. 尊重学生,理智处理。班主任工作是一门艺术,学生有了过失,犯了错误,当然要进行批评教育,但我们更应该做的是帮助学生鼓起勇气和信心去直面错误,改正错误,教学生从挫折和失误中积累经验教训,领悟人生的意义。显然,对于像昊这样的学生采取严厉的批评是无济于事的,只会让他的行为变得更不理智。因此作为教师要心平气和,尊重学生,不发脾气,也不要急于处理,这样学生的逆反情绪没有了对象,此时再寻找恰当时机——在师生关系比较融洽的时候(千万不能在他犯错误的时候)切入话题,平等坦诚地以一个朋友身份正面交流,才有可能产生良好的教育效果。

　　2. 春风化雨,正确疏导。德国教育学家第斯多惠说过:"教育的艺术不仅在于传授本领,而更重要的是善于激励、唤醒和鼓舞。"这就需要教师给学生留出充足的发展空间,对学生的过失持宽容的态度,把他们在人生路上出现的失误看作宝贵的财富,看作是一种进步,把引导他们自己纠正错误当作重要的教育,知识的"惑"我们能引,行为的"惑"我们一样可以帮。因为在人们的心灵深处,最渴望他人的赞美。多了鼓励,多了赞美,多了尊重,多了了解,多了引导,就可以把昊这样的学生拉入我们期望的行列。这也是"破窗户理论"给我们的启示。

3. 情感注入，融洽关系。古人有句话说得好：只有"亲其师"，才能"信其道"。这里的"亲"指的是良好的师生关系。教师爱护学生是多方面的，其中包括对学生无微不至的关怀以及必要的父母般的亲昵，以融洽师生感情。如果什么时候都是一副师道尊严的样子，学生必定会产生抵触情绪。

从这件事中，我感受到对学生不应板着脸进行道德说教，而是要和他促膝谈心。在娓娓言谈中，用真诚换得真诚，犹如面对一位知心朋友，正如一首歌中唱道"放我的真心在你手心"，在情感交融中激励他们找回自我。

或许，用尊重赢得尊重，用真诚赢得真诚，已不只是教育的条件，更成为了教育的本身。教师只有用心用情去寻找一份又一份"教材"，创造一个又一个"情景"，使学生的心灵受到一次又一次触动，教育才能得以实施和成功。

（本篇作者：石云秀）

4. 是"去"还是"留"？——"调皮鬼"也能茁壮成长

"嘀嘀……"正在办公室备课的我接到了一条手机短信："汪老师，您在学校吗？我想来看您。告诉您一个好消息，我下周将到美国学习飞行驾驶了！陆一飞。"

陆一飞？是他吗？那个曾经令所有老师都头痛的调皮大王？惊讶与疑惑突袭而来，记忆的河流把我带到了10年前的那一幕。

那天，我校鼓号队接到了一个特殊而重大的欢迎任务。为了圆满完成任务，作为大队辅导员的我一直在纠结着一个问题："带他去，还是不带他去？"我不停地设想着各种可能："如果我带他去，自由散漫的他或许会给我的管理带来很大的不便；如果我不带他去，他幼小的心灵或许会留下自卑的阴影。哎！到底该怎么办呢？"

当然，能让我如此烦恼的绝对不是一个简单的人物，他叫陆一飞，我们鼓号队的小号手，也是全校鼎鼎大名的调皮鬼。别看他个子小，能量却极大。上课经常随意离开座位，课后屡屡打架斗殴，几乎所有的老师见到他都会头痛。在鼓号队训练的时候，他也是常常管不住自己的嘴，废话连篇，还时不时与其他队员起点小摩擦。你说，像组队到虹桥机场欢迎航天英雄杨利伟这样艰巨的任务，我能让他去吗？

"老师，我们鼓号队是不是要去虹桥机场迎接杨利伟？"走廊里，陆一飞一蹦一跳地闪到我的跟前,调皮地眨着眼睛问道。真是说曹操,曹操就到。

"嗯,你的消息倒是蛮灵通的嘛!"我诧异地回答。

"那当然了!汪老师,什么时候去啊?"

"下个星期。"

"是我们全体鼓号队员一起去吗?"

"名单还没正式定。"

"那我能去吗?"陆一飞的语气既带着试探也充满着期盼。

"这个……老师要和学校领导商量的。"正犹豫不决的我找了一个冠冕堂皇的理由。

"您放心,我会认真训练的。"

"唉……"还没等我把话说完,他又像猴子一样跳开了。可我心里的天平却开始倾斜。

刚才陆一飞显露出的兴奋的眼神,以及那句"保证认真训练"的话,竟然让我萌生了一种信任。那么难得的一次与航天英雄近距离见面的机会,我为什么要"无情"地剥夺?难道我就不能给他一次机会,让他证明自己?对,就让他去吧,冲着他刚才的眼神与保证的话语。

我这刚刚做完决定,就看到走廊的另一端有个人在向我招手。

"小汪,来来来,我想跟你说件事。"原来是陆一飞的班主任,王老师。

"王老师,什么事?"

"听说你们鼓号队要去虹桥机场迎接杨利伟?"

"对,就是下个星期的事了。这不,我正拟定着队员名单和训练的事呢!"

"我想给你提个建议。"

"您尽管提。"

"这次你们鼓号队的任务这么重大,我看陆一飞还是不要去了吧,万一他在那里捅了什么篓子,这影响可不好。这可关系到整个长宁区少先队员的形象问题啊。"

"这……"

"反正少一两个号手对整个鼓号队而言没什么大的影响。我还是建议你不要把他列在正式名单中。你也知道的,他就像一颗定时炸弹,不知什么时候就炸了,这不,昨天就在课堂上和语文老师顶了起来,刚才我还在处理这件事呢!现在,我去上课了,你考虑一下。"

看着王老师匆匆离去的背影,我又觉得自己刚才的决定似乎有些草率了。当堂与老师发生争执,这可不是一般孩子敢做的。保险起见,还是不让他去吧,真要是有个万一,那可是丢脸丢到全国了!就这样吧,不让他去了。

放学后,是我们鼓号队的常规训练时间。可总有几名队员寻找各种各样的借口姗姗来迟。由于这次任务重、时间紧,我不得不亲自到班级里把那几个迟到大王"请"了出来。20分钟后,人终于到齐了。我生气地整顿着队风:"我们鼓号队是一支在区域内数一数二的优秀团队,因此长宁区才把欢迎航天英雄杨利伟这样重大的任务交给了我们。可你们看看,这样没有时间观念的举动是优秀团队所应体现的吗?"我对着出勤表,把屡屡迟到的队员进行了点名批评,与此同时我也想树几个保证训练的典型,于是,拿出考勤表,把从不迟到的队员好好地表扬了一番,"周冰、凌晓峰、李欣、陆一……""飞"字还未出口,我立马意识到可能自己看错了,于是把考勤表反复翻阅了三遍。确定无误后,才又继续说道:"陆一飞……这些队员,每一次训练,他们都能做到准时出席,希望大家向他们学习,加强组织性和纪律性。"没想到,典型还立在陆一飞身上了。看来,即便是全校闻名的调皮鬼还是有其闪光点的,比方说——守时。细细回想,每次训练,陆一飞总是很早就到了,虽然他不改调皮本性,拿着小号满操场乱跑,不过只要我一吹集合哨,他总能及时地飞奔到队伍里。训练一结束,他也总是会主动地帮助我整理队室。记得鼓号队组建初始,在小学里就学会吹号的他还担任过其他号手的小老师呢。应该说,他在鼓号队里的表现虽有瑕疵,但很多地方还是可圈可点的。我不能由于他在课堂上的不佳表现而理所当然地判定他在鼓号队的表现也会不佳吧!看着他在队伍中踏着整齐的步伐,卖力吹号的身影,我的心不禁柔软起来。鼓号队能走到今天,是队员们用多少汗水和时间换来的呀。周一的升旗仪式、周二的拓展课训练、周五的放学后加训,当其他同学背着书包高高兴兴回家的时候,我们的队员还在操场上一遍遍地练节奏、走队形呢。枯燥的训练竟然没把我们的调皮大王吓跑,而且所有的训练他一次也没迟到早退过,这说明他有多爱手中这把小号,多爱这个集体。我应该相信谁?当然应该相信我的眼睛。眼前的画面告诉我:陆一飞他懂得珍惜。"带他去!带他去!"心里的那个声音不停地回响。

第三章　学校德育建设

第二天中午,我路过政教处时,德育主任严厉的批评声使我停住了脚步。"昨天和老师顶嘴,今天和同学打架,你怎么天天都有事呢!上学期的处分还没撤,你是不是想来个'好事成双'啊?……"是谁啊!让黄主任发那么大的火?我好奇地探头一望,啊?是陆一飞!我这刚刚想带他参加欢迎仪式,怎么又捅篓子了?再看陆一飞,一脸的不在乎,还强词夺理:"是他先骂我的,我当然要揍他了!""理是用拳头说的吗?你给我呆在这好好反省反省!"听得出德育主任快气炸了。我心里一惊,什么?陆一飞打架!?这到底是什么情况?为了解决心中的疑问,我飞快地来到了陆一飞班主任王老师的办公室。

"王老师,您能告诉我陆一飞今天为什么打架吗?"

"一个同学说他上课总影响别人,没家教。结果他的拳头就上去了。"

"难道这句话触到他最敏感的神经了?"

"小汪,你不知道他家里的情况。他爸妈在他 8 岁的时候就离了婚,之后他就一直跟着爸爸过,妈妈很少关心她。他爸呢,又是个瘾君子,孩子没人管,可怜啊!挺聪明的一个孩子就慢慢就变成这样了……"

听了王老师的一席话,我的内心充满了愧疚和自责。我总是那样简单地从表面去辨别一件事、一个人,而从不深层次思考是什么原因导致的?我可以做些什么?像陆一飞这样的孩子,他正是因为缺少家庭的温暖、正确的教育引导,才会那样散漫冲动。比起严厉的批评、怀疑的眼神,他更需要的是关切的话语、信任的目光。那我更应该用火热的爱来弥补他在家庭生活中缺失的温暖,在他布满疮痍的心田里播撒上希望的种子。

"王老师,谢谢您告诉我那么多。但是我还想告诉您,下周的欢迎仪式我决定带陆一飞去了。请您相信我,也请您相信陆一飞。"我的语气十分坚定,也充满了信心,王老师疑惑地看着我。

接下来的一周,陆一飞依然小错不断,但鼓号队的训练从未落下,我依然专注于整顿队风,但多了一些宽容与理解。我时常给他们讲杨利伟的故事:"同学们你们知道吗?杨利伟刚刚选上航天员时,文化基础并不是其中最好的,其中英语最为薄弱。但他肯吃苦、善钻研,基础理论学习结束时,杨利伟的成绩是全优;在进行航天员离心机训练时,杨利伟以坚强的意志,忍受着平常人难以想象的煎熬,尽管头脑缺血眩晕、心跳加速、呼吸困难,但他从未碰过报警按钮;当祖国和人民给予航天英雄杨利伟以最高荣誉时,他却说,感谢祖国和人民对他的培养,光荣属于祖国、属于人民、属于千万个航天人。他将时刻准备接受祖国和人民交给他的任何任务!杨利伟是我们钦佩的英雄,他身上所体现出来的谦虚、勤勉、顽强等优秀品质都值得我们学习。"从孩子们听故事时专注的眼神里,我知道这一个个充满正能量的小故事已经刻在了他们的心里。

我也借此因势利导,从陆一飞身上挖掘亮点,用他们自己的正能量来激励他们:"其实,我们身边也有榜样,比如说有的队员从不无故缺席日常训练;不仅帮助老师整理队室,还常常担任小老师的角色,帮助他人掌握吹号的技巧;为了集体荣誉,改变着自己的不足,散发出自己的光和热。"我没有报出陆一飞的名字,但同学们都知道我表扬的是谁,他们都带着真挚的微笑,齐刷刷地把眼神聚焦在陆一飞的身上。此时的陆一飞,脸上晕出了两朵淡淡的红云,羞涩地抚摸着手中的小号,亮亮的眼睛里充斥着愉悦和信心。这种愉悦和信心曾被尘垢所屏闭,今天却被我重新唤醒。

"同学们,老师希望大家汇聚榜样的力量,用最饱满的状态迎接——航天英雄杨利伟!大家说,我们应该怎样面对接下来的训练?"

"守时守纪,绝不偷懒!"孩子们的表达朴实、可爱,却字字震撼我心。

"大家有没有信心圆满完成欢迎任务?"我用我的余光关注着陆一飞。

"有!"孩子们铿锵有力的回答顿时令我充满斗志,看着孩子们一张张稚气但坚定的小脸,连日来集训的疲惫也消失殆尽。我像一名将军,用眼神骄傲地检阅自己的部队。而我最为关注的陆一飞,那个身影站姿端正、精神抖擞,他嘴角情不自禁地流露出的自信的微笑,成了令我最为欣慰的画面。

一周后的虹桥机场,我带着所有的鼓号队员参加了欢迎仪式。当杨利伟缓缓步出机舱向欢迎的人群亲切地挥手时,场内的氛围瞬间欢腾起来!舞动的花束、热烈的欢呼、飘扬的红旗、激动的人群汇聚成欢乐的海洋。而我们嘹亮的鼓号声就是其中最耀眼的一道风景。放眼望去,那整齐的方阵、艳红的队服、锃亮的鼓号、挺拔的站姿……我感动于孩子们在面对集体荣誉时的执着与坚强,他们克服了枯燥的排练、漫长的等待、刺骨的寒风。尤其是陆一飞,一改往日调皮的模样,站如松、行如风。他用他的行动证明了自己,我的内心不禁充满了自豪与喜悦。同时,我也庆幸我的选择,我想在漫漫人生长卷里,陆一飞一定会自豪地记得这次与英雄见面的经历,一定会记得那个给他讲故事,信任他、鼓励他的大队辅导员,一定会珍藏着老师为他播种的希望的种子⋯⋯

每个孩子都是一块金子,只是有些金子埋得太深,需要经过更多时空的洗礼,使其褪去粗糙的表皮,从而散发出耀眼的光芒。

"咚咚、咚咚。"礼貌而有节奏感的敲门声把沉浸记忆里的我唤醒了。"汪老师,陆一飞来看您了!"我兴奋而急切地站起身,我,惊呆了! 他,他就是当年的陆一飞?望着眼前英俊挺拔的小伙子,望着即将飞向蓝天的飞行员,我几乎不相信自己的眼睛,当年的那颗种子竟成长得那么健康、那么茁壮⋯⋯我为我们的学生感到骄傲,我为我们教师的工作感到自豪!

(本篇作者:汪　微)

5. 纵使心有千千结——初二主题教育课"心结"的启示

"小C,最近你上课总是心神不定,其他老师也反映你作业情况不好,到底怎么回事啊?"小C没有回答我,只是眼睛里透着股倔强的劲儿。小C是个血气方刚的男生,平日里说话做事都是直来直往,要是犯了点什么差错从不藏着掖着,大大方方也就承认了,所以今天这"静默"倒是显得不同寻常。不过转念一想,也许是孩子大了,心里知错所以就沉默了。正巧上课铃响,我讲了几句便让他回去上课了。到了这天晚上10点多,我突然收到了他的一条短信:"老师,明天你有时间吗,有些事我想跟你说。"这么晚了,小C有话为什么不直接说,居然还发消息"约"我谈话? 我又回想起这孩子白天的眼神和"沉默",越发感到不安。像小C这样乐观开朗的孩子尚且有烦恼不安的时刻,那么其他同学呢?

仔细回想,这是我从六年级带到现在的班级,自以为三年的朝夕相伴已经十分了解这些孩子的脾气性格,可是随着他们渐渐长大,我们之间的关系却仿佛日渐生疏了。他们眼神之中的闪躲,偶尔的轻声叹息,欲言又止、起伏不定的情绪状态,如此种种让我不禁反省:是自己与孩子们疏远了,还是我这个班主任太粗心大意,竟没有发现孩子们的烦心事,以至于打了心结,甚至影响了情绪和正常的学习生活? 如果不及时地疏导他们的不良情绪,谁能预料会发生什么样的严重的后果呢? 小C的情况引起了我的警觉,因为我相信这绝不是个别案例,果然,观察调查后发现学生中普遍存在的种种想法和情绪。可是,面对学生如此多的"心结",作为班主任的我该怎么办呢?找学生一对一谈话显然在时间和精力上都十分有限。思来想去,我决定用一节主题教育课的形式去和孩子们一同探讨这个他们可能都面临着的问题。

在课的一开始,我自己表演了一个近景魔术"消失的绳结",一下子让学生们快乐了起来,并把他们的兴趣和注意力全都吸引到"结"与"解结"上来,从而自然地引入本节课的主题"心结"。

接着我没有像以往那样"单刀直入"地询问他们有什么"心结",而是把小C的故事改编为案例,在屏幕上展示了那段小C发给我的短消息:"老师,我是小伟(化名),有一件事我不知该怎么解决,请你帮帮我……"初二学生的心理是充满了好奇与探知的欲望的,我故意留下了"悬念",让学生们猜猜小伟遇到的烦心事,并以不记名的方式写在我统一发下的白色纸条上。学生的认知必定离不开自身的经历和体验,这里的设计表面是"猜测"他人的故事,其实正是为学生流露内心世界打开了空间。而用不记名的方式让学生写在纸条上代替小组讨论或举手回答,是为了让学生们无所顾忌地更好地表露他们自己内心深处的"烦心事",同时也让每个人的隐私和自尊心得到保护。

学生果然打开心扉,畅所欲言:爸爸妈妈天天吵架,我心里又难过又害怕;我已经很努力地学了,可是成绩还是很差,爸爸妈妈却只会说我不用功;我是团员,又是中队长,大队部每周都布置很多任务,我实在忙不过来了,但是又不敢说"不";我和最好的朋友闹翻了,我想跟他和好,可是却不知要怎么开口;我喜欢他,可是"早恋"真的有错吗……如此种种。

我在黑板上罗列着这些猜测,教室里一片沉寂。粉笔轻轻敲着黑板,却重重地敲打着我的心。无论是老师还是家长,我们以爱的名义不停催促孩子努力学习的时候,的确忽视了他们的内心苦楚和越发沉重的步伐。这群在我们眼中稚气未脱的孩子,其实承受着来自学业、来自家庭、来自友情、来自社会生活,甚至是来自懵懂"爱情"的种种考验啊。他们的内心世界要比他们单纯的外表复杂得多。

学生们看着黑板上的猜测也迫不及待地想知道答案。于是我用事先做好的一段漫画数字故事向同学们展示了小伟这个故事的来龙去脉。原来小伟"英雄救美",把自己所有的零花钱都借给隔壁班一位女生,可是过了好久这同学都没再提起还钱的事。现在他自己急需用钱,不好意思让那位女生还钱,父母追问他平时积蓄的去向,他一时又觉得难以开口,没了办法,这才成天心事重重,甚至影响了正常的学习生活。紧接着,我再让大家进行小组讨论,如果你是班主任老师,要如何帮助"英雄救美"的小伟解开"心结"?这一下可炸开了锅。有人说可以找朋友帮忙提醒一下那位女生,这样既避免了尴尬,又把事情讲清楚了。有人说可以让班主任老师找双方父母沟通一下这件事。还有人说不如找个恰当的时机,用比较机智的语言自己去暗示那位女生等等。我一边听着大家的方法,一边留意了一下小C的神情,感到十分欣慰。虽然没有人知道"小伟"其实就是自己身边的同学小C,可是这又何妨?看着小C这会儿正乐呵呵地在一旁听着大伙儿给自己支招,他的"心结"此刻早已打开了吧。

看着学生们思路大开,我又趁热打铁,让大家回顾刚才黑板上的猜测:如果我们遇到的"心结"是黑板上的这些内容,又该如何一一应对呢?"不识庐山真面目,只缘身在此山中",也许我们对自己的困境总显得一筹莫展,可是换一个角度,换一种心境,却往往能把事情看清楚。除了向朋友、老师、家人诉说之外,有同学想到了可以咨询心理医生,也有人说可以向社会公益组织寻求帮助等等。还有不少学生们提出,可以通过运动、音乐等方法辅助自己及时排解不良情绪。此刻,虽然我不知道黑板上所罗列的是哪位同学的"心结",可是我的心情却开始喜悦起来。眼前的他们已经俨然都是小小心理专家,个个说得头头是道。

课的结尾,我以标题"纵使心有千千结"为上联,希望大家能根据本课的所学所感对出下联,这再次激起学生们一阵热议。"纵使心有千千结,解铃还须系铃人"、"纵使心有千千结,总有朋友在身边"、"纵使心有千千结,方法万千将其解"……大家热情地参与,下课铃打响了还意犹未尽地讨论着。也许他们的对仗不是最工整,语言也尚显稚嫩,但是他们学到了如何解开心结。

回顾这节主题教育课,若论课堂上,老师是轻松自如的,从头至尾只要衔接好各个环节、放放幻灯片,再加以适当点评即可,绝无大段说词。但若说备课,却真是花费了不少时间和精力去思考、设计。

1. 教师要正确地认识学生的"心结"

所谓"心结"必定是隐藏于人们内心深处的苦楚,轻易不愿向他人表露的。我所面对的教育对象是初二的学生,他们不仅身体处于生长发育的旺盛时期,心理上也进入了青少年转型期最明显的阶段。相比童年时代,逐渐形成的"自我意识"让他们的内心世界变得异常复杂。他们开始意识到自身的不完美,也发现了这个世界的不完美。家庭的破裂、朋友之间的纷争、学业的繁重且不易、内心似有若无的萌动等等。可是,在强烈的"自我意识"的约束之下,他们往往会选择将这些烦恼都默默地埋在心底,渐渐地,小烦恼蔓延纠缠,成了他们自己也理不清头绪的"心结"。这样的心理变化所引起的外在表现如心神不宁、情绪低落、行为过激等等尤其应当引起教师的重视,切不可简单粗暴地批评。

2. 教师要及时发现学生的"心结"

学生的青春期心理问题往往存在共性和关联性,有时候教师发现一个人的问题,背后可能牵涉到不少相关的同学。因此在学生不向他人表露"心结"的情况下,教师一定要在日常生活中做个有心人,或是真诚地走近他们,或是远远地观望他们,善于观察学生的言行,仔细留意学生的情绪变化,从而及时发现潜在的问题,抓准教育时机。这肯定比教师总是被动地等到问题出现了,再逐个去解决,要来得事半功倍。

3. 教师要智慧地解开学生的"心结"

简单地说就是:学生心里有烦恼不说,老师要如何引导学生自愿说出来?以我的这节课为例,我觉得要注意以下几点。

(1)要机智地"唤醒"学生。初中二年级的学生正逐渐形成强烈的"自我意识",而与之相对的往往是教师的"管教意识"。我们总是担心心智尚未成熟的学生没有足够的自我管理能力,因而主题教育课往往容易演变为主题"说教"课,反而造成学生的反感。因此,教师与其"滔滔不绝",不如把时间交给学生,充分唤醒学生的"自我意识",引导其进行自我教育。在这节课上,我先以小C的一条短信唤起学生的好奇,让他们关注主人公的"心结",再以"猜猜小C的心结是什么"的环节,唤起学生的倾诉,让他们在猜测中自然地表露自己的心声,最后再以"如果你是班主任要如何帮助小C"的问题,唤起学生的"自我教育"意识,在小组的讨论与交流中解决了他人的问题,也内化了这种解决问题的意识。

(2)要策略地"保护"学生。"心结"毕竟是学生内心的苦楚,如果私底下都不肯轻易向他人表露,又怎么可能在课堂上当着这么多同学和老师的面说出来呢?因此,作为教师要充分考虑到这一话题的特殊性,在使所有学生都能开诚布公地在课堂上坦言他们"心结"的同时,极力去保护他们的隐私,使其敏感、脆弱的自尊心不受伤害。以我的课为例,我没有直接询问大家的烦恼是什么,而是通过设置短信的悬念让学生猜测、分析"小C"的案例,再让大家通过小C的案例去反思生活中其他类似的问题该如何解决。另外,所有的环节、案例涉及的人物都是匿名或不记名,学生自始至终都站在旁观者的角度去讨论,这样会大大减轻他们的心理负担,使其在课堂参与中拥有足够安全感。

对班主任来说,每个孩子都是独一无二的,我们要及时发现学生中普遍存在的问题,从而确立恰当的教育主题,利用主题教育课的契机去解决这些问题。教育心理辅导专家吴增强在他的《班主任心理辅导实务》一书中说道:"人的全面发展是其身体、心理与精神层面的和谐发展,因为人是一个完整的生命体,不能随意地将其割裂。班主任作为学生的人生导师,不仅要帮助学生使其道德高尚、品行端正,而且还要促使其心智成熟。"这意味着"心理辅导"是班主任工作的重要组成部分,并且具有一定的专业性。

让我们设身处地地站在学生的立场去考虑问题,并从专业角度去提升自己的德育能力,从而让我们的德育活动,唤醒学生的"自我意识"、培养他们的"自我能力",使我们校园成为温馨而安全的家园,让德育的阳光温暖每一个孩子的心灵。

(本篇作者:阚　静)

6. "沟通"要趁早

小Y同学预备年级时成绩一般,通过常规地与家长沟通交流,她有了明显的进步,一切都顺顺当当的……可是,最近她上课发呆、眼神迷茫,任课教师也来"告状",说她交作业不及时……这次,她妈妈一反常态主动打来了电话:一家三口在期中考试成绩结果出来后大吵了一架。我心想:"成绩不是还可以吗?怎么还吵架了?还全家一起吵?"妈妈在电话里说道:"听了您的话,家里也盯得很紧,小Y数学还考那么差,对我们还大呼小叫!老师你说我们家长还能怎么办?"本着负责任的态度,还是老办法,请她来学校面谈吧。那是一个冬日的午后,学校用来方便家校沟通工作所设立的

"阳光空间"没有开空调。我想,那还不如请小 Y 妈妈到我们温暖的教师办公室来商谈。妈妈坐下来看了一眼,一下很反感,防御架势十足,一脸不高兴,不由分说,把电话里说过的话像吵架倒豆子一样劈头盖脸向我倒过来,声调高到办公室同事都有点受不了,场面相当尴尬……我当时脸色很难看,费尽心思为家长服务,结果却事与愿违,到底哪里出了问题,让家长不理解,自己又受委屈?

学生在家庭中成长,在学校中培养,生活中大部分时间都是在家庭与学校中度过的,既不能缺少学校教育的科学严谨性,也不能缺乏家庭教育的熏陶。因此,与家长进行交流沟通则成为连接学校教育和家庭教育的重要桥梁。以上的事件让我陷入了思考:为什么家长和我会有误解甚至对立?我是否在家校工作中注重了形式而看轻了内容?我和家长在情感上是否真正地融入?如果不能解决这些问题,我们双方都会是输家,而且这种状况会屡见不鲜,那样我将很难开展工作。

一、对家校沟通中班主任情感融入的基本认识

情感是一个心理学术语,《心理学大辞典》中认为:"情感是人对客观事物是否满足自己的需要而产生的态度体验。"在家校沟通中,情感融入往往意味着人际沟通的有效性,也决定了沟通的效果是不是事半功倍。

无数的教育实践证明,教师和家长关系越融洽和谐,教育教学效果就越好,反之,效果就愈差。在与家长沟通过程中之所以家长不理解,教师有委屈,让工作陷入被动的原因主要有以下几点:态度上没有高度重视,对家长的理解上认识比较模糊,工作方法上也有不当之处,更重要的是情感融入的缺乏。那么在家校沟通工作中该怎样进行情感融入呢?从实践过程中我认识到了以下三个要素,直接影响情感融入能否促进家校沟通。

二、在家校沟通中班主任情感融入的大致策略

1. 诚心诚意是班主任在家校沟通中情感融入的前提

我请小 Y 妈妈继续把事情的原委说清楚,原来妈妈觉得孩子虽然总体成绩很好,但是数学相对弱了一些,要给她报补习班。这个提议让小 Y 难以接受也拒绝接受,她

认为自己有能力把数学学好,只是自己最近的学习方法出现了问题,家长这样的做法会让她失去部分自由的时间,也会打消她自主学习的积极性。妈妈不想陪她,只想报个补习班有人管她。妈妈听了女儿这样的陈述,气不打一处来,全家就这样吵起来了。

我对小Y妈妈说:作为父母,我们教育学生不能操之过急,想想一学年前,她还是个态度、行为都不尽如人意的学生,我们要看到学生的进步,享受学生成长的过程,别轻易让学生误会我们只是在意她的成绩。另外,还要对她进行必要的感恩教育,做做力所能及的家务,假期有机会带她接触一些家庭事务,让她学会理解家长的难处。

之后,妈妈又把爸爸请来,我们四人以诚相待,沟通的结果如下:小Y会主动和任课教师沟通合作,改变学习方法,家长做到配合学校工作给予支持,对学生给予信任和关心。

在家校沟通中做到以情感人、以情动人,是做好家校沟通工作的基础。对待家长要像对待同事和朋友一样平等友好,对待学生的错误和冒失要保持平常心。与家长沟通,要讲究一个"诚"字和一个"心"字。诚心诚意,才能打动家长的心,使他们愉快地与我们合作。

2. 工作态度是班主任在家校沟通中情感融入的基础

班主任作为家校沟通的关键角色,诚心诚意固然是前提,但是如何融入情感实现目标,工作态度也十分重要。在见面前对学生进行初步了解,预约家访的第一次电话,在第一眼第一面开始就体现认真的工作态度,在沟通过程中更要有耐心、尊重。这样的尊重要从认真倾听开始,同时在倾听中让我们更全面地了解家长和学生,利于解决问题。即使碰到坎坷和挫折,我们还是应该有良好的工作态度,能够不厌其烦、反复地做工作。前面提到小Y同学的妈妈在办公室里大声倾诉影响了同事的工作环境,基于以往的工作经验,我迅速调整情绪,低声地说:"家长的难处也是我们的难处,上有老下有小,平时工作也忙,还请您到学校来,实在不好意思。不过学生确实出现了比较让人操心的问题,希望我们可以共同探讨,解决这个问题。"

家长听到这样实实在在的心里话,语气就缓和了。因为我们有着共同的问题,并且需要沟通才能解决这个问题。这个时候,我选择继续倾听,从细枝末节处寻求突破口。如果当时因为委屈气愤也对家长做出没有礼貌的举动,那尴尬的场面就很难改变了。

3. 工作方法是班主任在家校沟通中情感融入的关键

让人真正尊重的,不是人的身份头衔,而是人的行为。我们不能以老师的身份对家长施压或者只是说教而已,而是要通过言行举止影响他们。为了避免以后同类状况的发生,我进行了反思,从经验当中找到了一些改变这种局面的方式方法。

(1) 注意时间和场合

"一句话能把人说笑,一句话能把人说跳。"小Y妈妈为什么在办公室的声调会提高?是我在后面的沟通中才得知的:她认为整个办公室都是老师,因为学生的问题被请到办公室是很没有面子的事情,还怎么会顾及到教师是想在沟通中让她体会办公室的温暖环境?班主任不可能在跟家长接触的短短时间内让家长信任自己,但是学会换位思考,从家长的角度出发,选择合适的谈话时机和场合是非常重要的。如果我事先考虑到这一点,就不会出现案例中尴尬的场面了。

(2) 沟通前准备充分

在沟通前准备好学生的材料,对这些材料进行学习分析:诸如学生的各科考试成绩,作业完成情况及教师近段时间的评语等。还要在脑海里预想一下家长可能遇到的问题,力求自己在回应家长的问题时做到准确无误;谈话时,和家长虚心探讨,交流学生培优的方法,然后提及学生弱势的部分会更容易取得家长的信赖,这样既便利我们工作,同时也让家长觉得我们比较民主随和,赢得家长的配合会更加容易一些。

(3) 建议具体可操作

绝大多数家长在教育自己的孩子时随意性很大,以为说了就相当于行动上做了,这样会给不自觉的孩子钻空子的机会。而当学生出现问题时,家长们容易不知所措。首先,教师不要对这样的家长求全责备,他们需要的是有效的指导和帮助。我们可以用建设性的语言,将自己的专业知识、教育方法、教育理念传递给家长,让家长感觉到我们是与家长合作,共同来寻找解决问题的方法。其次,注意从细节上指导他们:孩子刚进入学校,这阶段应该怎样帮他们顺利过渡?孩子初三学习压力过大,应该怎样指导并调整他的心态……案例中小Y妈妈也是一样,在和孩子制定计划后,因为各种原因不能坚持下来,导致孩子不尊重家长。我和小Y妈妈经过沟通讨论达成共识:不是原则的问题不要轻易说不,一旦说不,就要坚持;是原则、规范的问题一定要坚守,让学

第三章　学校德育建设

生看到父母的坚定;当孩子无理取闹时,可以采用冷处理,待她情绪稳定后,谈话或淡化,或者和老师及时沟通一起想办法解决问题。总之,教师要根据具体的情况对家长提出具体的建议。

(4) 教师角色的僭越

我有幸观摩过一节初三的社会课《角色的服从和僭越》,也学到了一个新名词——僭越。老师不是神,有时候尽力未必有好结果,有时候看似没有尽力却恰到好处,以自己的能力,与家长分享教育方面不同的路的不同的走法和产生的不同的结果,至于做出怎样的选择,承担怎样的后果,我们都不能过多干涉。老师的工作要有"度",点到为止才能让教育效果恰如其分。手机微信公众号、微博里的优秀班主任博主,铺天盖地的优秀班主任案例经验多到看不过来。选择适合自己的,学以致用再加上反思运用到自己的工作中才会取得事半功倍的效果。

通过润物细无声的情感融入,班主任和家长可以达成共赢的局面,家长感到被尊重,感受到了学校和班主任高度的责任心和正能量,可以形成共同教育的合力,减小或解决了家校合作过程中会出现的各种阻力和负能量。对于共同的目标高度认同,而且能够及时传达信息,能够有助于教师对学生情况的了解和掌握,有助于对学生的教育和培养。家校氛围和谐,学生就会心无旁骛,静下心来感受健康的学习生活带来的欢乐。

小 Y 同学感受到了家长和老师对她的信任,通过指导,成绩上取得了很大的进步,而且学习态度也有了明显的好转;因为家校关系和谐,班集体也得到了相应的发展;我也获得了更多的家校沟通经验,使我的班主任工作如虎添翼。

总之,情感融入是做好家校沟通工作的重要法宝。

(本篇作者:王飞飞)

第三节　学科德育

1. "傻子"还是"榜样"

这是九年级的一节政治随堂课,学习的内容是《承担公民的社会责任》,教师选用了郭明义的材料与视频,想用郭明义的榜样对学生进行正能量的教育。

在教师声情并茂地讲述郭明义的事迹时,有学生却冷冷地嘲讽说:"我看他就是个傻子。"特别是听到郭明义坚持 20 年无偿献血的事迹时,还有学生附和着说:"真傻,我才不会像他那样。"学生的回答使教师倍感意外,为什么这样一个平凡而又有强烈社会责任感的人物,在学生眼里是傻子呢?教师精心选取教学资源,试图用郭明义的榜样让学生更好地理解公民应承担的社会责任,但为什么教师的这一良好的主观意愿与学生的实际回答反差很大?政治学科该怎样传递正能量呢?

教学中的反差这样大,这是为什么呢?分析下来,有以下几方面原因:

一是教学资源的选择不够适切。政治课不同于其他学科的特点就在于它的时代感,而教材的编写往往与现实的动态化发展有一定的时间差。教材资源是不是与时俱进、教材内容能不能为教育目的有效服务,需要政治教师在备课时做深入的思考。选取什么样的教学资源才能引起学生的共鸣,才能将正能量体现出来并且能激发学生对正能量的呼应,这是政治教师必须思考的问题。本节课教师所选郭明义的事例是社会的正能量体现,但是《承担公民的社会责任》对于学生来说就是从当前的学习开始,郭明义的事例与学生的认知有明显的差距,郭明义的事例作为本节课的教学资源不够贴近学生。

二是对学生学情的分析不够准确。备课时,教师需要对学生的学情做深入的分析,学生既有特殊的年龄特点,也有着彼此各异的生活背景,因此需要教师对学情做充分的了解与分析,本节课中教师所选郭明义的事例的确非常感人,但是距离学生的实际生活太远,学生缺乏相关的体验,因此只能产生要么钦佩、要么就以一句"傻子"的回答表明自己态度。

三是教师教学的引导不够恰当。教师在课堂上的恰当引导,在正能量的传递中发挥着重要作用。本节课中,教师在介绍郭明义的事例时首先没有做好铺垫;其次,教师没能深入浅出、循序渐进有坡度地介绍郭明义的事例,最后,平时的作业或者试卷命题也缺少此方面的引导。

那么,政治课怎样发挥传递正能量的作用呢?社会的快速发展、信息时代的开放与共享、青春期学生的叛逆性等因素往往使学生易于被负面的信息吸引,并且容易把支流当做主流。政治课在正能量的传递中应该发挥首当其冲的作用,为避免本节课中出现的困惑,使正能量在课堂中有效地传递,教师是否可以从以下三个方面入手呢?

一、合理利用教学资源

1. 贴近学生的资源运用

获取信息途径的广泛性使得学生并不缺少信息,但是缺少分辨信息真伪的能力,这就需要政治教师关注各种信息,关注学生关注的信息,筛选既贴近学生生活实际又体现社会正能量的资源并加以运用,从而实现政治学科的育人价值。如:在讲九年级第三课《社会和谐 共建共享》一课时,我的思路是不能把"和谐社会"作为一个口号提出来,关键是要落在实处,因而我选取了学生最熟悉的父母的职业情况、长宁区"全国文明城区"创建的事例;我校的书记和一位数学老师支教的事例。通过学生熟悉的人和事,让他们感受到身边的人在构建和谐社会中所做的力所能及的努力,感受正能量。这样应用资源就能既有学生亲身经历的反馈,又有校本资源的体现,课后和学生进行交流时,学生说"我们自己参与的活动就是在为和谐社会做贡献"、"原来我们的老师也在为和谐社会做贡献"、"和谐社会真的是要共建共享"……听到学生这样的说法,我觉得这节课的育人价值落在了实处。

2. 社会热点资源的运用

思想品德课不能回避社会热点问题、敏感问题。如果老师在教学中能把握社会热点问题或者敏感问题，与教材知识点恰当地结合，就可以在提高学生兴趣的同时达到学科育人的目标。如：九年级一课《珍惜和维护公民的基本权利、自觉履行公民的基本义务》，我选取了当下学生感兴趣的热点话题作为教材资源的补充，请学生以所学的知识分析这些社会问题与现象，在学生的分析过程中教师加以正确的引导，告诉学生分清主流与支流、理性与非理性的判断。

此外，网络中反映社会热点正能量帖子的运用也是一种有效的途径。学生喜欢在网络上看大家的跟帖，有时候教师选择代表性的帖子也可以起到一定的教育作用。如，曾经讲到"我能为环保做些什么？"引发个别同学的"反向"意见时，我引用了网络上一个网友的转载帖子：《你无法把香蕉皮骂进垃圾桶》，这个帖子的运用使学生陷入了沉思，没想到这样的引用在学生的心理能引起这么大的共鸣和思考，达到了超出教师意料的效果，虽然已经下课，但是学生还沉浸在对该段材料的思考中，特别是原本还觉得自己做好环保很吃亏的同学在边看这个帖子时边点头，下课后我和他开玩笑："你做好自己该做的事然后去感染别人，还觉得吃亏吗？"他坚定地摇摇头。

二、发挥同伴的互助作用

同龄人之间的教育往往也会起到教师教育不能起到的作用，教师在教学中发挥同伴互助可以更好地传递正能量。如在讲九年级第五课《建设环境友好型社会》一课时，结合申城当时严重的雾霾天气和刚刚过去的春节，有同学提出燃放烟花爆竹不应该，马上有同学反驳，教师没有急于表态，由学生现场进行自由辩论，最后达成"建设环境友好型社会人人有责"的共识；再如，对于宝山区的一个非试点小区有居民99%的垃圾分类问题，有同学觉得不是还有1%的人没做到吗？说明不自觉的人也占一定比例的，为什么我一定要做那99%中的一员呢？教师先问："有多少同学支持这一说法？不持这一观点的同学能说明你的理由吗？"在同学一个个的观点陈述中，大家"有争有辩"，愈辩愈清，正能量在同伴教育中传递开来。在课堂中如果出现一个非正能量的观点时，教师不妨先不要急于矫正或者否定，不妨先问问其他同学的观点和看法，然后由学生先进行分析和评判，在这个过程中教师可以发挥引导的作用，最后在同伴教育中完成正能量的传递，必要的时候可以适时将两种观点设置成一个辩论题目，将教育过程展开、延续下去。

三、把握分寸的教师引导

1. 重视引导的即时性和后续性

政治教师要做一个有心人，特别是在课堂中，一个观点、一个知识点的分析过程中要全方位地观察、听取学生的看法，有些和教师预期不一致的观点教师必须重视和注意，不能假装没有听见，忽略掉，更不能避而不理，如果教师"屏蔽"了不同的声音，哪怕只是一个学生的声音，长期以来，就会使学生觉得政治课"假、大、空"，甚至政治教师也很虚伪，进而弱化政治学科的育人价值。本文开始提到的事件，下一次教师上课时及时地进行了引导："你不会像他那样坚持无偿献血，但是你钦佩他吗？"在得到学生的肯定回答后，教师接着说："我们的社会处在急速发展期，面临各种各样的问题，只有对国家、对社会充满责任感，认识到个人与社会的紧密联系，我们才能为社会尽责，也许你不会选择郭明义的行为，但是你会为他的行为而感动、钦佩……"学生点头呼应，教学效果就好多了。

此外，还要重视教育的后续性（即课后的教育），有些问题不是在课堂时间内就能完整地进行教育或者说完成教育，所以，对于个别同学的非正能量的认识误区，需要教师课后经常性地谈心、沟通完成，政治教师需要通过课后的了解去发现学生的家庭环境、生活爱好、个人习惯，甚至是结交的朋友等多方面的情况，细致入微地找出源头，对症下药地进行正能量的教育。

2. 重视命题的运用和引导

考试常常是检验学生学习效果的一个手段，如果政治教师注重挖掘这个环节，也会起到正能量传递的效果。2013年长宁区初中思品课抽测卷的最后一道题目发挥了极佳的正能量教育的导向作用。该题目先将《感动中国》人物事迹做了简单的说明，接着设置了三个与知识点紧紧相扣的问题，特别是第三问"在生活中，我们有时会为一些小事感动……举一例曾经感动你的事，简要说说感动你的原因"，在批阅试卷时作为教师的我，因学生的答案而感动：有学生写到"父母为子女的付出细节而感动"，有学生写到"感动于老师为学生的付出"，有学生写到"公交车上、马路上、公园里……的小事而感动"，此题目通过正能量的积极导向，让学生在考场上静心思考身边的小事，通过思考，在试卷上呈现的过程实际上就是一个正能量的传递，这样的教育意义不亚于教师在课堂上的教育。此类题目同时要求老师在评析试卷环节要进行有效引导，教师可以在课堂上展示不同的答案，让学生在聆听中感受正能量，让正能量在试卷分析的课堂上传递！

总之，政治教师要转变理念，充分认识到正能量的传递在发挥学科育人价值方面的重要作用，研究适合学生实际的方法，积极探索、实践正能量传递的有效途径，提高专业素养，走向专业自觉，让正能量在政治课上得到有效的传递，促进学生健康成长！

（本篇作者：赵春晓）

2. 外国的鸟比中国的鸟可爱吗？

这是八年级第二学期的一节普通的生物课。我准备讲述有关鸟类的知识。教材上关于鸟类的部分，介绍得非常简略，只有和其他脊椎动物比较的一些形态和结构特征。关于我们上海有哪些鸟，没有特地花篇幅说明。我觉得这是我发挥的好时机，因为我爱鸟，也已经进行了三年的观鸟活动，对于上海的常见鸟和一些鸟类的习性比较了解，这里应该是我能够发挥的地方。所以我精心准备了几个上海常见鸟和国外一些奇异鸟类的故事，希望能够让孩子们对鸟类产生兴趣。

为了吸引学生，一开始我就介绍外国的奇异鸟类，孩子们的眼睛亮晶晶的，一直跟着我，特别是当我展示外国天堂鸟美丽的羽毛和奇异的求偶行为的时候，他们更是兴趣盎然，时不时发出赞叹的声音。看到这一幕，我觉得时机已到，话锋一转，开始介绍我们上海的常见鸟，没想到，这么一转却起了反效果：几乎是在我的幻灯片转到"我们身边的鸟类"这一瞬间，好多孩子从兴致盎然地抬头看变成了靠在椅子上，状态明显松弛了下来，有些孩子还在互相讨论刚才看过的鸟；有些孩子虽然还在听，只是觉得与刚才的外国奇异鸟类相比，身边的鸟儿似乎没有什么"特别"之处，于是也开始分心了。我眼睁睁看着气氛热烈的课堂变成一盘散沙，却毫无办法，只得草草完成教学任务，课后我很纳闷。为什么一样是鸟,孩子的反应会差别那么多？难道外国的鸟真的就比中国的鸟可爱吗？

孩子对自然的兴趣无疑是很大的,但他们认识自然,更多的途径是观看英国BBC和美国Discovery的自然纪录片,他们认识的野生动物都是通过荧光屏而不是自己亲眼所见,甚至有些孩子认识鸟类还是从花鸟市场开始的。孩子们虽然知道要爱护野生动物,却对身边的鸟儿一无所知。孩子不爱身边鸟,将会使"保护环境,从我做起"成为空谈。那么,孩子为什么不爱身边的鸟呢？

一、原因所在

1. 教师的教学要求不清楚

1) 教师对课标理解不透彻

我们的生命科学书并没有详细说明我们上海本地有哪些鸟种,只是从纯知识的角度介绍了鸟类的形态结构和行为特点。这里看似简略,但事实上给了教师很大的自由度带学生去看,去听,去感受。课程标准中又希望我们能够让孩子理解生物的结构和功能相适应,在鸟类当中就体现为鸟喙的形状和鸟食性的对应关系。那么,我们完全可以按照身边的鸟儿为例让孩子去探索,去体会。

2) 教师的情感导向有偏差

教师在教学时容易偏向外国的鸟,不重视本地鸟种,这是因为外国鸟的特点更多,更漂亮,比国内的鸟类更吸引人,更容易引起小朋友的兴趣和关注,教师自以为"投其所好",但事实上,只是表面看上去气氛热烈,孩子们仍然不了解自己身边的鸟,起不到唤起孩子对本地生态的喜爱之情,更容易给孩子造成"外国的鸟比中国的鸟有意思"的误区,投其所好,反而造成了反作用。

2. 教师的教材开发有欠缺

教材尽管没有介绍本地鸟种,也没有特别强调外国鸟。教师完全可以想办法挖掘教材,进行二度开发。教师应该加强对本地鸟资源的开发,平衡两类鸟的教学内容。如在书本上说到鸟类和人类的关系的时候,教师可以借书本上的内容拓展开来,讲讲身边鸟类的故事,替书本上做宠物的鸟儿"鸣冤",为"偷吃农田中的稻谷"的鸟儿辟谣,树立孩子们正确的自然观。

3. 教师的教学案例太平淡

珍稀鸟的数量比较少,往往又具有非常独特的习性,成为了各国生态教育的旗舰物种,对于栖息地所在的其他生物也具有保护伞效应,便常为人所知,并将其习性和外形四处宣传,所以这些珍稀鸟的知名度往往都比身边的野鸟广泛得多。教师在准备这些故事的时候,往往就容易把珍稀鸟的故事讲得绘声绘色,这和教师自己的知识储备和接受的生态教育程度是有关系的。而书本对于上海的特色鸟种没有介绍,大部分教师对身边的鸟的认识也不多,教师的教案也比较枯燥,孩子们当然就不爱听。

4. 教师的教学节奏欠把握

孩子的注意力是没有办法长时间维持的,而我在这一节课教学的时候恰恰是用了学生注意力最集中的时候来介绍稀奇古怪的鸟,孩子的兴趣阈值已经被提高了,对教师故事的期待也更高,但教师后面再来介绍的是看上去比较平淡的常见鸟,这些鸟儿故事性和观赏性都无法满足孩子的阈值,所以孩子的注意力就会被其他事情分散,造成课堂气氛突然松懈,由原来的兴致盎然变成一盘散沙。

针对这些存在的问题,我在教学实践中进行了进一步的探索。

二、相应对策

1. 注意美育,更新理念

其实,并不是外国的鸟就一定比中国的鸟可爱。只是有时候,我们教师缺少了发现美的眼睛,并没有把这一份藏在自己眼中的美丽传递给对自然有兴趣的孩子们。身边的鸟同样可爱,同样动人,同样有自己独特的习性。每天天山初中校园里婉转的叫声和校园草坪上闲庭信步的可爱的鸟儿身影,不就是身边最常见的美好景象吗?教师要明确自己的使命,是发现身边的美,欣赏美,体验美。并让学生们也能感受体验,然后才能谈生态保护。

2. 开发教材,改变教法

1) 本地鸟种,加强开发

对于书本上关于鸟类部分的简单表述,我们决不能理解为不需要细讲。相反,将

第三章　学校德育建设

少说成多，再总结成精炼的语言，才是真正考验教师功力的地方。我们需要对教材进行二度开发，挖掘教材中可以扩展的内容，将乡土生态教育融入其中。例如，教材在介绍完鸟类的形态特点和生理特点之后，列举了一些鸟类对于人类的用途。我想这部分是可以充分挖掘的地方。给孩子们讲讲具体身边的鸟类对人类的好处，如繁殖期的麻雀捕食害虫，崇明的猫头鹰在冬天能吃掉许多农田害鼠等等。列举具体的数字并展示猫头鹰等鸟类捕食的英姿，挽救的粮食数量，这会给孩子们带来不小的震动。

2）教学内容，合理安排

在开发教材的同时，也需要确保教学内容安排的合理性。外国的鸟在生态保护意识的培养上有重要意义，可以讲，但在教学顺序的编排上，是否应该将重点放在乡土生态的教育上，课堂的最后才点到国外的珍稀鸟，这样更容易让孩子的注意力集中在身边的鸟儿身上。

3）德智融合，生态教育

我发挥了自身常常到野外观察的优势，将自己对野鸟的观察编成故事说给孩子们听。我发现，我在讲自己经历过的故事的时候，原本有些在讨论的孩子一下子就安静下来了。他们都被我的故事吸引住了。这些故事并没有任何特别出彩的地方，只是加入了我的感受和对野鸟行为的描述，孩子们听得津津有味，我便逐渐加入了和生态保护相关的故事，孩子们听得更有兴趣了，时不时还发出笑声。德智融合，孩子们会更有体会和感悟。

4）积极引导，发展个性

有些孩子会对野生动物特别感兴趣，课堂上这些故事便满足不了他们。有时他们会自己去找些外国鸟的视频和书本来看。如何引导这些孩子不丧失兴趣，更关注身边的鸟呢？经过实践，我决定采用实地考察的办法。天山的校园树木葱郁，一年四季都有许多鸟儿前来觅食和生活。春秋迁徙季更是如此，还能看见一些平时看不见的候鸟。所以我在校园里设立了拓展课，带孩子们前往校园内，设计了鸟类分布调查报告单，在简短的理论知识学习过后，让孩子们在校园里自行寻找鸟儿，并填写在报告单上。孩子们在课后的小作文中写道："通过观鸟，我们体会到了鸟儿的可爱与神秘，我们也要珍惜鸟类，保护他们。"还有的孩子在观察中得出了这样的结论："我感受到，因为我们校园环境的优美，绿化美丽，并且安静，所以才会有众多的鸟类。"还有的孩子，用表格的形式，罗列了自己看到的鸟类种类和数量，还做出了分析。这些孩子在学习过鸟类之后，就会对鸟和自然抱有非常浓厚的兴趣，能主动观察身边的环境以及环境中出现的动物，还时常来和我交流自己最近观察的收获。更重要的是，这些孩子对于环境保护开始有了自己的理解，他们获得的不仅是生物学的知识，更是能伴随他们终身的良好自然观，而这样的引导也充分体现了德智融合的生态教育优势，也是"健康课堂"的一个亮点。

让孩子们认识身边的鸟，了解身边的鸟，爱上身边的鸟，这是迈向保护动物的第一步。我们无法保护我们不了解的东西。鸟类，作为城市中最常见、数量最多也最容易被忽略的野生动物，无疑是对孩子们进行生态教育的最好素材。让孩子们认识身边鸟的可爱，发自内心地喜欢它们，有利于培养学生观察大自然，融入大自然，热爱大自然，进而自觉地保护自己生活环境的情感。

教师在课堂上引导孩子关心身边鸟，发现身边鸟儿的独特魅力，是让孩子们关注身边环境的一种重要途径，是德智融合环境教育方式的重要探索之一。

孩子们通过观察，喜爱身边的鸟，将在孩子心中播下环保的种子。以后，他们会从爱鸟的行为发散出去，就会更关注广阔的自然，思考自然的价值，就能自觉地关爱自然，关爱社会，关爱他人，这样，我们的生态教育才能取得真正的实效。

（本篇作者：董美麟）

第四节　学困生转化

1. "偏科生"也能飞起来?

"王老师,这次物理考试,你们班小豪同学成绩不错哦,全班最高分呢!"物理老师笑意盈盈地对我说。

"谢谢您,您辛苦了。"我嘴上应道,可心里苦恼着呢:"小豪啊,小豪,这次物理考试你考了个全班最高分,可这次英语考试,你怎么就考了个五十多分,(全班均为八十多分)是全班最低分呢?"

作为一名英语教师,我常常面临这样的苦恼:"为什么自己的一部分学生数、理、化都还不错,而单单英语就差呢?"为此,之前的英语老师也重视过,努力过,但成绩总是在低位反复。如果不采取行之有效的措施帮助他们把英语补上来,势必会影响他们的学习情绪,拖他们总成绩的后腿,也会波及其他学生的学习积极性,还可能影响整个班级的英语学习。再有一年就要中考了,像小豪一样的这些孩子们还能跟上吗? 他们是否也能克服障碍,在英语学科中飞起来呢?

如何改进这些英语偏科生的学习,提高他们的成绩,一直是老师们很棘手的问题,十多年来,我和其他许多英语教师一样,一直对如何帮助英语偏科生的问题进行着研究和探索。在实践探索中,我认识到关键是以下几点。

一、找出原因,扫除障碍

究其原因,偏科生中极少数是客观原因(学习能力差)。大多数偏科生的问题都是主观原因。以小豪为代表的偏科生的主要问题体现在缺乏英语学习兴趣;学习态度偏差;学习方法不当,自从学习英语以来,几乎从未进行过有计划地阅读与英语有关的书籍材料。但也要看到他们身上有一定的学习接受能力(理科成绩不差恰好证明了这一点),通过实践研究证明正是这项能力提供了他们能在学科中实现跨越的可能性。那么,我们能否把他们在理科中体现出来的学习能力迁移到英语学科上来,让他们在英语学科上也能飞越呢?

初三课程刚刚教完第一章(Protecting the innocent)的时候,我们教研组对初三全体同学做了两次连续的测试。以小豪为例,一张简单的基础试卷,小豪的成绩 59 分,一张较难的综合能力测试卷,他的成绩 62 分。简单和较难的试卷他的成绩变化不大,而全班的学生大部分在两次考试中成绩变化都非常大。从试卷的分析中可以看出,他的主要问题是基础不扎实,因此简单的试卷分数不高;但是他具备一定的分析理解能力,所以较难的试卷分数也不是很低。对于这么一个英语成绩长期徘徊的学生,我们找到了他的症状:

其一是学习基础差。学生在学习过程中没能把英语学科的单词熟练掌握,对知识点不理解,不会运用,由于自信心不足,害怕出错,不肯用英语表达,所以不积极参与课堂活动。久而久之产生惰性,形成习惯,英语成绩下滑,进一步自我封闭,自卑心理越来越重,形成恶性循环,最终导致对英语失去兴趣,讨厌学英语。

其二是学习习惯和学习环境的影响。在学校主要表现为不能跟随教师正常学习、不能理解教师所讲述的知识点、不能正常完成作业,而当中的一点"不能"就可能造成偏科。在家庭主要表现为不能合理支配学习时间、休息时间,家长没意识到或没有给予科学合理的指导,也会造成学习偏科。

其三是教师的影响。有的学生因教师教法欠妥当而对英语失去兴趣,或者因为不喜欢某英语教师而连带不喜欢英语课。由于对英语失去了兴趣,没有多花时间和精力而使英语成为弱科,最终使自己偏科。

二、激发兴趣,端正态度

学生的学习态度最重要,端正学生的学习态度,而且要持之以恒才能使学生的被动学习转化为主动学习。这是教学成功的第一步。小豪这些学生面临初三升学压力,而且表现为只有英语成绩差,从心理上来讲,他们更需要英语教师的尊重及理解,只有在人格上受到尊重、爱护,才能使他们在宽松、和谐的学习环境中愉快地学习。

没有什么东西比成功更能鼓励人。每个人都渴望有所成就,受人关注和重视,使自身价值得到实现。要让小豪认识自我,就要有机遇让他表现自我,要让他知道"我能行","我还不错"。为此我在课堂上用一些由易至难的题型来引导小豪这些学生,并在课堂上给予鼓励及表扬。要求他们上好每一节课,做好每一次作业,认真复习准备每一次测试……付出有收获,有收获就有动力去投入更多的精力、更大的热情,良性循环会帮助培养学生良好的学习态度,从别人要我学到我要主动学。这种思想在小豪身上,一开始体现为希望自己的成功能够引起老师和同学们的注意,落实到自己身上便是掌握一点一滴的知识,一旦证实了自己的成功可以产生成功感时便会自信心大增,兴趣盎然,情不自禁地想要更上一层楼。

三、基础先行,学法指导

我们学生的英语程度参差不齐,所接受的英语教育水平也不太相同。但几乎所有的学生在入初中时,都已经掌握了最基本的英语知识。有些学生在升入初中之前,并未接受过比较正规的英语学习,可能掌握的最基本的知识也不够牢固,而部分初中的英语教师很有可能忽视了这一重要的问题,造成了这类学生没有培养成良好的英语学习兴趣和扎实的英语基本功,同样也会影响到日后的英语学习进程,小豪就属于这一种。难能可贵的是他有良好的记忆力和一定的学习能力。通过课堂的提问,发现他说话很有条理。在检查背诵的时候,发现他具有较强的记忆能力。因此,在学习新课的时候,对每一课的基础知识我都要求他做到有条理地记忆,并能够复述。在复习阶段,要求他对每一个归纳项目都要最大限度地通过测试。综合阶段,要能够对所做、归纳的问题进行简要的报告。在这种细致的学习和复习中,逐步弥补了他以前的不足,并打下扎实的基础。

小豪同学善于沟通交流,又有礼貌,我也很快取得了他的信任。针对小豪记忆力好的特点,在学习新课的时候,我总是鼓励他能够在学习的时候,把新课背诵下来,并且及时进行检查。在分析和复习课文的时候,尽最大可能地用英文去分析课文。比如在背诵的时候要求它能够用英文总结出课文的段落大意和文章的主旨(Main idea)等。既要求能一字不差地背诵记忆，也要求尽可能地去理解内容。在初三学习新课阶段，他总能完全背诵所学习的13篇主课文和相当一部分的选段。在复习阶段和综合阶段，他又背诵了相当多的归类的对话和优秀的作文片断等。学习英语的热情逐步激发，英语的理解和记忆能力方面也得到了相当程度的开发。

四、加强阅读，促进飞越

学习任何语言都需要大量阅读，英语也一样。真正好的英语是"读"出来的，而不是做题做出来的。大量阅读的根本目的在于语言吸收上的"潜移默化"，在于获得语感，对于英语的初学者而言，阅读更为重要，可以认为阅读量的大小直接决定英语水平的高低。基于此，我把阅读作为提高小豪英语成绩的重要抓手。

课内阅读部分小豪同学做得不错，课外阅读他也丝毫不放松，他主动订阅了一份英文报纸，几乎每篇都做好阅读笔记，通过大量的阅读，他积累了许多生词、短语以及优美的句子，最大限度地增加了词汇量。阅读带来的好处体现在了他的作文上，他不再拘泥于语法的限制，而可以自由地表达自己的想法。

在近一年的时间里，在和小豪同学共同学习的过程中，每天都能够感受到他的进步，量的积累带来了质的飞跃！最后他竟从我刚接班时的60分以下很差处境，飞越到了中考140分以上的优秀状况，小豪因他的出色表现而考进了区重点高中。和小豪同学类似的偏科生，在他们的努力下，在英语中考中的成绩也都在130分以上，他们也飞起来了！

小豪同学英语学习变化的案例告诉我们，对学生进行多维评价与自主学习的培养，分类施教，采取针对性的措施，实行个别化教育是十分重要的，同步化转向个性化的教学，才能真正实现成功的教，成功的学！事实证明只要我们以积极的态度，辨析思考，贴近学生，采用合理解决问题的办法，偏科生不仅能够跟上班级的教学进度，而且还能"飞"起来。

(本篇作者：王飞飞)

2. 我跑进良好啦

"我跑进良好啦!"刚完成耐力跑项目考试的小Y隔着栅栏兴奋地朝我大声说。她在体育中考考场里,看到我在场边,特意跑过来。

"好啊,恭喜你。小L和小Z也过了吧?"

"她们也过了。"

我很高兴,作为教师,学生的成功是对我最好的奖励。看着小L背影,一年半前的那一幕,又浮现了出来:

要进行800米耐力跑测试了,这些八年级的女生们大都愁眉苦脸的,在测试过程中,无论我怎样加油鼓劲,最后能坚持跑到终点并取得好成绩的学生寥寥无几,不少女生手捂左腹,大口喘气,满脸痛苦地走到终点线。小Y、小L和小Z三位索性半途退出,坐在了跑道边。这样的现象已不是偶然出现了,怎么会越跑人越少,成绩越跑越差呢?导致这种情形的原因到底是什么,改变的关键又在哪里?

坚持走到终点的同学占了大多数,显然,意志品质是重要的,但要能坚持到最后,说明她们还具有完成耐力跑项目的动力,不希望没有成绩。当然,结合她们平时体育课上的表现,这种动力和希望都不是持续的,没有平时的持久练习,期望只能是空中楼阁。而小Y、小L和小Z的中途放弃除了有意志不强因素,还有其他原因吗?身体条件?不是,她们都不是过于肥胖或过于瘦小;先天体质虚弱?也不是,其他项目她们表现都不错呢,小Y对排球项目很投入,小L短距离跑项目上表现很好,小Z没有明显倾向,除了800米跑,都能达到要求。师生关系不和睦吗?她们平时叽叽喳喳地,很愿意与我说话交流,不存在抵触情绪。那么到底是怎么回事呢?通过和学生们进一步沟通,我的了解逐渐清晰。

一、体能不足,不能支持完成耐力跑

体能不足是客观原因,问题在于,初中体育与健身课程从起始年级就设置了耐力跑项目,为什么学习了2年,学生的体能仍然跟不上呢?显然原先的教学方式有待

改变。

二、学习过程缺乏成功愉悦而导致信心不足

1. 开放的环境不断冲击着原有的心理参照系,原有的自尊时时受到创伤,进而降低成功愉悦的体验。而客观上耐力跑的枯燥乏味和对挑战身体机能极限的经常性失败,让学生缺乏兴趣和成功的愉悦。

2. 成就动机程度降低。当学生意识到自身成就水平高于或等于他们的预期目标时候,会产生成功的愉悦,反之,当学生意识到自身成就水平低于他们的预期目标时候,则不会有习得的快乐。耐力跑的课程标准作为规定的预期目标,多数情况下,是高于学生自身成就水平的,多次的失败体验降低了她们的成就动机程度。

3. 本体安全感薄弱。本体安全感,指的是个人对于自我认同的连续性,对其所生活的社会环境表现出的信心。这种源于人和物的可靠感,对于形成个体自信是极其重要的,是个体安全感的基础,也是个体抵御焦虑并产生主观愉悦的基础。而这个基础对于我班上的多数学生而言,在她们的耐力跑中几乎不存在。

三、缺乏对"健康美"的正确认知

片面认为只要不生病,不肥胖,身材体形苗条,皮肤白净就是健美了。事实上"健康美"是一种积极的健康观念和现代意识,有研究表明,"健康美"是机体最有效发挥其机能的状态。一个具有"健康美"的人除了自我感觉良好、可轻松应付日常学习与生活外,还有充沛的精力参加各种社交、娱乐及闲暇活动,亦能自发地处理突发的应激状态。一个具有"健康美"的人应该具备的身体素质是良好的心肺耐力、肌肉力量、平衡性、灵敏性、柔韧性和协调性。心肺耐力的发展使心脏与循环系统有效运作,将机体所需的营养物质、氧气及生物活性物质运送到肌肉和各组织器官,并把代谢产物运走,在有机体的生命活动中发挥重要作用。肌肉力量的发展不仅塑造强健的体魄,亦具备强大的活动能力,减缓肌肉与附着组织的退化和衰老过程,使身体动作机敏、灵活、富有朝气。而她们则认为耐力跑与之无关。

我认为这些症结的存在是因为学生在学习耐力跑项目时的学习环境不和谐造成

的,应该通过设计,营造科学和谐的学习环境来消除这些症结。所以,我在日常的教学中采用了以下四个策略:

1. 增加女生喜欢的有氧健身操运动——转移注意力,辅助储备体能;在有氧供能条件下,完成中低强度、持续一定时间的有氧操练习,提高呼吸系统和心血管系统功能,提高机能有氧耐力。这是耐力跑需要的肌体能力储备,而健美操对形体美的追求非常迎合女生的期望。

2. 从定量不定时逐步到定量定时进行耐力跑练习——循序渐进,减少痛苦感。根据学生情况,从定量400米不定时匀速跑开始,分阶段地增加,逐渐增加量到800米;然后再开始做定时要求。这样才能具有良好的心肺功能、肌肉力量、平衡性、柔韧性、灵敏性和优美的体态。

3. 制定个人练习计划——提高成就动机程度。相对于上两个策略,这一条是比较个性化的分层教学策略。我先将学生分成若干小组,为每个学生设计了耐力跑练习计划,再分别和每位学生沟通、修改,而对小Y等三位女生,我和她们一起量身定做了个人计划。所有的个人计划都约定了目标、评价的标准以及完成计划任务期限,而每份不同类型的计划中,每个阶段目标和评价要求、完成时限以及步骤都是不同的,从而保证了学生在一个阶段练习后能够感受到自己的水平到达甚至超过预期目标,为下一阶段的练习奠定自信,形成获取新成就感的冲动。

4. 实行多次测试取最好成绩的评价——主动干预学生心理参照,增强本体安全感,增加体验成功的机会。在考核时,采用同一教学内容多次测试的方法就是基于这种考虑。我们常会用扬长避短来进行所谓调节,扬长可以增加成功愉悦感,但有时有些方面是避不了的,比如学生的学科学习,特别是必须掌握的学习内容,多次的失败产生不如别人的体验,不断加深着自尊的创伤。教师能够向学生提供多次机会,可以主动干预学生的心理参照,让学生在个体与群体、纵向与横向的参照中减少自尊的伤害。让学生感受到,通过努力,可以比以前的自己有进步,和同伴一样可以获得好成绩,所不同的只是时间多花费了点而已,而不是永远收获失败。多次测试,给了学生达到预期目标,体验成功的机会。小Y等三位女生,她们一直希望能在体能测试中达到及格,但长期以来都是失败体验,所以就选择了放弃。采用多次测试方法后,她们都得到了所希望的成绩。当她们意识到自身成就水平等于乃至高于其预期目标后,不再害怕耐力跑。在教学实践中,我认为这种多次测试方法,保证了学生自我认同的连续性,使之相信自己处于一种能宽松的学习技能环境中,养成习惯,取得进步,获得成功,不再焦虑于能否取得进步,不再选择放弃而敢于面对挑战,并在应对挑战中获得成功的喜悦。

现在这个班的女生在体育中考的耐力跑测试中,没有一人掉队,50%到达优秀。小Y、小L和小Z良好。更让我欣喜的是小Y的妈妈在中考成绩出来后与我说的一段话:"陶老师,孩子一直不让我说,其实从半年前起,每个双休日女儿都会自己安排时间锻炼,还拉着我一起跑步,现在仍然跑。我们母女俩不仅身体得到锻炼,而且话也多了,感觉又回到了女儿小学时代呢。非常感谢老师。"学生锻炼习惯的养成,比取得一次好成绩更有价值,这才是教育的真正功效啊。而促进母女情感,则可谓是收获外的收获。

当我们的课堂为学生提供了合适的、有利于学生发展的学习环境——学生在老师的帮助下主动学习,不断感受人文关怀,感受到自己的进步,相信自己的挑战能力,我们的学生就能在学习过程中掌握有效的方法,养成良好的习惯,提高持续的学力,形成健康的个性。只有这样才能把课堂变为学生自主发展的舞台,真正实现从被动学习到主动学习的健康课堂的转变,才能使学生在健康的环境中健康地成长。

都说学生是花朵,那么园丁无论在何种情况下都应该精心呵护,科学培育。含苞待放的花朵终将绽放。

(本篇作者:陶　萍)

教师专业成长篇

第四章

教师专业自觉微课题研究

第四章 教师专业自觉微课题研究

课题1 抓住"关键"反思,改进教学行为
——基于关键教育事件的听、评课研训活动方案设计与实施

传统的听评课活动不论其规格层次如何,教师们在参与后往往会生出若干遗憾,并对听评课活动的单调低效有着挥之不去的印象。姑且不论林林总总的观摩课、研讨课质量如何,单就听课后的评课而言,无一例外地是:上课者说课;同行者你一言我一语(或面面俱到,或蜻蜓点水,或不着边际无关痛痒);最后主持人总结,草草收兵。而到了下一次听课活动,无非又是同一个程序循环往复——如此的听评课活动一次次、一年年周而复始,确实难有新意。试想,长此以往,能提得起参与教研、发展个人专业的兴趣来吗?

聚焦关键教育事件的听评课,以及由此引发的教学研究活动,则为我们传统的听评课教研活动带来了新意,带来了生机和活力,实践证明,这是一种有利于教师专业发展,同时也令广大一线教师、教研员喜闻乐见的听评课教研活动形式。

一、背景与目的

(一)设计背景

课堂和教师的职业生涯是由若干事件组合而成并深化的。及时地捕捉其中若干具有重要意义和影响的事件,分析隐藏于"关键事件"背后的若干因素及影响意义所在,能够准确地揭示出成功事件后面所包蕴的教育原理,这就有利于在新的教育教学场景中对成功的事件进行再现、改造、应用,或者是有效避免失败事件的重复再现,矫正、调整来自师生的教育教学行为和活动。

著名特级教师窦桂梅认为:教育是由细节组成的,教学细节最能体现一位教师的教学理念和教学行为,而对于教学细节的思考则是衡量一个教师专业素养底蕴是否深厚的标志。

新课程教育改革关注学生"学"和教师"教"的过程,关注学生和教师的共同成长,因而,在听、评课研训活动中,关注其中的"事件"也就成为一种必然。

(二) 设计目的

基于"关键教育事件"的听、评课研究活动目的在于：

1. 由课堂教学中教师对教学方法与流程应用的关键事件切入（可以视为一个"点"），运用新课程改革的理念，在研究教师如何更好地教的同时，更多地把视线投向"学生如何更好地学"，以及"师生之间的有效互动和谐发展"等。

2. 由解剖某一位教师课堂教学中的关键事件入手，教师团队进行集体反思，它聚焦研讨的是"课"而不是"人"，避免了因"人"及"人际关系"而造成的外界干扰，因而，这是执教者与听课评课者之间的一种真正平等共进的互动，是团队成员共同进行由此及彼的行为优化与跟进。

3. 践行每一位"教师都是研究者"的理念，引导教师由一味崇拜名师（听课以观摩为主要宗旨）转而关注自身、关注身边教师、关注普通中小学及其教师常态和具有"草根"特点的教研资源。

4. 借助现代教育技术，进行以视频为载体的教师课堂教学行为分析与研究（同时也不排斥文本或即时的课堂教学事件研究），使听、评课及培训活动突破时空限制。

5. 通过研究关键教育事件，引导教师发现并放大日常教学生活中的美与资源，把教师职业升华为一种美好、神圣、富有意义的专业，让每一位普通的中小学教师都有专业发展的意识，都能以研究者的角色参与到教学研究和听评课活动中来，分享专业成长和课改成功的乐趣。

二、创意与践行

(一) 设计创意

1. 学校内部的教师的个体反思要围绕"关键教育事件"的研究与行为优化而进行。

2. 学校内部的教研组及跨学科的教学研讨，同伴互助活动要围绕"关键教育事件"的研究与行为优化而进行。

3. 学校管理层组织、邀请专家指导或参与的教学研讨与教师培训活动，在专业引领中要紧紧围绕"关键教育事件"的研究与行为优化指导而进行。

(二) 实施步骤

1. 引入"关键教育事件"概念,理解并学会捕捉不同主题的"关键教育事件"。

2. 采撷课堂教学中的关键教育事件,或筛选"关键教育事件"的典型视频案例,分析解剖"关键教育事件"背后的教育哲理与规律。

3. 鼓励教师写作教学反思笔记,进行基于"关键教育事件"的教学反思与提炼。

4. 丰富校园网的功能,建立学校"关键教育事件"网上讨论区。

5. 形成教师个体、教研组(备课组)以及学校层面的"关键教育事件"反思案例与资源库。

(三) 操作要点

1. 从"关键教育事件"的性质效果出发,听、评课的切入点是:摘捉"正向关键教育事件"和"负向关键教育事件"。

"正向关键教育事件"是指在教育教学活动中产生积极影响和取得成功的关键教育事件,也称"积极因素的关键教育事件";"负向关键教育事件"是指在教育教学活动中产生消极影响或是失败效果的关键教育事件,也称"消极因素的关键教育事件"。

2. 从"关键教育事件"的产生背景出发,听、评课的切入点是:捕捉"精心预设的关键教育事件"和"即时生成的关键教育事件"。

精心预设的"关键教育事件"通常在教育教学实践活动中的效果比较好,但是,有时候理想的预期与实际的效果并不能成正比,特别是,教师教育教学实践活动面对的是一个个活生生的教育对象——学生,因而有时也会取得与预期相反的教育教学效果。

即时生成的"关键教育事件"是指在教师教育教学行为发生前对该教育事件的产生及效果并没有形成预期,而是属于面对突发情况或偶发事件而即时生成的"关键教育事件",它是对教师教育教学实践能力,特别是教育教学机智的一种考核。

透过精心预设与即时生成、成功或失败的"关键教育事件"表象,进一步对教师的教育教学实践过程中的若干背景因素进行深入、细致和冷静的分析,寻其根、溯其源,寻找教育事件背后蕴含的最主要的成功因素及问题症结,我们就能化被动为主动,在今后的教育教学实践中科学地进行预期和调整,从而优化我们的教育教学行为和效果。

3. 从"关键教育事件"在课堂教学中教师的环节流程和安排行为技能表现等出发,听、评课的切入点是:捕捉教学流程实施中的关键教育事件,教学方法应用中的关键教育事件,教学主体处理中的关键教育事件。

教学流程实施中的关键教育事件包括:研究学科教师在课堂教学各个流程及环节中的关键教育事件及其影响。教学方法应用中的关键教育事件,主要是研究学科教师在课堂教学中对相关教学方法运用中的关键教育事件及其影响;教学主体处理中的关键教育事件,主要是研究影响学生学科学习效果的教师与学生两方面若干非课堂教学技术性行为中的关键教育事件,如"教师教学与学生学习的心理健康"、"良好的教师教学与学生学习素质习惯"等。

4. 从"关键教育事件"在课程教学活动组织中的时间安排等出发,听、评课的切入点是:捕捉即时性教研活动中随时生成的关键教育事件,利用已有录像或文本资源进行解剖提炼以供研讨的非即时性关键教育事件;或者是将其分解为,与教师课堂教学前、教学中和教学后行为技能、环节流程等密切相关的"关键教育事件"。

在前一种以时间为标准的事件分类中,即时性的关键教育事件来自于教师团队对正在进行的执教者课堂教学情况的研讨,评课活动紧紧围绕着刚刚发生的课堂中的关键教育事件进行研讨;而非即时性的关键教育事件,则主要运用学校已有的录像或其他案例资源,从中筛选、提炼出若干关键教育事件进行研讨。从这一个意义上来说,教研活动特别是听课活动的经常性开展,以及对教学资源(录像、文本或其他形式)的累积,便是开展关键教育事件研究中的一个十分宝贵的财富。

在后一种以时间为标准的事件分类中,把教育事件分解为与教师课堂教学前、教学中和教学后行为技能、环节流程等密切相关的"关键教育事件",这实际上是糅合了其他因素于分析研究之中,这一分类使基于关键教育事件的评课活动往往会更加细致、深入——

与"课堂教学之前的行为技能和环节流程安排"相关的"关键教育事件"可包括:与教师对任教班级学生情况的分析、教学目标的设计、教学任务的课时分解及教学组合等密切相关的典型事件或其片断。

与"课堂教学之中的行为技能"相关的"关键教育事件"包括:与课堂中的师生问答、教师的组织教学、教师的课堂表述、教学的媒体应用、学生的学习状态、作业布置等密切相关的典型事件或片断。

与"课堂教学之后的行为技能和环节流程安排"相关的"关键教育事件"包括：与教师教学评价方法与内容、心理辅导与学习辅导等密切相关的典型事件或片断。

三、成效和推进

1. 对关键教育事件的研究，有助于执教者和听课教师共同感受教学生活的丰富多彩，感受教师职业的内在尊严与欢乐。

在教育这个舞台上发生着许许多多平凡的和不平凡的故事，在教育教学活动中所发生、出现、遭遇、处理过的各种事件，不是瞬间即逝，无足轻重的，它会长久地影响学生和教师的教育教学和生活，从这些事件中，教师能够学到很多东西，得到很多启发，甚至会产生心灵的震撼，从而感受到因从事这一职业而带来的内在尊严和欢乐——这正是对教育"关键事件"研究的意义所在。

2. 聚焦共同的主题，"攻其一点，不及其余"，有利于节约听评课活动的时间，提高听评课活动的效率，并且把问题的研究引向纵深。

聚焦关键教育事件，评课者不是面面俱到地评课论课，而是聚焦一点，这就在评课环节有效地节约了时间，提高了时效，提高了教研活动的运行质态。往往一个关键教育事件仅有短短三五分钟，却能给参与研讨活动的教师留下一个大大的问号：教师能以较短的时间、较快的速度进入状态，并能集中在某一个点上思考，同伴的发言更是促动和启发了每个教师的体验和感受，思维的敏捷、思维的活跃远远胜于个体的沉思或对一堂课整体理解后的回味，在对"关键教育事件"的热烈研讨中，很多平时不爱"出头露面"的教师一反常态、见解独到、语言精彩，事后，他们甚至对自己的精彩发言感到惊讶。

3. 每次聚焦一个共同的主题开展听评课活动，有利于教研活动常搞常新。

关键教育事件所涉及的"点"是很多的，以关键教育事件的意识去设计和组织教学，以及开展听评课活动，这样，我们日常的每一次教研活动都会出现不同于上一次的精彩，都会从新鲜、新颖的评课主题中寻找到教师智慧生成的新的切入点和契机，每一次听评课活动就会常搞常新，教师就会带着新的期盼，真诚地迎接下一次听评课活动以及由此引发的头脑风暴的到来。

4. 每次聚焦一个共同的主题,能有效触动教师"灵魂深处"的隐性教育观念,有利于教研活动参与者的集体互动和行为跟进。

开展对"关键教育事件"的研究,能有效地将教师教育教学经历中的缄默知识、隐性观念得到很好的公开,从而在科学的教学理论映照下,在以学科教研活动为操作平台,通过教师亲自体验、实践、反思和专家教师、同伴的临床指导、切磋的互动中,洞察并揭示教师教育行为背后的缄默教育知识,促进教师将孤立的教育事件升华到在科学教育理论指导下的反思实践,进行自觉的行为跟进。

5. 若干次评课及教研活动的有效参与将会编串起关于教师专业发展的一条绚丽的珠链。

"细节决定成败",教师专业发展是一个渐进的过程,面对生成的关键教育事件,教师不断地进行教学反思和行为调整跟进——教师对自己过去已有专业结构的反思、未来专业结构的选择,以及在目前情境下如何实施专业结构修改、调整或重新建构的决策,构成了专业发展过程中的一个基本循环。若干次评课及教研活动的有效参与,将会编串起关于教师专业发展的一条绚丽的珠链。

(本篇作者:陈　红)

课题2　关注教师的情绪把控和情绪劳动
——基于案例"老师被拒之门外"的思考

一、案例描述

赵老师接手一个新班级,暑假前去家访。不料,小Y隔着铁门硬生生地对赵老师说:"我爸妈不在家,你走吧!"将她拒之门外。

顶着烈日前去家访,竟然遭遇到这种事!小Y是一个调皮学生,赵老师来之前对他的情况就有所耳闻,可被学生拒之门外,这在她从教三十几年的历史上还是第一次。那天下午气温在37度以上,赵老师只能和学生隔着铁门站在门外的太阳底下。赵老师该怎么办呢?

令小Y没想到的是,赵老师心平气和地说:"好,我在门外等着,直到你的家长回来。"这句话,让倔强的小Y始料不及。很快,他爸爸回来了(也许是小Y打的电话),将赵老师让进家门。赵老师和父子俩整整谈了一个半小时,得到了家长的理解和支持,也与小Y取得了共识。在后来的日子,小Y的犟脾气改了好多,各方面都取得了很大的进步。

二、问题分析与解读

一位教师成功地解决了教育教学上的问题,或转化了"问题学生",我们一般归因为"师爱"。当然,"师爱"是必不可少的,但仅仅说是"师爱",似乎显得比较宽泛,在"师爱"背后,是否还有一点别的东西值得我们去关注?

本案例中,赵老师的努力卓有成效。姑且撇开"师爱"不谈,笔者想从另一个角度来看这个案例——关于教师的情绪把控和情绪劳动。

赵老师在被拒之门外后,能做到心平气和地告诉他:"好,我在门外等着,直到你的家长回来。"这应该归功于她良好的情绪把控能力。那天下午气温在37度以上,赵老师只能隔着铁门站在门外。作为一名教师,到学生家家访,居然受到这种待遇,想必一定受挫不小。在此情况下,教师很可能被激怒,情绪失控,火冒三丈地扔下一句"你等着瞧"一走了之;也有可能打电话给家长,痛陈厉害。如果这样,试想,结局一定大不相同了。

有时,教师教育的成功与失误,并不能只用"有爱心"或"缺乏职业道德"这样来简单判断。社会给教师的定位是:要有高尚的道德、要有爱心、要有神圣的使命感……但是,教师并非神佛圣贤,和常人一样,教师也会受外界事物刺激而引发各种情绪,受负面情绪所困扰。

然而,毕竟教师职业有着特殊性。如果教师容易受负面情绪的干扰,则很可能会影响教育教学的品质和效果,甚至产生不良影响。

那么,如何正确把控情绪呢?掌握一些关于情绪的理论,对于了解自己情绪并学会管理和把控自己的情绪,很有助益。

翻开心理学教科书,艾利斯的情绪理论告诉我们:人的情绪不是由某一诱发性事件的本身所引起,而是由经历了这一事件的人对这一事件的解释和评价所引起的。

例如,笔者曾就上述案例中的事请赵老师谈谈当时的感受。她说她当时的想法是:1.这个孩子需要我的帮助;2.没问题,调皮的学生我见得多了,会有办法的;3.学生其实做得也没错,家长不在,不能随便让陌生人进去。这么一想,就心平气和了。如果换个老师,可能会想:太气人了!我是老师,他怎么可以这么不尊重老师?这还了得?我怎么这么倒霉,遇到这么个不可理喻的家伙!真是太糟了!

两种不同的想法最终导致两种不同的情绪和行为反应。前者会把注意力放在想办法解决问题上,而后者则可能怒气冲冲或忧心忡忡,以致无法冷静下来面对后面的问题。

从中我们可以看出,人的情绪及行为反应与人们对事物的想法、看法有直接关系。在这些想法和看法背后,有着人们对一类事物的共同看法,这就是信念。合理的信念会引起人们对事物的适当情绪和行为反应;而不合理的信念则相反,往往会导致不恰当的情绪和行为反应。

三、理论阐释

(一) 不该被忽视的"教师情绪劳动"

美国社会学家霍克希尔德(Hochschild)在《情感管理的探索》一书中率先提出了情绪劳动的概念。她认为,情绪劳动是指个体通过对自身情绪的管理以创造出一种公众能够觉察的面部和身体表现。此后,不少研究者对情绪劳动的概念进行了补充和发展,认为情绪劳动与体力劳动和脑力劳动一样,是可以实现交换价值的人类劳动,它通过呈现恰当的符合组织期望或社会角色期待的情绪实现其价值;同时,情绪劳动通过劳动者调节自身心理资源的方式得以实现。

教师情绪劳动是指教师在教学环境中,因工作需求而调节自我情绪所付出的心力。研究表明:教师在学校教育和教学工作中,在脑力劳动和体力劳动之外,还要付出大量的情绪劳动。教师的情绪劳动具有教育性、复杂性和繁重性的特点。教师的情绪劳动会直接影响其自身的身心健康以及工作效果,并会对其教育对象——学生的身心产生较大影响。

香港中文大学尹弘飚教授认为：教师从事的是"人的工作"，而情绪是人际互动的产物，在教学中，教师情绪是负载着特定功能的。积极的情绪使双方建立起密切的情感纽带。同时，教师的情绪应当是处于控制之中的，一旦教师对自己的情绪控制不当，其情绪表达不符合专业规范的要求，就会引发他人对其专业素养是否合格的质疑。因此，在理解教师的职业形象时，有必要在"道德责任"和"专业能力"之间增加"情绪劳动"这个维度，因为它不仅反映了教师职业特定的情绪要求，而且是沟通教师的"道德责任"与"专业能力"的桥梁。而原本属于教师私人领域的情绪感受和表达作为教师的工作内容之一，也就有必要接受专业规范的隐性控制了。

（二）教师情绪劳动的影响因素

归纳前人对情绪劳动影响因素的研究，情绪劳动的影响因素主要包括三个方面：个人因素、组织因素和环境因素。针对教师情绪劳动的特点，影响教师情绪劳动的因素包括教师的专业素养，教师的情绪管理能力，以及学校组织文化、师生关系状况等。

1. 教师专业素养决定情绪劳动的质量

教师专业素养包括教师职业理念和师德、教师专业知识和专业能力。这里的专业能力，除了"教书"的能力，还包括"育人"的能力。

教师的职业认同感和教师职业道德素养是教师情绪劳动的来源，没有高度的职业认同感和对教师职业的真正热爱，没有作为一名教师所必备的对学生的仁爱之心，教师的情绪劳动就会成为无源之水、无本之木，将无以为继、难以持久。

同时，教师的专业知识和专业能力也十分重要。很难想象，一名缺乏基本学科素养、教学方法不得当、不受学生欢迎的老师会有好情绪。案例中的赵老师是一位富有教学经验的教师，她对待教学工作十分认真。学生每节课都被她所讲的内容牢牢吸引，对她十分信服。如此，她的情绪不仅能收放自如，还能利用情绪达到教育教学效果。

2. 教师的情绪管理能力影响情绪劳动的质量

除了"教师"这一身份，教师其实也是平常人，也会有常人都有的七情六欲，喜怒哀乐。只是，作为教育者，教师要有意识地反思自己与学生交往过程中情绪管理的现状，要针对现实问题分析影响因素，并把握适当的情绪表达规则和情绪管理策略，提升自己情绪管理的水平和能力，从而提高情绪劳动的质量。

尹弘飚教授总结了支配教师在专业场景中情绪感受与表达的四项情绪法则：(1)要有激情；(2)控制消极情绪；(3)表现积极情绪；(4)利用情绪实现教学目标。为教师们提供了正确的情绪规则导向。

其中，教师最需要的情绪管理能力是控制自身的消极情绪。消极情绪不仅会影响教师的身心健康，也会给学生带来不良的影响。

但是，控制消极情绪不是靠简单的压抑或隐藏，而是要首先体察和接纳自身真实情绪，进而弄清自己产生消极情绪后面的思维方式。美国作家理查德·保罗、琳达·埃尔德在《思辨与立场》一书中提出这样的观点：如果你在生活中出现负面情绪，那一定是你的思维方式出现了问题。

心理学家认为，人的消极情绪大多来自自身的不合理的思维方式，并总结出了不合理的思维方式的几个特征：

一是绝对化要求。是指人们以自己的意愿为出发点，对某一事物怀有认为其必定会发生或不会发生的信念，它通常与"必须"、"应该"这类字眼连在一起。如："学生必须听老师的"、"我理当受学生尊重"等等。当某些事物的发生与其对事物的绝对化要求相悖时，他们就会受不了，感到难以接受并陷入情绪困扰，从而导致情绪失控。

二是过分概括化。过分概括化的一个方面是人们对其自身的不合理的评价，如当面对失败时，往往会认为自己"一无是处"，以此来评价自己作为人的价值，从而导致焦虑和抑郁情绪的产生；另一个方面是对他人的不合理评价，这会导致一味地责备他人，以致产生敌意和愤怒等情绪。

三是"糟糕至极"。这是一种认为如果一件不好的事发生了，将是非常可怕、非常糟糕，甚至是一场灾难的想法。这将导致个体陷入极端不良的情绪体验。

由此可见，教师生气发火其实未必由学生行为直接引起，往往是由于教师自身的不合理思维方式在作怪，正是头脑中这些错误的思维方式，引发自身的错误反应。

情绪是自然而然的结果，我们无从控制也无从改变，但思维方式是我们能够调整的。例如：两个教师公开课后得到需要改进的反馈后，一个感到愤懑不满，因为改进意味着此前不好，于是他愤愤不平并拖延；另一个教师则把这看成是提升自己的机会，于是他干劲满满地重新设计教学方案，教学能力由此上升了一个台阶。尽管面临同一个任务，但一个人应对的情绪，从根本上取决于这个人的思维如何解释这一情境。思维是这一切的起点。

从赵老师的案例中可见,成熟的教师身上必须具备一种重要的专业素养——善于调整自己的思维方式,管理和把控自己的情绪。

3. 学校组织的人文关怀是教师情绪劳动的强化剂

教师情绪劳动除了来源于个人的信念和努力之外,也需要社会支持和组织关怀。

首先,从教师情绪劳动的教育性和复杂性角度来讲,教师情绪劳动需要学校组织对教师的充分信任。教师行为的对错,不能仅凭"某一次领导看到的教师正在批评学生或惩罚学生"的表面现象来考量;同理,教师情绪劳动的质量也不能仅看教师在面对学生的表情、态度和语气,而应探究其背后的教育动机以及其产生的教育效果。这要求学校组织特别是相关部门的领导,要尊重信任教师,同时采用恰当的方式对教师进行评估。

其次,从教师情绪劳动的繁重性角度来看,教师情绪劳动贯穿在教师的教育教学,甚至与教育教学相关的各种活动之中,教师需要肯定和鼓励。作为教师坚强后盾的学校组织,其对教师情绪劳动资源的可持续发展,发挥着重要的保障和激励职能。

此外,学生的积极的情感回馈也是教师情绪劳动的重要影响因素,可以激励教师以更加饱满的热情,付出更大更多的努力为学生提供充满激情的教育教学服务。正如教师在教育教学中的动力强度与学生学习进步的程度是相互促进的,教师情绪劳动的动力强度与学生情感回馈的程度也是相互促进的。

同时,良好的社会环境,同事之间的协助,家人、家长及社会的关心支持等,也是教师情绪劳动的加油站。

四、教师优化情绪劳动的策略

首先,教师要认同教师职业特定的情绪要求。如果教师不能意识到自己的工作包含情绪劳动,坚持情绪属于私人领域的感受,势必因情绪的泛滥而影响教育教学效果。

其次,教师情绪管理的内核是教师对学生的由衷的关爱,有了这种关爱,管理情绪才成为可能。教师应多方修炼,涵养德性,让自己拥有正确的思维方式,宽容、幽默等人格魅力。正如孔子所言,只有"修己"才能"安人"。如果认真研读,不难发现,整本

《论语》都体现出对人的情绪管理的关注,如"人不知而不愠,不亦君子乎?"体现出的就是一个大教育家的修养。

此外,教师还要尽一切可能去了解学生。十二三岁年龄段的孩子,作为未成熟主体,其不成熟,一方面表现为不可能完美,这就要求我们不应该用过高的标准苛求他们,而应该认真探索他们在这个发展时期的真正需求是什么,从而有效地给予支持;另一方面,"不成熟"表现为正走向成熟,要耐心等待,不能轻言放弃。赵老师的冷静,是建立在充分认识学生,特别是初中生是"未成熟"个体特点的基础上的。赵老师在教育过程中,能很好地抓住学生的特点,有的放矢地进行教育。与赵老师交谈,让笔者印象深刻的一句话就是:这个年龄的孩子做出这种事,正常。正因为对"未成熟"个体特点的体认,让她能做到不片面、不绝对、不悲观地对待学生身上出现的问题,从而很好地把控自己的情绪。

再者,教师要努力提升"自我效能感"。教师自我效能感是指教师对教育价值、对自己做好教育工作与积极影响儿童发展的教育能力的自我判断、信念与感受。研究显示,自我效能感较强的教师,对教育工作通常抱有积极的看法,同时也认为自己具有较强的教育能力和影响力,因而他们往往具有较强的自我胜任感,在面对困难时也往往更能主动积极地想办法克服并更多努力地坚持下去。这种良好的、适当的动机最终也将促进教师教育行为的改善,并不断促进其教育能力与教育有效性的提高。而自我效能感较弱的教师则常常怀疑自己的能力,对自己的教育能力和影响力缺乏自信,同时不相信这种能力是经过努力可以改变和提高的,因而往往缺乏工作主动性与积极性,在困难面前信心不足、无能为力,容易情绪失控,并产生恶性循环。

值得特别提出的是,要提升"自我效能感",有必要多读书。教师在钻研学科本体知识的同时,还要努力拓宽自己的视野,多看些心理学、社会学、哲学、文学方面的书籍,加强"内功"的修炼,涵养德性,掌握正确的思维方式:保持认知谦逊;具备认知勇气;愿意换位思考,拥抱对立的观点,设身处地地站在他人的立场考虑问题……通过认识自我,反思自我,让自己成为一个具有科学思维能力的人。

当然,学会把控情绪,也不是让老师们完全隐藏负面情绪。教师也要勇于承认并且敢于面对自己偶尔的不完美,不要过于苛责自己。有时,以真诚的态度向学生表达自己的感受,告诉学生自己生气、伤心、难过,反而会让学生觉得更自然,比压抑情绪起到更好的教育效果。从某种意义上说,这也是一种情绪管理。

从学校的角度,要将"人文关怀"落到实处,满足教师的合理需要,尊重教师的权益,为教师自我价值的实现提供舞台,给教师一定的休闲时间和自我调整的空间,营造健康和谐的环境氛围,建立科学的评价机制,等等。这些都有利于提高教师的自我效能感,从而减少负面情绪,使教师的情绪劳动更加有效。

五、价值启迪

基于本案例及分析,让我们把关注的目光投向教师的"情绪把控"和"情绪劳动"这一被忽视的领域,而不仅仅以"师德"、"师爱"泛泛论之,对于促进高品质的教师专业发展,具有一定的价值启迪。

首先,关注教师的情绪把控和情绪劳动,是提升教师的工作绩效及生活质量的需要。学校管理者若能将教师的"情绪劳动"从教师的"专业能力"和"道德责任"中分离出来,通过各种方式加以积极引导,引导教师有意识地关注和把控自己的情绪,克服消极情绪,有效利用积极情绪,将有助于提升教师的专业水平与工作品质;对教师自身而言,还有助于克服职业倦怠,提升职业幸福感。

其次,关注教师的情绪把控和情绪劳动,也是顺应教育未来发展的需要。在互联网、信息技术、人工智能快速发展的今天,教育教学资源越来越多元,获取知识的途径也越来越多,教师这一职业是否将被智能机器人取代?教师如何更好地发挥其作为"人"的不可被替代的作用与功能?有学者指出,与学生面对面接触的教师,能否以积极的情绪、有温度的交流,持续给予学生鼓励,激发学生的好奇心、求知欲和洞察力,将成为衡量教师专业能力的重要指标。

课题2参考文献:

[1] 尹弘飚:《教师专业实践中的情绪劳动》,《教育发展研究》2009年第8期。

[2] 尹弘飚:《教育实证研究的一般路径:以教师情绪劳动研究为例》,《华东师范大学学报:教育科学版》2017年第3期。

[3] 田学红:《教师的情绪劳动及其管理策略》,《教育研究与实验》2010年第3期。

[4] 杨满云:《中小学教师情绪工作的特点及其与人格、教师心理健康的关系》,西南大学硕士

学位论文,2008年。

(本篇作者:江秀萍)

课题3　为教师成长铺路搭台
——以校报专刊为平台培育教师专业自觉

"加入天山初中这个集体两年来,我在学校促进教师专业自觉成长的大氛围中,感受到了压力,也明确了目标——向'研究型教师'方向努力。学校浓厚的教科研氛围与实时给力的专家辅导,让我有了迫切的成长愿望,也增强了信心。通过基于'关键教育事件'案例的撰写,我在梳理教学得失时有了方向。通过一次次的讨论与对案例的修改,我越来越强烈地意识到人文学科重视从阅读出发研究学生学习有效性的意义。基于'关键教育事件'的校本研修,让我学会了自主学习、自主反思。在教科研的引领下,我逐步走向专业自觉,走向专业成长。"

这是赵老师在个人专业成长案例中的一段深切感言。

刚刚接手初中教学的赵老师,发现在上课的过程中学生的反应与她的预期落差很大,似乎自己总在唱独角戏。尤其是在初三的一节政治课上,为了使学生更好地突破难点,她精心设计了一个课堂辩论环节。可给出了辩题后,学生却一下子变得拘谨起来,原本每节课都活跃的学生变得沉默了。为什么会出现课堂辩论无人辩的局面呢?她感到困惑,百思而不得其解。

我校教科研室的老师看在眼里,急在心里。如何能给她帮助呢?我们提出,希望她能针对这个问题写一篇"'关键教育事件'案例",进行剖析提升。她很快完成了任务,但又很快就被退了回来。原因是她只是平铺直叙地写了教学设计与教学过程,并没有对课堂中出现的关键问题进行反思。

这让她很受震动,也让她开始认真地思考课堂上遇到的问题。在专家沈民冈老师的指导下,她一遍遍修改,一次次提高,一直改到第七稿才通过。文章在校报"基于'关键教育事件'的校本研修"专栏上刊登后,还被《长宁教育》转载,并在征文活动中获了奖,她的教学也渐入佳境……

在天山初中,与赵老师有相似经历与感受的老师不在少数。他们在谈及自己的专业成长之路时,总会提及"关键教育事件"的研究,提及校报"基于'关键教育事件'的校本研修"专栏。这究竟是为什么呢?

"基于'关键教育事件'的校本研修"是我校校本研修的主要研修方式;"基于'关键教育事件'的校本研修"专栏是我校校报的一个固定的专栏。这两者是怎样结合,又是怎样推进的呢?

一、文章发表——校报搭设展示平台

调查显示,"论文发表"是大多数教师都有的意愿与发展需求。然而,平时教师主动写教学反思、案例、论文的却很少。如果是硬性要求,教师们也会写,但多半是应付"交差"了事。怎样才能真正激发教师的积极性,使老师们能够及时反思教育教学中遇到的问题呢?

我们认为,通过撰写案例或论文来提高教师的研究能力,并将其成果予以发表,这无疑是一个潜在的推动力。对于有职称晋升需求的老师而言,有着实际意义;对于渴望与同行、专家交流并获得专业支持与提升的教师而言,文章发表也能获得较大范围交流的空间,也是自己能力体现的一个重要方面。

然而,一般教师对于"发表"有畏难情绪,觉得"可望而不可及",加之工作繁忙,往往将其列入"可做可不做"的范围内。如果有人关心、督促,为他们提供指导与修改的帮助,而且提供展示平台,使"发表"的可能性提高,则大大地降低了教师们的畏难情绪,有利于提高老师写作的积极性。而写作过程离不开反思、研究与阅读,对于教师的专业成长就十分有利。

这就给了我们启示,抓住文章"发表"这一动力源,通过校报为老师们搭建展示平台,这样就能更好地激发教师的积极性。

《天山初中》是我校 2007 年 5 月创刊的校报,受到学生、教师、家长及相关部门领导的关注与认可。学校决定,在校报开辟专栏,专门刊登教师撰写的案例论文,并聘请专家加以指导,几年坚持下来,教师们由"畏难"到"不难",由"要我写"到"我要写",逐步养成遇到问题反思、研究、提笔总结的习惯,形成了良好的研讨氛围,有效地培育了专业自觉,提升了专业能力。

二、内容选择——基于"关键教育事件"的校本研修

平台的搭建,这仅仅是一方面,更重要的是研修内容的选择。结合我校几年来开展校本研修的成效与经验,学校决定以"关键教育事件"的研究为主要内容在校报上开设"基于'关键教育事件'的校本研修"专栏。

《基于"关键教育事件"的教师研究》作为长宁区教育学院市级重点研究成果,在区域里推进是很有成效的。由于教师在教育教学过程中,常会遇到对教师成长和职业生涯有影响的重要事件,这些存在于教师日常的教育教学实践过程中的客观普通事件,经由专业判断、理性思考,就能有助于研修效能的提高,促进教师的专业发展。

这种研究从教师的疑难困惑出发,目的明确,针对性强,同时又将教学、科研、培训有机结合,很容易为教师接受。

基于此,我校将其引申成为基于"关键教育事件"的校本研修。通过专家的指导,老师们逐步明确了基于"关键教育事件"的教师研究的基本步骤:选择事件、阐释赋意、价值启迪。明确了其研究与实施的方法及其作用。通过捕捉"关键",研讨分析,寻找对策,形成案例,并在讨论反思中逐步将先进的思想理念内化为自身的教育理念,进而转化为日常的教育教学行为。

三、合力形成——教师、专家与教科研员联手协作

校聘专家沈民冈老师,是区《基于"关键教育事件"的教师行动研究》课题的主要成员之一,谙熟基于"关键教育事件"案例的写法,经常深入我校课堂听课,对我校教师十分了解,且平易近人,经常是手把手地指点,帮助老师们分析事件、撰写案例;校报的责任编辑由校教科研员兼任,在组稿、修改、组织点评等方面也能给老师们一定帮助。两者联手,加上教师们自觉追求、积极努力的力量,形成了一股合力,体现在每月一期的《天山初中》校本研修专栏上,都能看到一篇质量较高的基于校本研修的"关键教育事件"研究,案例及教研组教师们对案例的点评。这个专栏很受欢迎,影响很大。

在操作上,我们是结合研修的主题和教师的个人意愿,按照"约稿——指导——修改——刊登——点评——推荐"这一流程进行的。

第四章 教师专业自觉微课题研究

＊约稿与修改

要约稿首先得物色合适的撰写对象,主要有这么几个渠道:一是通过专业发展需求平台,对于有发表文章愿望的老师加以指导;二是通过深入课堂听课,帮助捕捉"关键",与上课老师交流,促其反思;三是在平时与老师交流中寻找捕捉"关键";四是从老师写过的案例、论文中发现有价值的内容,加以指导,促进其进一步修改,等等。

约稿之后,教师先谈自己的一些想法,校聘专家帮他一起理出写作思路,如果已有思路,则要求写下初稿。之后每周一次,对初稿加以指导,请老师再三修改。这一过程大约要经过四五次,其中最多的一位修改达九稿。对此,老师们不仅毫无怨言而且感到每一次都收获颇多。

＊组织点评,引发研讨

培育教师的专业自觉不仅仅是培育个别老师的专业自觉,而是应该带动更多的老师参与到研究与反思中来。为了使案例的写作不停留于一人一得的水平,引发大家思考,各抒己见,群体研讨,形成教研组或年级组研修氛围,提高教研质量和效率,我们通过写"点评"的方式,引发老师们围绕这位老师撰写的这个案例展开讨论,撰写点评或心得,在刊登基于"关键教育事件"案例的同时登出,将这一"关键教育事件"的研讨延伸到全校师生的范围,从而提高"关键教育事件"案例的影响力。

四、收获与提高

自设立"基于'关键教育事件'的校本研修"专栏以来,教师撰写案例的热情被点燃。从过去需要"找米下锅"到现在不愁稿件,不少老师"排队"等待文章发表;从过去的"应付了事"到现在的反复修改,精益求精;从过去的"一篇文章",到现在"一篇文章引发多篇文章的点评","一个观点引出多种看法"。

由于基于"关键教育事件"的研究有利于将研究、学习、工作融为一体,老师们研究的问题来自教学实践,研究的过程伴随着教学过程,研究的成果包含着教学效果,同时,在研究中解决问题,在解决问题中学习,在实践反思中提升。

正因如此,各个教研组和班主任团队都能积极参与,逐步形成了良好的研究氛围,而积极参与撰写案例的老师,在专业成长的道路上也走得十分稳健。

教师专业自觉的培育，需要从问题入手，寻找有效抓手。校报专栏为教师成长铺路搭台，"基于'关键教育事件'的校本研修"引领深化课改。让我们共同努力，在专业成长的道路上快速前进。

（本篇作者：江秀萍）

课题4　从青涩走向成熟的涅槃
——"单元教学指南"编订促青年教师成长

2015年9月，开学之初。

天山初中的肖辰晨老师接到了一项任务：和本区的另外一位老师"同题异构"，开设一节区级公开课——《贤人的礼物》。小说阅读课一直是语文老师的"心头好"，因为小说情节生动，能吸引学生；小说的内容丰富，上课有"讲头"；如果是名家名篇，那么值得挖掘的东西更多，更容易出彩。但是，小说阅读教学，也是很多老师的"心头病"，因为很难上出自己的独到之处。

肖辰晨老师是一名有着五年教学经验的年轻老师，她基本功扎实，课堂驾驭能力较强；但是，教学经验还不够丰富的她，对于课堂教学的设计能力还处于探索阶段。于是——

困惑重重

开设区级及以上公开课，天山初中语文教研组的惯例是——集体备课。

开学第三周，在肖辰晨老师精心准备之下，第一次教研组备课活动如期进行。在常规的学情分析和教材解读之后，肖辰晨老师开始展示自己设计的教学目标：1. 梳理故事情节；2. 分析人物形象；3. 理解文章主旨。

"停！"李娜老师的眉头皱了起来："这些教学目标的设定没有问题，问题是：大多数老师上这一课都会设定这样的目标，那么，作为区级公开课，你这有什么独到之处？"

大家望向李娜。李娜老师是一名经验丰富的高级教师，也是八年级的备课组长。她提出的这一问题，正是大家心里所想。

"可是……小说阅读教学的目标都是这样设计的啊……"肖辰晨抬起了头，满脸困惑。

"小说教学，如果不教这些，那么我们还能教给学生什么呢？"小徐老师说。这是一位年轻而又充满热情的老师，此时的她亦如肖辰晨老师，眼里满是困惑。

"我记得我上初中时，我的语文老师就是这样教我的啊。"刚入职不久的倪晶老师眼里也写着一个大大的问号。

是啊，小说如果不教这些，还能教给学生什么呢？我们到底该怎么教？

"大家都思考一下，找一些课例看看，也许会有启发。下次活动我们再交流。"教研组长项老师说。

在迷茫和困惑中，第一次教研活动就这样结束了。

指点迷津

"作为新优质学校成员之一，语文组接到了一个任务——编订《单元教学指南》。"学校教科研室发出通知。

"什么是《单元教学指南》？"老师面面相觑。

"别担心，市教研员曹刚老师会来对大家进行指导。"看到大家一脸迷惑，教科研室主任笑了。

听说曹老师要来，几位年轻教师的眼睛立刻放出光来，要知道，面对面聆听曹老师指导的机会，非常难得。

9月下旬，曹老师如约来到我校。

"教一篇课文，我们不只是要教会学生阅读一篇文章，更要教会学生阅读一类文章；不只是要带着学生分析文章的内容，更要教给学生阅读文章的路径。"曹老师说。

"教学的目标，既要根据这一类文本的特点来设计，还要根据学生的认知水平来设计。目标可以根据学生的认知水平分成不同的层级。"曹老师还说。

"我们可以试着把教材中叙事类的文章重新整合，形成一个序列。一组文章构成一个单元，'单元教学指南'就是对单元进行教学设计，探究一类文章的教学方法。天山初中的任务是：对八年级学段的小说进行整合，编订'小说单元教学指南'。"

……

曹老师的话，在老师们面前打开了一扇窗，大家抬起头，目光看到的是更远的地方。

会后，肖辰晨老师抓住了教研组长项老师的胳膊，兴奋地说："我知道我的教学目标设计的方向了,我想把目标确定为:学习小说阅读的一般方法。"

"好！肖老师,你再查查资料,仔细思考一下,小说的阅读方法有哪些,看一看阅读《贤人的礼物》可以有怎样的阅读方法。"项老师点头。

从把教学目标设定为教会学生读懂一篇小说,到把教学目标设定为学会阅读小说的方法。眼中看到的是这一节课,心里想到的是这个初中学段我们要教给学生什么能力。这节课的特色开始渐渐显现。

更新理念

"江老师,我们语文组需要理论支持。"为了编订"单元教学指南",语文组向学校教科研室发出请求。

一周后,"单元教学指南"编订预备会在学校会议室召开。

当教研组老师团团坐定之后,发现每人的桌上放着一本油印的《教学科研信息》。

"这是我和江老师搜集的相关资料,有理论的,也有实践的。"教研组长项老师说,"编订教学指南,我们首先需要更新自己的教学理念。作为新优质学校的一员,我们不能只盯着自己的教学,还要有'课程意识'。"

"什么是'课程意识'?"一直埋头看资料的肖老师抬起了头。

"我的理解是,我们备课上课,不要只是抓住这一节课翻来覆去地琢磨,还要看到这一课在整个单元乃至整个学段的位置,使我们教给学生的东西不是一个个孤立的点,而是一条线,甚至是一个面。"

同样是年轻教师的徐曼老师若有所悟:"我明白了,'单元教学指南'编订一定要有这种'大局意识'。"

"是的。除此之外,我们眼里还要有学生的差异、评价的方式、课前课后的活动等等。这些理念我们还需要慢慢学习。"对教学理论研究较深的江老师补充道,"我以后会多搜集一些这方面的资料给大家看。"

"看,我这还有一份材料。"方珉老师神秘地拿出一叠文件放在桌上。

大家纷纷拿起来一看,原来是上海市"新优质学校"展示观摩活动的资料。大家的目光立即就被风华初级中学的一份资料吸引住了:这是一份"单元教学指南"。在这份"指南"中,有对教材内容的整合,有单元目标总体规划和层级设计,有课文目标与单元目标的指向关系,还有具体课文的阅读路径指导。

"更新了理念,又有了借鉴,大家开始行动吧。首先,我们来选定小说单元的课文……"

巧借东风

十一月份,为了对我校"单元教学指南"编订工作进行跟踪指导,曹刚老师又一次来到我校。

针对单元目标的设定,曹老师建议根据学情设定 ABC 三级目标,分别为识记、理解、赏析三个层级,对不同的学生设定不同的要求;针对阅读路径的解读,曹老师提供了一些方法,比如:流程图解读法、问题链设计法、思维导图设计法等。

编订工作在曹老师的指导下顺利推进。

又是一次备课活动,这是肖老师的课最后的修订阶段。

"我采用曹老师说的'流程图'阅读法,对《贤人的礼物》教学流程进行了修订,请大家看看我的板书……"短短的两个月时间,肖辰晨老师好像换了个人,自信的笑容洋溢在她的脸上。

"小说阅读放在八年级,从教材的设计来看……"

"我查了一些资料,小说阅读的路径有……"

两个多月的学习与实践,大家的思路都站上了另一个高度。通过讨论,《贤人的礼物》这一课的阅读流程确定为:主人公——情节——环境——价值取向。即先梳理人物情节,然后寻找主人公的生活环境,结合特定环境下的人物表现,来判断作者在这篇小说中所传达的价值取向。这一阅读方法可以用来指导其他小说的阅读。

借"单元教学指南"编订的东风,肖老师的教学设计顺利完成。

十一月,公开教学展示如期进行。大气的教学目标、流畅的教学流程,为肖老师赢得了阵阵掌声。评课环节上,与会老师一致认为,肖老师的课有"大局意识",教给学生的是能让学生受益终生的阅读方法,这比单纯地理解一篇课文重要得多。

路修远兮

小说"单元教学指南"编订任务如期完成。老师们摩拳擦掌,纷纷用"指南"来指导自己的教学实践。

十二月份,徐旻老师执教《变色龙》,采用了"单元教学指南"中小说阅读路径之一——"人物关系思维导图"解读法;

下学期,倪晶老师执教《二十年后》,采用了"单元教学指南"中小说阅读的另一路径——"问题链"解读法;

……

可是,尝到了甜头的老师们却感觉意犹未尽。

可不可以根据曹刚老师的建议,对现有二期课改教材进行重组,形成叙事性文本"单元教学指南"系列?

于是,又一轮编订工作开始。不过这一次,不是上面布置的任务,而是来自于教研组老师们的自身需求。

2016 年的暑假,六年级"简单的记叙文"单元、七年级"复杂的记叙文"单元的"指南"相继编订完成,加上八年级小说单元的"指南",于是,天山初中教研组就有了自己的叙事性文本阅读指南的序列。

年轻的老师们还在不断地实践。

这一学年,赵友平老师开设了七年级公开课《永远执着的美丽》,肖辰晨老师开设了六年级公开课《窃读记》……这几节课,都有幸得到了曹刚老师的亲自指点。

一次次的学习和实践,受益的不仅仅是学生,更是这些乐于思考,勤于实践的年轻老师们。在"单元教学指南"编订过程中,他们完成了从青涩走向成熟的涅槃。

(本篇作者:项晓红)

图书在版编目(CIP)数据

教师专业自觉:基于关键教育事件的教学研究/陈红主编.—上海:华东师范大学出版社,2020
ISBN 978-7-5760-0678-0

Ⅰ.①教… Ⅱ.①陈… Ⅲ.①教学研究-初中-文集
Ⅳ.①G632.0-53

中国版本图书馆 CIP 数据核字(2020)第 179064 号

教师专业自觉:基于关键教育事件的教学研究

主　　编　陈　红
责任编辑　刘　佳
特约审读　桂肖珍
责任校对　邱红穗　时东明
装帧设计　卢晓红

出版发行　华东师范大学出版社
社　　址　上海市中山北路 3663 号　邮编 200062
网　　址　www.ecnupress.com.cn
电　　话　021-60821666　行政传真 021-62572105
客服电话　021-62865537　门市(邮购)电话 021-62869887
地　　址　上海市中山北路 3663 号华东师范大学校内先锋路口
网　　店　http://hdsdcbs.tmall.com

印 刷 者　苏州工业园区美柯乐制版印务有限责任公司
开　　本　787×1092　16 开
印　　张　19.5
字　　数　316 千字
版　　次　2020 年 10 月第 1 版
印　　次　2020 年 10 月第 1 次
书　　号　ISBN 978-7-5760-0678-0
定　　价　62.00 元

出版人　王　焰

(如发现本版图书有印订质量问题,请寄回本社客服中心调换或电话 021-62865537 联系)